本书为2015年度辽宁省社会科学规划基金一般项目（项目编号：L15BFX011）、2015年辽宁省教育厅科学研究一般项目（人文社科类）的阶段性成果

境外追逃追赃国际警务合作机制研究

翟 悦 著

·南京·

图书在版编目(CIP)数据

境外追逃追赃国际警务合作机制研究/翟悦著. —南京:东南大学出版社,2016.5
 ISBN 978-7-5641-6521-5

Ⅰ.①境… Ⅱ.①翟… Ⅲ.①警察-工作-国际合作-研究-中国 Ⅳ.①D631

中国版本图书馆 CIP 数据核字(2016)第 121027 号

境外追逃追赃国际警务合作机制研究

出版发行	东南大学出版社
出 版 人	江建中
社 址	南京市四牌楼 2 号(邮编:210096)
网 址	http://www.seupress.com
责任编辑	孙松茜(E-mail:ssq19972002@aliyun.com)
经 销	全国各地新华书店
印 刷	江苏凤凰数码印务有限公司
开 本	700mm×1 000mm 1/16
印 张	12
字 数	242 千字
版 次	2016 年 5 月第 1 版
印 次	2016 年 5 月第 1 次印刷
书 号	ISBN 978-7-5641-6521-5
定 价	39.80 元

(本社图书若有印装质量问题,请直接与营销部联系。电话:025-83791830)

序

《境外追逃追赃国际警务合作机制研究》一书是翟悦（中国刑事警察学院副教授、大连海事大学2011级博士生）在其博士论文与其主持的2015年度辽宁省社会科学规划基金项目、辽宁省教育厅科学研究一般项目基础上修订而成的。作为翟悦博士的论文指导教师，我为学生的学术成果即将问世倍感欣慰，并衷心祝贺。

我国国际刑法学学者众多，成果累累，尤其针对国际刑事司法合作的研究层出不穷，然而对国际警务合作的研究，可谓凤毛麟角。《境外追逃追赃国际警务合作机制研究》一书以国际警务合作机制为切入点，契合了我国当前反腐败追逃追赃国际合作的迫切需求，可以说，该博士论文选题角度新颖且意义重大。翟悦博士供职于中国刑事警察学院，十年的教学生涯与公安实践经验为其完成博士论文奠定了深厚的基础，书中的理论观点与实务对策对公安机关追逃追赃工作有独特的启示和参考价值。

本书在国内外既有研究成果的基础上分析了境外追逃追赃国际警务合作运行的脉络，提出境外追逃追赃国际警务合作机制的现实困境及运行机制改革对策，同时大胆地采用交叉学科理论与知识进行深层次的分析，形成诸多"跨学科"的学术亮点。特别值得一提的是，本书首次将"社会工程学"理论运用到"追逃追赃"的理论构建与实务分析中，主张以建构工程的思维方法考量国际警务合作机制的基本脉络和运行路径，进而主张在全面把握本国经济实力、文化渗透力和军事影响力的前提下关注警务合作伙伴的国情变化，并适时调整警务合作的运行机制。因为只有积极应对世界政治、经济格局的变化，才能增强我国在国际社会的话语权，进而有效保障我国在国际警务合作中处于优势地位，有效实现追逃追赃的执法任务。境外追逃追赃国际警务合作运行是一个复杂的过程，国际警务合作渠道四通八达，涉及的国家、地区、部门极其广泛，本书借鉴社会工程科学的理念把国际警务合作置于国际关系之中进行考量，同时把警务合作的主导系统、协调系统、协助系统、辅助系统这四个子系统比作一个巨大的"网状系统"，认为国际警务合作的运行与国家政治、经济、文化和外交关系处于一个互动的系统之中,从法律的"工程研究理论"角度讲,国际警务合作作为一个"人造物",无论在制度构建上还是在运行机制调适上都会随着人们的主观偏好的改变而时刻变化着,换言之,两国政治关系的变化直接影响到经济关系、军事合作乃至警务合作与司法协助的关系。

境外追逃追赃国际警务合作往往涉及国家主权问题,本书主张在境外追逃追赃国际警务合作过程中,我国应在不损害国家主权利益的原则下让渡部分权能主权,使国家主权原则的维护不再成为警务合作机制的障碍,结合具体案件进行具体分析,减少警务合作机制在法律层面上的一些不必要的限制。

境外追逃追赃一直是困扰着我国公安机关侦办重特大刑事案件的难题,本书主张打破传统"委托"履行的侦查模式,广泛适用请求国直接进入被请求国境内而进行侦查的"直通车式"国际警务合作的模式,突出从间接协助侦查到直接跨境侦查的方式转变,打破委托侦查模式的局限性,提高办案效率,优化办案资源。

本书借鉴欧洲警察署在欧盟警务合作的成功经验,建议我国充分利用国内外的情报资源,组织设立外逃人员数据库,并及时沟通各部门有关情报信息。同时,从区域警务合作角度考虑,我国可以尝试建立一个东盟区域警务合作中心信息存储系统,即一个跨区域数据库,包括毒品走私数据库、有组织犯罪数据库、经济犯罪数据库以及非法移民数据库等,借助"大数据"时代的信息资源,实现东盟国家在区域范围内共享境外追逃追赃的全面信息,提高警务合作的效率。

《境外追逃追赃国际警务合作机制研究》作为翟悦博士的第一部专著,难免有不精准之处需要完善,好在翟悦博士毕业后被国家留学基金委选派为赴美访问学者,即将开始为期一年的访学研究,便利研究美洲国家的相关制度。希望翟悦再接再厉、潜心钻研境外追逃追赃国际警务合作机制,更多地了解域外的成功经验,在国际法学研究领域不断攀登新的高峰。

是为序。

大连海事大学法学院党委书记,法学博士、教授

二〇一六年三月于大连

目　　录

第1章　绪论 ·· 1

    1.1　选题背景与研究意义 ··· 1

    1.2　国内外研究现状述评 ··· 9

    1.3　研究思路和研究方法 ·· 16

第2章　境外追逃追赃国际警务合作概述 ····················· 18

    2.1　境外追逃追赃国际警务合作的概念 ······················ 18

    2.2　境外追逃追赃国际警务合作机制的概念 ··············· 25

    2.3　境外追逃追赃国际警务合作的平台 ······················ 30

第3章　境外追逃追赃国际警务合作运行的支撑要素 ····· 36

    3.1　国际法的原则与规范 ·· 36

    3.2　国内法的原则与规范 ·· 52

第4章 境外追逃追赃国际警务合作运行的脉络 …………………… 62

 4.1 境外追逃追赃国际警务合作的网状系统 ……………………… 62

 4.2 境外追逃追赃国际警务合作的途径 …………………………… 65

 4.3 境外追逃追赃国际警务合作的模式 …………………………… 72

 4.4 境外追逃追赃国际警务合作流程 ……………………………… 86

 4.5 境外追逃追赃国际警务合作机制的发展趋势 ………………… 89

第5章 境外追逃追赃国际警务合作的现实困境与对策 …………… 103

 5.1 境外追逃追赃国际警务合作的现实困境 ……………………… 103

 5.2 境外追逃追赃国际警务合作运行机制改革方案 ……………… 119

结论 ……………………………………………………………………… 131

附录 联合国反腐败公约(中文本) …………………………………… 134

参考文献 ………………………………………………………………… 173

后记 ……………………………………………………………………… 184

第 1 章 绪 论

1.1 选题背景与研究意义

1.1.1 选题背景

跨国犯罪、跨区域性犯罪、犯罪嫌疑人出逃境外等给相关国家带来巨大挑战,既考验着一国的刑事侦查能力,也考量着一国的外交实力。如何打击跨国犯罪以及追回犯罪所得,不但事关一个国家的司法尊严和国家经济利益,还关系到世界范围内经济秩序的稳定、金融环境的安全以及国际贸易往来与文化交流的有序和通畅。如果每个国家都孤军作战打击和预防犯罪活动,这样只能保证在本国领域内的执法与司法畅通,当犯罪嫌疑人出逃或者把赃物转移到境外,便会束手无策。为了打击跨国犯罪、维护世界的和平与秩序,各国之间最佳选择方案是进行相互合作,建立和完善打击跨国犯罪的相关立法与行动机制。[①] 国际警务合作是各国联合打击跨国犯罪的一个有效的法律合作平台,本文以境外追逃追赃国际警务合作机制为研究对象,重点论述了境外追逃追赃国际警务合作的背景、作用、法律体系、及境外追逃追赃国际警务合作机制当前所面临的问题,并提出了相应的完善建议。

境外追逃追赃国际警务合作是国际警务合作框架下的一个重要组成部分,目前国内外对其专项研究还相对较少,多为对国际警务合作的总体研究。在国外的专著中较为有影响力的是 Mathieu Deflem 编撰的 *Policing World Society: Historical Foundations of International Police Cooperation*(《警务全球化:国际警务合作的历史基础》,2002 年出版),该书主要阐述了国际警务合作的发展及原因,从社会学

---

① Michael Levi. States, Frauds, and the Threat of Transnational Organized Crime. Journal of International Affairs, 2012, 66(1): 39.

的角度阐述了各国的警察机关应独立于本国政府,在世界范围内组成一个独立侦查系统,专项打击国际犯罪。我国对于国际警务合作的研究始于公安大学向党副教授发表的《国际警务合作研究》(1997年)一文,该文系统阐述了国际警务合作的概念、国际警务合作机制、国际侦查协作、追缴犯罪收益、我国开展引渡的条件、程序和我国警务合作的现状及趋势,为后来我国学者对国际警务合作的研究奠定了一定的基础。当下,我国有很多学者开始对境外追逃追赃国际警务合作进行研究,有多篇相关文献可供查阅与参考。例如,许琳琳在《境外追赃资产的分享》(2005年)一文中大胆提出了境外追赃的分享理论。再如,黄风、赵琳娜主编的《境外追逃追赃与国际司法合作》(2008年)一书是国内第一本以境外追逃追赃为主体的文集,书中囊括了境外追逃追赃案件当中所涉及的大部分问题,从不同角度分析了境外追逃追赃的问题、程序、方法等,也详尽分析了胡星、赖昌星等极具代表性的追逃大案,对不同国家的引渡制度及追缴犯罪所得国际合作制度等进行了全面分析,并提出了可供我国借鉴的建议等。又如,喻贵英、马长生两位教授在其《论我国境外追赃机制的完善》(2010年)一文中着重分析了我国境外追赃机制中的不足与完善等。

本文基于上述理论研究成果,以境外追逃追赃为切入点,论述了境外追逃追赃国际警务合作机制的背景、发展趋势、法律体系、主要内容等。同时,在针对境外追逃追赃国际警务合作机制进行了较为详尽的分析的基础上,提出了其在现阶段存在的法律等支撑要素及合作工程运行中存在的问题,并提出了相应对策,希望能为我国境外追逃追赃国际警务合作机制的完善尽绵薄之力。

1.1.1.1 国际背景

国际警务合作是不同国家和地区的警察部门在跨国警察事务范围内所提供的相互支持、援助、协助与配合的一项跨越国界的执法活动,请求国的警察有权在征得被请求国的允许后,在被请求国的领域内对跨国犯罪分子进行侦查活动。① 完善跨国警务合作,有利于在世界范围内构建一个预防和打击跨国犯罪的系统法网,为侦查犯罪、获取证据、缉捕犯罪嫌疑人搭建一个稳定的交流互助平台。

加强国际警务合作已经成为世界各国的基本诉求,尤其体现在打击恐怖主义、跨国犯罪等非传统安全领域。如果仅凭借一个主权国家在其本国范围内的警务治

---

① 向党.《国际警务合作研究之一》国际警务合作概述.中国人民公安大学学报,1997(03):41-45.

理活动,难以应对日益国际化的各类犯罪的,同时也容易造成国内大量公职人员携赃款或赃物出逃。布劳克(Block)认为:"与数十年前不同,现如今,有组织犯罪往往超越国家界限在活动。"①要想有效应对,警察也需要寻求跨国界的合作,以求分享情报、协调行动、保全证据、缉捕犯罪嫌疑人。虽然国家主权独立是各国的原则性问题,但是面对日益增多的公职人员携带赃款出逃问题,仅凭一国之力难以有效抓捕与控制犯罪嫌疑人。对于跨境出逃的犯罪嫌疑人,只有加强警务合作与交流才是防控和打击国际性犯罪的最佳有效途径。不可否认,国际警务合作与司法协助一样,都需要国家司法权的配合与让步,这就需要每个国家之间建立一个互信合作机制,从而精诚合作,有效地发挥国际警务合作组织的平台作用,相互协调、共享信息,有效惩处跨国犯罪。在我国对外开放政策逐渐宽松的背景下,跨境出逃的途径也越来越多,国际间警务合作面临着新的考验。当前国际警务合作的范围不断扩大,从双边向多边、由区域内向全球化等灵活多样的合作模式不断涌现。由最初的引渡发展到现在的跨境侦查、跨境逮捕、联合办案乃至越境追缉等多种措施,然而,由于各国的法律文化和司法制度存在一定的差异,警务合作也会面临诸多的困难和挑战。

为了适应打击跨国犯罪和国际性犯罪的需要,国际社会建立了国际刑警组织,②该组织是国际警务合作的重要平台,它不仅负责搜集、加工、共享国际犯罪的重要信息,而且负责协调与打击国际犯罪。中国政府多年前就已着手海外追逃追赃机制的建设,1984年加入了国际刑警组织,2003年加入《联合国打击跨国有组织犯罪公约》,2005年加入《联合国反腐败公约》。2014年11月10日,APEC部长级会议在中国北京举行,会上一致通过了《北京反腐败宣言》,并建立了APEC反腐执法合作网络,旨在与亚太各国加大追逃追赃等合作。整个亚太地区携手开展反腐败、反贿赂,并为之出台具体措施,科学、系统地提高反贪的实效性。在境外追逃追赃案件中,往往存在由于司法制度差异和海外信息情报的缺失,公安机关从锁定目

---

① L. Block. Combating Organized Crime in Europe: Practicalities of Police Cooperation. Policing, 2008(2): 74-81. 转引自本·鲍林. 全球化背景下的跨国警务合作. 倪铁,译. 青少年犯罪问题, 2013(1): 41.
② 国际刑事警察组织(International Criminal Police Organization,通称 INTERPOL),简称国际刑警组织(ICPO)成立于1923年,最初名为"国际刑警委员会",总部设在奥地利首都维也纳。二战期间,该组织迁到德国首都柏林,一度受纳粹组织控制。二战后,英国、法国、比利时和斯堪的纳维亚国家的刑事警察成立了新的组织沿用"国际刑警委员会"的原名。1956年,该组织更名为"国际刑事警察组织",1989年,该组织总部迁到法国里昂。

标到实施跨国抓捕,耗费诸多人力、财力及时间。《北京反腐败宣言》的签署很大程度上解决了这一问题,同时也有利于加强各国信息共享和司法机关合作,有助于减少沟通成本,提升抓捕效率。此外,通过建立 APEC 的执法合作网络（ACT-NET),有助于犯罪所得及时追回和返还,提升了双边追赃的积极性,为人赃俱获提供了可能性。

2014 年 11 月 15 日,G20 峰会在澳大利亚布里斯班核准《2015—2016 年 G20 反腐败行动计划》,积极采取行动建设反腐败合作网络,其中包含司法互助、腐败资产返还等内容。各国一致承诺拒绝为腐败官员提供避罪港,同时提高共有权和私营部门所有权透明度,并通过落实《G20 受益人所有权透明度高级别原则》来提高受益人所有权透明度。

截至 2014 年 11 月,中国已对外缔结 39 项引渡条约,其中 29 项已生效,缔结 52 项刑事司法协助条约其中 46 项已生效。2015 年以来,中国与重点国家的反腐合作逐渐加大。2015 年 5 月,习近平访俄期间签署《中俄联合声明》,这是十八大以来中国首次将加强反腐败合作写入双边联合声明;6 月,中美在第七轮中美战略与经济对话后宣布加强两国反腐合作;7 月,中法引渡条约正式生效。可见,我国已初步建立了海外追逃机制,在该机制的框架下,我国政府强势拉开了海外追逃大幕。

1.1.1.2 国内背景

随着我国对外开放程度的提升以及对外经济活动的频繁发展,案发于我国境内的跨国犯罪问题日渐增多。一些国家公职人员及相关人员想利用法律的漏洞,走法律的边缘获得不法利益,并通过其他资金流通方式转移到国外。这里反映的是涉案财产的跨国性,跨国犯罪问题还涉及证据、证人的跨国性。跨国犯罪具体如跨国毒品犯罪、走私犯罪、洗钱犯罪、恐怖主义、偷渡活动等问题大量增加。《联合国打击有组织跨国犯罪公约》规定的跨国犯罪类型,都不同程度地在我国境内发生过,这些犯罪一方面严重侵害了国家海关制度,另一方面也严重破坏了社会秩序,甚至会威胁到我国的国家安全。

从 20 世纪 80 年代末开始,我国出现了因为经济犯罪而出逃的腐败分子。近年来媒体对"裸官"、贪官外逃等案件的曝光越来越多,内地官员通过海外购房、信用卡套现、地下钱庄等跨境洗钱方式,将贪污受贿资产转移海外的案件逐渐为大众所知晓。据中国社科院课题组 2009 年《中国惩治和预防腐败重大对策研究》的估计,中国约有4 000多名外逃官员,其中金融系统、国有企事业单位工作人员约占87.5%,其他部门约占12.5%。与贪官外逃相伴生的是资金外流,在过去的30年中,这些外逃贪官卷走了500多亿美元的资金,平均每人卷走差不多1亿元人民币。最新的一组数据是2011年中国人民银行网站上披露的《我国腐败分子向境外转移资产的途径及监测方法研究》调查报告显示,从20世纪90年代中期以来,在我国公安、司法干部和国家企业高层管理人员、国家事业单位以及驻外中资机构的公务人员以及其他党政干部之中,估计有1.6万至1.8万的人员外逃或者失踪,这些人员携带赃款出境给我国造成的财产损失约8 000亿人民币。因为国内外各种机构发布的调查报告口径不一,以至于出逃的腐败犯罪分子的数量以及转移的赃款的数额,至今也没有官方正式公开的数据。虽然上述数据已经令人触目惊心,但是2013年以来曝光的一系列腐败官员海外资产个案更加令人震惊。例如,有关部门在薄熙来案的侦查过程中发现,其拥有的一座位于法国尼斯的豪华别墅价值超过2 000万元人民币,经查证为受贿所得,法院判决予以没收。前中国能源局局长刘铁男被查处的时候,公安机关发现他不仅办理了一个澳大利亚护照,而且在澳大利亚的25个银行中都有一定数额的存款,存款总额超过1 900万的澳币(将近1亿元人民币),另外,其被查处的财产还包括9公斤的金条和25只珍贵钻石。这些不法财产的外流,给国家和人民带来了巨大的财产损害。

我国在互利互惠的原则下,与世界各国有序地开展国际警务合作。我国公安机关与世界各国警察机构的深度交流与合作主要体现在加强涉外治安管理和涉外刑事管辖的国际化进程中。目前,中国已与超过69个国家和地区签署了107项各类司法协助条约,不断加强与世界各国的国际警务司法合作。截至2014年底,我国与39个国家签署了双边引渡条约。除此之外,我国还积极签署了2000年《联合国打击跨国有组织犯罪公约》、2003年《联合国反腐败公约》等国际性公约,以增强我国在打击国际犯罪上的力度。

党的十八大以来,党中央大力倡导反腐倡廉,通过政策落实和制度引导使境外追逃追赃工作走向深入。在政策上,要求"老虎"、"苍蝇"一起打,坚定不移地把党风廉政建设和反腐败斗争引向深入,从而掀起了新的反腐高潮。在制度和机制上,通过制定法律文件,使本项工作扎实稳健地推行下去。打击外逃贪官是我国反腐败国际刑事司法合作的重要内容,这对打击和防控腐败犯罪具有不可估量的作用。然而,我国与西方发达国家签订的双边引渡条约尚未达到全域化程度,由于引渡实践中受到"条约前置主义"等原则的限制,给我国打击外逃贪官带来了很大的阻碍。因此,为有效地打击外逃贪官,我国还将在国际司法合作上走向更深更广的领地。

2014年以来,我国从中央决策、体制、机制和组织建设等各方面都作出了改变。例如,2014年7月22日,包括司法部在内的8家单位成立了中央反腐协调小组国际追逃追赃工作办公室;再如,公安部开展了"猎狐2014"行动;又如,最高人民检察院部署职务犯罪协调小组国际追逃追赃专项行动等;截至2014年年底,我国公安机关在"猎狐2014"行动中共抓获经济犯罪嫌疑人680名,其中投案自首的390名,涉案金额千万元以上的208名,潜逃境外10年以上的117名,逃跑时间最长的22年。我国公安机关共组建了70余个境外缉捕组,抓捕范围共涉及69个国家和地区。①

2015年初,中纪委首次将海外追逃追赃列为年度重点反贪任务,并且对此作出明确部署。3月,中央反腐败协调小组正式启动针对外逃腐败分子的"天网"行动。"天网"之下,有以公安部牵头的"猎狐2015"、最高检牵头的职务犯罪国际追逃追赃专项行动、人民银行开展的打击向境外转移赃款专项行动等多个子行动;4月,国际刑警组织首次集中公布了针对百名外逃人员的红色通缉令。根据公安部2015年1月8日发布的信息显示,自"猎狐2014"专项行动开展以来,至2014年12月底,我国已从69个国家和地区成功抓获外逃经济犯罪人员680名,其中,缉捕归案290名,投案自首390名。全国检察机关开展的为期半年的职务犯罪国际追逃追赃专项行动也已从美国、英国、加拿大等17个国家和地区抓获贪污贿赂等职务犯罪嫌疑人49名。此外,根据来自中央纪委的消息,2014年以来,中央纪委加大国际追逃追赃力度,共追逃500多人,追赃30多亿元。可以说,我国的海外追逃机制已基本建立,在该机制下,海外追逃机制在我国追逃海外潜逃人员的过程中发挥了相当大的作用。上述系列快拳式的海外追逃追赃工作虽然取得了一定的成效、积累了一定经验,但是犯罪嫌疑人以转换身份的方式潜逃出境,又从"跳板"国家转入第三国,从而增加了追逃的难度。而且这些携款外逃的犯罪嫌疑人常以"洗钱"等隐秘的方式将大量资产转移至境外,在海外又通过经营或买卖活动将资产合法化。同时,鉴于财产权受到各国法律和国际法的特别保护,追缴犯罪收益也不单是刑事问题,而更多时候要运用民事法律规则和程序来实现追缴赃款赃物的目的,这

---

① http://legal.people.com.cn/n/2015/0108/c42510-26349275.html,2015年4月23日访问。

就导致了境外追赃难。追逃追赃中出现的一些警务合作的新型法律问题,成为我们进一步研究的素材。

1.1.2 研究意义

本文在把境外追逃追赃国际警务合作置于"社会工程研究"的逻辑前提下,主张国际警务合作机制是在国际刑警组织、欧洲刑警组织、其他国际性和区域性组织的互动过程中,以国际公约、双边和多边条约及相关国内法律法规为支撑要素,在各国相关部门的协调配合下的刑事侦查活动。而在这一系列活动中,对警务合作的效率具有影响的并不仅仅是纯粹的警务侦查和信息共享问题,各个国家的政治、经济、文化以及军事需要和实力对警务合作的效率也具有深刻的影响。为此,我国在参与国际警务合作活动过程中,既要考虑我国与合作国通过各种条约所建立的权利义务关系,也要充分考虑到合作对象与我国的政治关系及人民的情感渊源。只有如此才能科学合理地构建我国的警务合作工程图景、把握警务合作运行的脉络,以实现追逃追赃国际警务合作的最终目的,为在全球范围内建立一个常态化的良性运行机制贡献我国的力量。

第一,境外追逃追赃国际警务合作系增强主权国家涉外刑事管辖效力的前提和基础。随着现代交通和科技手段的日趋先进,向境外出逃的手段越来越多,致使更多的犯罪嫌疑人逃出国门而无法受到法律的制裁。这种趋势增加了社会的不安定因素,为保护国家及公民的合法权益带来挑战,怎样能够有效加大力度,打击向境外出逃的犯罪分子就变得尤为重要,这就需要使境外追逃追赃国际警务合作得到更多国家的支持。以本国的国家利益角度为出发点,无论这个国家的地域范围是否宽广,无论这个国家经济是否发达,更不论这个国家的社会制度如何,大多数国家都会依法维护国家权力的空间效力范围,在属地管辖和属人管辖原则上积极延伸本国法律的适用范围,希望能够推广本国法律对域外在逃犯罪嫌疑人及非法所得财产的管辖权。这样做既可以更好地维护本国的国家主权,又可以加强保护本国国家利益和公民的合法权益。行使涉外刑事管辖权因存在各种矛盾冲突甚至会涉及的本国的主权问题而不能被有效地运用,所以面对这种状况,开展国际间的司法合作,加强国家间的相互交流,特别是警察机关之间的合作就变得尤为重要。针对向境外逃窜犯罪嫌疑人的国际警务合作能够在不侵犯别国国家主权的情况下,积极地寻求与犯罪嫌疑人出逃国的法律上的合作与交流,在双方互不侵犯主权的前提下扩大本国的涉外刑事管辖权,使本国能够在他国顺利地对犯罪嫌疑人按照法律规定进行追诉,从而更好地打击犯罪,成为促进本国及世界范围内社会和平稳定发展的重要保障。

第二,境外追逃追赃国际警务合作有助于提高国际社会的执法合作能力。由于境外出逃的特殊性,单靠一国之力难以将潜逃至他国的犯罪嫌疑人绳之以法,需要国家间相互配合执法。伴随着犯罪活动的日益国际化,更多的国家选择加入国际警务合作以加强本国对逃往境外的犯罪嫌疑人的打击力度,使犯罪分子受到应有的法律制裁,同时尽量挽回犯罪分子所在国国家及公民的各项损失。所以世界各国警察机构间的合作日趋紧密,从边境地区之间的合作到周边国家之间的区域性合作,从以国际刑警组织为中心拓展到各种合作方式并行,国际警务合作的发展愈加多样化。现今的国际警务合作不仅拥有多种合作渠道,而且在程序上也更加合理,不用再进行繁琐的审批协调手续,能够更好地节约时间,提高效率,使境外追逃追赃国际警务合作更加完善。同时,国际警务合作实现了各国警务司法机关之间的优势互补,各国司法机关通过合作交流,发现对方的长处和自身的不足之处,学习借鉴他国在控制和打击犯罪方面的先进经验,利用各种有效的途径、手段提高打击刑事犯罪的能力,共同预防和惩治跨国犯罪活动。

第三,境外追逃追赃国际警务合作有助于增强各国之间友好合作关系。境外追逃追赃国际警务合作不仅能使犯罪分子得到应有的法律惩罚,维护本国的法律尊严,还可以更好地维护本国的国家利益及公民的合法权益,更能有力的推动各国司法机关的交流合作,增强国与国之间的交流互动与合作,进而在双方合作和互让的情况下有效地促进了参加国际警务合作的各个国家间的友好关系。这种国与国之间的友好关系由于其是在共同的行动中建立起来的,彼此之间增加了相互了解,增强了彼此之间的包容,因此其更具有能够长期发展和保持的特性。随着国际警务合作范围的日益扩展,必然会有越来越多的国家加入到国际警务合作这个行列当中。各个国家在打击犯罪时能够增进了解、相互学习,也使得各个国家能够消除国界上的障碍,作为一个团队共同探讨案件。在此过程中可以对某些重要问题加大探讨的深度和广度,逐渐形成各国间的共识,以各国警察机关的友好合作为基石,逐渐扩大范围,增强国家间的互利友好合作关系。

第四,境外追逃追赃国际警务合作的研究对当前我国反腐败国际合作有重要现实意义。在过去的几十年里,许多国家出于对本国经济利益的考虑,对非法流入本国的资产视而不见,尤其在尚未签署合作协议的情况下,很难积极配合遣返逃犯,更不可能退回巨额赃款。中国政府为打击在逃境外经济嫌犯,接连开展"猎狐2014"专项行动、"2015天网"行动,积极推动以追逃追赃为重点的反腐败国际合作,把打击资金非法流动提到国际反腐败运动的议程上来,重新定义腐败的概念。2014年11月亚太经合组织会议通过的《北京反腐败宣言》和G20领导人在澳大利亚签署的《布里斯班峰会公报》都表明要通过加强信息共享和司法机关合作,加速遣返或引渡腐败官员、没收和返还资产,海外国家不再是腐败分子的"避罪天堂"。本文的研究为中国当前反腐败国际合作提供佐证,从法律制度和实践机制中发现问题,指导人民警察在追逃追赃工作发挥其职能和作用。

1.2 国内外研究现状述评

1.2.1 国内研究现状述评

党的十八大以来,我国加大了对职务犯罪,尤其是贪污贿赂犯罪的打击力度。外逃贪官及其转移到海外资产的追逃追赃成为我国政府和政法机关的工作重点。2014年7月22日,公安部召开电视电话会议,部署集中开展缉捕在逃境外经济犯罪嫌疑人的专项行动"猎狐2014"。"猎狐2014"专项行动的启动,标志着我国境外追逃工作进入一个新阶段。我国开展境外追逃专项行动,有利于打击跨国犯罪,提高国际执法能力,增强涉外刑事管辖效力,对犯罪嫌疑人外逃起到威慑作用。

学界对境外追逃追赃的研究已经成为热点。学者张尧的文章《从"猎狐2014"专项行动看我国境外追逃工作的困境与措施》[①]提出,在开展境外追逃工作的过程中,我国公安司法机关也面临着各种困境和问题,应结合我国实际,加强国际警务合作,通过国际刑警组织、引渡协议、移民法遣返、异地追诉、劝返等多种形式实施境外追逃。学者黄风的《反腐败国际追逃合作:困难、问题与对策》[②]阐述了针对外逃贪官的境外追逃工作,应当着力开拓与发达国家的刑事司法合作,充分尊重国际刑事司法合作的通行规则和相关国家的法制,努力建立我国良好的法治形象,特别注重国内各主管部门之间的相互协调与配合,以形成办理涉外案件和寻求国际合

---

① 张尧. 从"猎狐2014"专项行动看我国境外追逃工作的困境与措施. 湖北警官学院学报,2015(2):11-13.
② 黄风. 反腐败国际追逃合作:困难、问题与对策. 人民论坛,2015(25):66-67.

作的合力。学者黄震的《当前我国海外追逃追赃的法律障碍及解决途径》[①]、学者张磊的《腐败犯罪境外追逃追赃的反思与对策》[②]都提出我国境外追逃追赃所面临的困难,由于尚未与西方发达国家签订双边引渡条约,境外追赃步履维艰,面临追逃追赃成本高昂、经验缺乏等挑战。我们应当努力开拓境外追逃新途径,境外追逃与追赃并重,健全防逃工作机制并加强队伍假设,推动境外追逃追赃工作的全面开展。

追逃追赃国际警务合作最重要的法律基础是 2005 年生效的《联合国反腐败公约》。公约为预防和打击腐败犯罪、国际合作和资产追回等问题提供了一个崭新的国际合作平台,相关工作进展也成为国人关注的焦点。该公约是联合国历史上第一部指导国际反腐败斗争的法律文件,它包含了大量的刑事司法规定,其中核心部分是资产追回机制,而这方面我国刑事诉讼法的规定尚为欠缺。规范和便利国际刑事司法合作活动,仅仅依靠国际条约是不够的,还需要有调整国内执行程序的立法。学者杨宇冠、吴小军在《〈联合国反腐败公约〉资产追回机制与我国刑事诉讼法的完善》[③]一文中分析认为,为了加强反腐败的力度以及完善我国刑事诉讼法,我国有必要参照《联合国反腐败公约》对我国刑事诉讼法作相应的修改,以期更好地开展反腐败的国际合作,最大限度地追回腐败犯罪所得。学者黄风在《关于追缴犯罪所得的国际司法合作问题研究》[④]一文中,根据我国目前在追缴犯罪所得方面国际司法合作的实践,列举了五个亟须通过国内立法或者国际协议加以解决的问题:(1)如何根据外国的刑事司法协助请求对银行账户资金实行扣划或者对有关的不动产实行处置;(2)如何在有关的追缴和返还合作中切实保护善意第三人和潜在权利人的合法权益;(3)如何在案犯外逃的情况下决定对属于犯罪所得的财产予以追缴和没收;(4)如何合理确定追缴程序中的举证责任;(5)如何处理发生在追缴合作中的费用补偿和收益分享问题。文章对外国的有关法律制度以及国际条约的相关规定进行了介绍和比较研究,在此基础上,就上述问题的解决提出如下建议:完善我国刑事诉讼中对赃款赃物的"简易处置"制度,增加配套的法院裁决程序;在我国建立承认与执行外国刑事罚没裁决的司法审查制度;在特定情况下将附

---

① 黄震.当前我国海外追逃追赃的法律障碍及解决途径.中国党政干部论坛,2015(2):43-46.
② 张磊.腐败犯罪境外追逃追赃的反思与对策.当代法学,2015(3):71-75.
③ 杨宇冠,吴小军.《联合国反腐败公约》资产追回机制与我国刑事诉讼法的完善.当代法学,2005(1):7.
④ 黄风.关于追缴犯罪所得的国际司法合作问题研究.政治与法律,2002(5):11-21.

带民事诉讼程序前移,并在条件成熟时设立独立的财产没收程序;变通现行的证据制度,要求特定案件中的财物持有人或者关系人承担关于合法来源或者善意享有的证明责任;本着互惠和务实的精神处理被追缴财物的国际分享问题,建立专门的基金组织将分享的资金转换为开展有关国际合作的资源。

近十几年来,各国缔结了大量涉及引渡合作的双边条约和多边公约,许多国家修改了自己的引渡法,有的国家甚至在不长的时间内数次修改引渡法。认真研读这些关于引渡合作的法律文件,可以从中感悟到国际刑事司法合作的一些理念更新和制度变革。同时,从完善我国引渡制度、提高有关的缔约水平和进行引渡合作的实务操作的角度,也不能不特别关注这些国际引渡合作规则的新发展。在我国引渡或遣返刑事外逃人员主要的问题和障碍是程序问题,其中最关键的法律问题是受到国际法上的死刑不引渡原则的影响。对于没有废除死刑的国家,解决这一问题的主要途径是运用引渡制度中的量刑承诺。陈雷、薛振环的论文《论我国引渡制度的量刑承诺——兼论死刑不引渡原则的变通或例外适用》[1]通过这一基本理论与实践进行全面的法理分析,阐述了量刑承诺的概念、种类、特点、性质、法律依据等,同时对死刑不引渡原则在我国引渡实践中的运用,特别是量刑承诺作为死刑不引渡原则的变通或例外适用作了客观和务实的分析,结合我国引渡实践就完善我国量刑承诺程序提出了意见和建议。学者黄风也就引渡问题在《国际引渡合作规则的新发展》[2]中深入研究,对引渡问题的研究有十分重要的借鉴意义。2000年12月我国颁布了《中华人民共和国引渡法》(以下简称引渡法),结合中国的特定情况创设了独具特色的引渡案件司法审查和行政审查制度,同时还独立于《中华人民共和国刑事诉讼法》(以下简称刑事诉讼法)引进了专门适用于引渡合作的刑事强制措施体系,即引渡拘留、引渡逮捕和引渡监视居住,它是中国法制走向现代化、国际化和对人权高度尊重的重要标志和体现。但是,在文书送达、调查取证、赃款赃物的追缴、相互承认和执行刑事裁决(包括被判刑人移管)以及刑事诉讼移管等方面,我们的国内立法还处于空白状态。特别是随着《联合国反腐败公约》对我国的生效,刑事司法协助国内立法的缺位已经影响到我国对公约项下国际义务的切实履行,比如,我国主管机关目前很难通过承认和执行外国法院"没收令"或者罚金判

---

[1] 陈雷,薛振环.论我国引渡制度的量刑承诺——兼论死刑不引渡原则的变通或例外适用.法学杂志,2010(1).

[2] 黄风.国际引渡合作规则的新发展.比较法研究,2006(3).

决的方式,协助外国主管机关追缴在中国境内发现的资产并且向请求方实行返还。关于国际刑事司法合作的国内立法的缺欠引起了国家有关部门以及法学界专家们的重视,最近,有关部门已经把司法协助立法问题提上了议事日程,开始进行相关的资料搜集和研究工作,并且正在起草和讨论相关的法律草案。学者黄风在《中华人民共和国国际刑事司法协助法(立法建议稿)》[①]中逐条列出《司法协助法》的立法建议。

2014年11月8日在北京举行的亚太经合组织峰会上,中方推动通过了《北京反腐宣言》,并成立APEC反腐执法合作网络,这意味着亚太各国在共同清除腐败毒瘤、加大追逃追赃、携手打击跨境腐败行为等方面的合作认识更加趋于一致,中国与美国、加拿大等APEC成员国在引渡条约、司法协助等领域的谈判步伐加快。继《北京反腐败宣言》与《2015—2016年G20反腐败行动计划》后,中国又推出加强国际反腐败合作的有力之举,即中国日前已加入国际反腐败学院(IACA),正式成为该学院成员。国际反腐败学院成立于2010年9月,是全球第一所反腐败国际学院。在党中央高度重视反腐倡廉工作的大背景下,中国加入该学院,对于加强国际反腐败合作,加大海外追逃追赃力度具有重要意义。学者王昊魁、靳昊2015年1月18日在《光明日报》上发表了《海外追逃追赃的大网越织越密专家解读中国加入国际反腐败学院》[②]一文,阐述了国际反腐败学院的机制。

然而迄今为止,追赃成果并不理想。究其原因,境外追赃中资产分享机制的缺乏是问题的关键。通常,资产流出国往往为发展中国家,资产流入国则常为发达国家。作为发展中国家的我国有必要建立资产分享机制,并进一步与资产所在国依据一定的原则和标准签署资产分享协议。学者许琳琳《境外追赃资产的分享机制》[③]探讨《联合国反腐败公约》有关追赃资产处置的相关规定,并分析西方主要国家的资产分享制度与安排,从而探寻适合构建我国资产分享制度的思路。学者余怿在《论公安机关境外追赃》[④]一文,强调了公安机关要充分认识境外追赃工作的重要性,树立强烈的追赃意识,加强研究国外法律制度和司法实践,进一步完善我国的反洗钱工作机制,采取直接请境外警方协助、刑事司法协助、引渡、由境外警方

[①] 黄风.中华人民共和国国际刑事司法协助法(立法建议稿).法学评论,2008(1).
[②] http://news.gmw.cn/2015-01/18/content_14553187.htm,2015年1月19日访问.
[③] 许琳琳.境外追赃资产的分享机制.滨州学院学报,2013,29(1):79-83.
[④] 余怿.论公安机关境外追赃.中国人民公安大学学报,2005(1):111.

启动刑事诉讼程序、由被害人在境外提起民事诉讼及促使犯罪嫌疑人自行退赃等多种途径和方式,开展境外追赃工作。黄风、赵琳娜主编的《境外追逃追赃与国际司法合作》①一书囊括了有关国际司法合作、追逃追赃、引渡、引渡的替代措施的国内研究,以及对英国《2002 年犯罪收益追缴法》、英国《2003 年国际刑事合作法》、美国引渡及追缴犯罪所得的比较研究,给本论文研究很多启发和借鉴。

纵观各类有关境外追逃追赃的文章和著作,几乎都是写国际刑事司法协助的,而写警务合作机制的着墨不多,笔者以此为切入点,研究国际警务合作机制在追逃追赃工作中的运行。警务合作与刑事司法合作两个概念如何界定,也没有具有说服力的论著。学者周晗菲《国际警务合作和国际刑事司法协助的比较思考》②阐述了全球化推动了超国界的世界市场的形成,在增加社会财富的同时,各种价值观相互影响,给国际社会带来了新的问题,传统的国内犯罪开始向国外发展,不局限于一国领域内的犯罪明显增加,单个国家对于跨国犯罪的单独打击显得束手无策,国际警务合作和刑事司法协助制度便在全球化的背景下迅速发展。国际刑事司法协助,一般是指一国的法院或者其他的主管机关,根据另一国法院、主管机关或相关当事人的请求,代为或协助实行与诉讼有关的一定的司法行为。它的产生是因为国家司法权的严格属地性,只有加强各国司法机关之间的合作,才能及时解决问题,对国际刑事司法协助概念的理解,也在随着合作内容的发展而不断广义化。

我国对"国际警务合作"的研究始于 1997 年,学者向党在《国际警务合作概述》一书中阐述了国际警务合作的概念,国际警务合作是指"不同国家的警察机关之间,根据本国法律或者参加的国际公约,在惩治国际性的犯罪,维护国际社会秩序领域相互提供援助、协调配合的一种执法行为"③。其基本特征是:一是国际司法合作的主要组成部分;二是各国警察机构在执法领域的一种合作;三是以国际刑警组织为主渠道,协调不同国家之间打击刑事犯罪;四是灵活性与效益性;五是具有国内与国际双重法律性质的执法活动;六是建立在对等互惠基础上的一种协作关系。向党还提出国际警务合作的范围有狭义和广义两种。"狭义的警务合作仅指国际刑警组织框架内,主要是围绕案件侦查进行的合作。在各国法律允许的范围内,相互开展通讯联络,及公民的紧急求助等。广义的警务合作还包括各国间开展的刑

---

① 黄风,赵琳娜. 境外追逃追赃与国际司法合作. 北京:中国政法大学出版社,2008.
② 周晗菲. 国际警务合作和国际刑事司法协助的比较思考. 经济研究导刊,2015(6):315-316.
③ 向党. 国际警务合作概论. 北京:中国人民公安大学出版社,2005:33.

事司法协助的有关内容。主要有:没收犯罪收益、控制下交付、在押人员出庭作证及刑事移送转移、引渡等。"[①]2015年,学者李建、赵宇在《中国在警务合作国际组织中的地位与作用浅析》[②]一文中详述了新中国成立以来,我国的国际警务合作大致经历的起步期、转型期、发展期三个阶段。中国参与警务合作国际组织,是打击国际犯罪和提高我国的国际地位和国际威望的客观需要,但存在不少制约因素。应明确我国在警务合作国际组织中的总体发展战略目标,开展警务外交,推进警务体制改革,加强警务价值理念宣传,重视国际警务人才培养,促进世界和平与稳定。学者李宜超的《我国国际警务合作的障碍分析与对策》[③]指出我国国际警务合作的策略应包括遵循相互尊重与沟通协调原则;完善法律法规制度,为国际警务合作提供法律依据;完善情报信息主导警务,提高打击国际犯罪的能力等五个方面。学者张宙跹在《国际警务合作若干基本问题探讨》[④]论述了国际警务合作的主体是警务机关,合作方式多样,合作范围广泛,各国国际警务合作法的渊源都体现在国内法和国际法两个方面。我国的相关立法对我国公安机关参与的国际警务合作程序作了规定,我国目前开展的国际警务合作还具有相当的发展空间,需要进行相应的完善。

本文从国际警务合作角度分析境外追逃追赃问题,选题角度可视为本文创新亮点。跨境警务合作的机制构建可以解决国际合作实效性的困境,可以更快地起到震慑犯罪的作用。警务合作的机制化法律研究应该是学者研究的未来趋势走向,笔者以此为切入点来完成本文的论证。在上述国内文献的理论基础上,笔者还从英文文献中对比我国和英美等西方国家法律制度差异,寻求解决境外追逃追赃警务司法合作问题的对策。

1.2.2 国外研究现状述评

国外学者对追逃追赃警务司法合作的研究比中国早,尤其在追赃立法方面也先于我国很多年。英国《2002年犯罪收益法》就规定了追赃方面的"刑事没收"和

---

① 向党.国际警务合作概述.中国人民公安大学学报,1997(3):43.
② 李建,赵宇.中国在警务合作国际组织中的地位与作用浅析.广西高等专科学校学报,2015,28(2):24-28.
③ 李宜超.我国国际警务合作的障碍分析与对策.湖南警察学院学报,2011,23(3):18-20.
④ 张宙跹.国际警务合作若干基本问题探讨.浙江警察学院学报,2010(1):36-40.

"民事没收"程序；美国于 2000 年颁布了《民事没收改革法》，很大程度上加强了美国与外国开展追缴犯罪所得国际合作方面的能力，允许美国司法机关对于某些境外严重犯罪的资产强行没收，并且承认与执行外国的没收裁决，根据外国的请求对可能被没收的财产采取冻结和扣押的措施。

从理论分析方面，Panait 和 Cristina Florina 在 *The Issue of the Police and Judicial Cooperation in the European Union* 一文中指出警察和司法合作是马斯特里赫特条约中第一次提到的，[1]同时指出由于欧盟成员国害怕失去的国家身份和打击犯罪的基本技能，司法合作的重组是困难的，警察在边境通道履行司法合作的责任。美国学者 Carol R. Van Cleef 在 *The USA Patriot Act: Statutory Analysis and Regulatory Implementation* 一文对美国《爱国者法案》（全名：通过提供拦截和阻止恐怖活动所需要的适当手段统一和强化美国法案）进行了法律分析和实践应用论述。美国 2001 年颁布的《爱国者法案》在第三篇"2001 年消除国际洗钱和金融反恐怖法案"中对国际反洗钱和相关的措施以及国际合作做出了较为详尽规定[2]。德国学者 Daniel Scher 在 *Asset Recovery—Repatriating Africa's Looted Billions* 一文中提出，德国和许多其他国家建立的最广泛应用的法律途径，可以第一时间获取银行信息的是反洗钱条款，在大多数国家必须有单独的法律，如德国和瑞士的《反洗钱法》，其他国家如奥地利还加入了相关条款到《银行法》。科技的最新发展给洗钱者提供了电子银行和网络银行，然而现行法律还没有完全包括这些新方式。[3]

从实践分析方面，秘鲁学者 Nelly Calderon Navarro 在 *Fighting Corruption—The Peruvian Experience* 一文中以秘鲁打击腐败为经验指出，为惩治腐败犯罪需要建立一种专门的"反腐败系统"，包含专门的腐败犯罪侦查部门和专门的法院。作者还强调国际合作要在国际法下，保证证据和被判刑人的安全，以及实现追缴赃款目的。[4] 学者 Yong Guo 在 *Corruption in Transitional China: An Empirical Analysis* 一

---

[1] Panait, Cristina Florina. The Issue of the Police and Judicial Cooperation in the European Union. Contemporary Readings in Law and Social Justice, 2012, 4(2): 537.

[2] Carol R. Van Cleef. The USA PATRIOT Act: Statutory Analysis and Regulatory Implementation, Journal of Financial Crime, 2003, 11(1): 73-102.

[3] Daniel Scher. Asset Recovery—Repatriating Africa's Looted Billions. African Security Review, 2005, 14(4): 14-24.

[4] Nelly Calderon Navarro. Fighting Corruption—The Peruvian Experience. Journal of International Criminal Justice, 2006(4): 488-509.

文里分析了在转型中的中国的594起重大腐败案件,并提出了腐败在转型中国的新举措,论述了腐败犯罪的新特点、发展趋势,以及其与转型中国家的经济之间的关系。① 英国学者 David J. Dickson 在 *Towards More Effective Asset Recovery in Member States—the UK Example* 一文中以英国为例,论述了在欧盟成员国建立有效地资产追回机制的问题。英国《2002年犯罪收益法》规定了对违法收益的民事没收程序。该程序引入了一种新型民事没收权力,授权高等法院在未对被告人定罪的情况下没收其违法所得。根据该法案,如果特定的财产是违法所得,就将依法没收。该程序的目的是为了在高等法院(或者治安法院)通过民事程序追缴违法行为获得的收益。即使未启动刑事诉讼程序,也可以没收相关资产包括现金。②

1.3 研究思路和研究方法

1.3.1 研究思路

"在传统上,至少在中国的人文社会科学领域,但凡谈到'学术研究'似乎天然地就是指称'理论研究','理论'也被当作解决任何社会实践问题的良方。在人文社会科学领域,的确从未曾有过'工程研究'的独立地位;理论思维既要思考认知和揭示事物的规律与道理,又要思考运用这些规律与道理来设计和建造理想的社会制度与社会组织架构,不仅仅提供作为实践依据和标准的'社会工程'图样,而且也自然地提供工程实践的技术操作方案,理论思维与工程思维始终'自然'地二合一地混淆在一起。但从工程的视角来看,任何社会的社会结构包括制度安排与组织架构,的确都是典型的'社会工程'"③本文把国际警务合作看作一项社会工程,研究思路聚焦于该工程的运行方向和具体脉络上,将国际警务合作理论及其相关法律体系作为合作制度或合作实践的基础,尽量避免混淆国际警务合作理论研究与合作工程研究的不同视角和不同目的,即"避免将法律理论研究直接等同于法律工

---

① Yong Guo. Corruption in Transitional China: an Empirical Analysis. The China Quarterly, 2008, 194: 349.

② David J. Dickson. Towards more effective asset recovery in Member States—the UK example. ERA Forum, 2009(10): 435-451.

③ 姚建宗.法学研究及其思维方式的思想变革.中国社会科学,2012(1):128.

程设计"。①

世界上率先提出"社会工程"概念者被认为是美国法学家庞德,他把法律类比为一种"社会工程",法学也就被认定为是一门"社会工程学"②既然是社会的工程,自然要遵循社会科学的基本范式与规律,"人文社会科学领域的各个学科,其研究对象并不是自然生成的'客观'事物,而恰恰是'人造物'——社会制度、社会组织及其运作,既然是人造物就必然渗透着人的价值观与主观偏好,这样,作为人文社会科学研究对象的人造物在任何时候所呈献给研究者的就绝对不可能是纯粹'客观'的事物,而只能是饱含着人的情感与意愿的对象物,这样的事物始终都是随着人的价值观念和主观偏好的改变而变化的。同时,其改变或者变化的频率与幅度又都比较大。"③基于此,本文的研究内容不仅涉猎法律问题,还要关照人的情感需要、社会政治与经济要素、文化与军事实力等各领域,并且这种研究思路将贯穿于整个文稿。

1.3.2 研究方法

在研究方法上,本文主要采用理论分析与实证分析相结合的研究范式,综合运用国际法学、国际刑法学、刑法学、刑诉法学等基础理论,借鉴美国等西方国家的先进立法经验,对境外追逃追赃警务合作机制问题做了系统、全面和深入的分析。同时,结合中国国情与警务司法实践,分析我国警务合作遭遇的现实问题,探讨解决问题路径。

本文的具体研究方法主要有三种:文献归纳分析方法、实证分析方法和比较分析方法。首先,通过"文献归纳分析方法",梳理现有关于境外追逃追赃国际警务合作机制的内容及发展模式;其次,论文运用"实证分析方法",是鉴于追逃追赃是一个实务性很强的课题,纯粹的理论分析和法律分析难以解决实际问题,针对我国目前较为成功的追逃追赃实际案例进行实证分析,从司法实践的现实需求角度提出追逃追赃警务合作机制中存在问题,并总结完善我国相关配套法律的建议。第三,论文还采用"比较分析方法",对比中西方国家的体制、法律制度的差异,对比我国现行刑事法律与我国签署的司法协助条约的冲突之处,进而分析现行制度的内在不足,并提出进行制度改革创新的基本方向,通过对其他国家法律和制度的研究和借鉴,为我国境外追逃追赃工作提供理论支撑并予以优化。

---

① 姚建宗.法学研究及其思维方式的思想变革.中国社会科学,2012(1):123.
② E.博登海默.法理学:法律哲学与法律方法.邓正来,译.北京:中国政法大学出版社,1999:147.
③ 姚建宗.法学研究及其思维方式的思想变革.中国社会科学,2012(1):122.

第 2 章 境外追逃追赃国际警务合作概述

境外追逃追赃虽然是国家司法权的一种合理延伸,但其得以顺利实施的前提是相关国家给予外交的支持与警力的配合。近年来我国惩贪防腐力度不断加强,境外追逃追赃成为一种普遍的执法和司法利器,各国对警务合作也更加重视。

2.1 境外追逃追赃国际警务合作的概念

境外追逃和境外追赃是执法和司法国际合作的两大难题。追逃解决人的问题,即将外逃犯罪嫌疑人或被告人遣返回国,绳之以法的过程;追赃是解决物的问题,即将非法转移至境外的犯罪所得及其收益追缴的过程。基于各种原因,我国司法机关提出的引渡或遣返请求经常被相关国家长期拖延、搁置或拒绝,就导致追逃难。而追赃更难,难在外逃人员通过洗钱等手段隐秘地转移资产,随后又在海外通过经营买卖活动将资产合法化,阻碍了我国执法和司法机关的工作进程。虽然目前在境外追逃方面,我国已有些成功引渡和遣返案例,但是在境外追赃方面,我国目前成功追缴的赃款赃物与非法转移到境外的巨额资产相比,只是凤毛麟角。

犯罪嫌疑人在一国领域内犯罪后选择逃到境外以躲避本国的法律制裁的法律问题,受到世界各国的普遍关注。对任何国家而言,如果这些逃窜到境外的犯罪嫌疑人一直逍遥法外,法律不能发挥应有的震慑力,其权威必将受到严重影响。所以,对逃往境外的犯罪嫌疑人进行有效地追捕,能够有效地维护国家主权、司法尊严,进而实现社会稳定并为构建和谐社会提供有力保障。

2.1.1 境外追逃与境外追赃之厘定

2014 年 10 月 10 日,我国成立"中央反腐败协调小组国际追逃追赃工作办公室",由纪检、政法、金融、外交等八个部门组成。可见公安机关、检察机关都属于境外追逃追赃执法主体。公安机关在境外追逃追赃中主要承担了联合侦查、域外取证、刑事诉讼转移、情报信息互换,以及引渡中查找被引渡人、执行引渡强制措施、移交被引渡人和有关财物、接收外国准予引渡人和财物等职责。检察机关作为国家公诉机关和职务犯罪的侦查机关,集行政职能和司法职能于一身,在职务犯罪侦查中具有与公安机关一样的侦查权,但其不具有像公安机关那样开展国际警务合作的职能。各国检察机关在国际引渡合作中的职责大多体现在对被通缉的外国逃犯采取拘捕措施,以及对外国引渡请求的审查程序中。对于外国的引渡请求,有的国家检察机关既有权代表政府进行行政审查,又有权直接参与在法院开展的司法审查程序。追逃追赃过程中,法院的职责主要是开展司法审查程序。厘清公安机关与其他司法机关在境外追逃追赃活动当中的职责是必要的,而本文的研究主要针对公安机关在追逃追赃工作中的内容。

2.1.1.1 境外追逃

"追逃",即设法采用引渡或者其替代措施将潜逃或隐匿在他国的犯罪嫌疑人、被告人或被判刑人遣返回国。境外追逃是主权国家从其管辖范围外追捕逃犯的简称,是一国的警察机关得到犯罪嫌疑人逃窜地所属国家的同意后,为追捕在其国家领域范围内从事违法犯罪活动后逃窜到境外的犯罪嫌疑人,与该国的警察机关相互配合,针对犯罪嫌疑人的逃窜路径、隐匿地点等进行侦查并最终将其缉拿归案的一系列侦查过程。

在一国领域外追捕犯罪嫌疑人涉及与他国的合作问题。两个或多个国家间存在着国家司法主权、国家领土主权和法律规定不同等各种问题。怎样处理好这些问题就成为解决境外追逃的关键所在。境外追逃要突破这些障碍,寻求国家间的相互合作,这无疑是一项非常艰巨的任务。在犯罪嫌疑人逃往国外的犯罪案件中,对犯罪嫌疑人的域外抓捕是最关键的环节。于是,怎样将逃往域外的犯罪嫌疑人成功逮捕已经成为各国警察机关的工作重心之一。近些年来,逃往域外的犯罪嫌疑人数量不断增加,脱逃方法也日益隐秘化,这给各国在追捕外逃犯罪嫌疑人时增加了很大的难度。当然,境外追逃的困境还不仅仅限于此,因涉及各国之间的政治因素和国家利益因素,故一些国家在考虑到本国利益时,往往不愿意进行合作。在诸多的外力影响下,境外追逃往往不能顺利进行,致使案件不能及时结案,影响受害人及本国的国家利益。

境外追逃中最"给力"的机构是成立于1923年的国际刑警组织(英文缩写为ICPO)。国际刑警组织是一个打击跨国犯罪的重要平台,对防范和打击国际犯罪具有重要作用。当前,国际刑警组织中的成员国已经发展到183个,其规模仅次于联合国组织中的成员国,位居第二。其在性质上是一个重要的政府间国际组织。国际通报是国际刑警组织加强信息共享的一项重要手段,为各成员国在缉捕罪犯、查明罪犯、发现犯罪线索、司法协助等方面提供了重要信息。国际通报的右上角可具有红、绿、蓝、黄、黑、白、紫等7种颜色,每一种颜色都代表不同的请求内容。其中,红色属于逮捕通报,是国际刑警组织在得知外逃犯罪嫌疑人藏匿地点后向各国发出的,作用相当于逮捕证,成员国警方接到红色通报之后,有权对被通缉的人予以逮捕并羁押。红色通报往往被视为"红色通缉令"。[①] 发出该通缉令的目的在于通知各国注意发现该外逃犯罪嫌疑人,并尽可能采取一系列有效的抓捕措施。国际刑警组织的情报资源、技术资源以及该组织的协调力和行动力都能有效地帮助各国尽快抓捕外逃犯罪嫌疑人,有助于更好地打击跨国性犯罪。境外追逃的一个问题在于如何加强国家间的共同合作,找到各国的共同关注点,保证犯罪嫌疑人的犯罪线索清晰明了、证据充分,从而得到其他国家警察机关的协作。境外抓捕逃犯的另外一个问题是各国之间如何以国际条约作为基础,平衡协调各国在国内法上的不同之处。通过国际刑警组织等渠道,加强国家间对境外逃犯的打击力度,多国联合办案,可以为打击跨国犯罪奠定坚实基础。境外追逃是一项非常艰苦、复杂的工作,这也就要求各国从事境外追逃的人员应该具备较强的协调能力、工作能力等综合素质。因此,世界各国均应在加强办案队伍专业化方面做功课,积极培养高素质的办案人员,提高办案人员的专业化水平和办案技能等。境外追逃是打击跨国犯罪的重要途径之一,各国还应多多积累在打击境外逃犯时所获得的经验,以为日后更好地打击跨国犯罪提供学习、研究的材料,并将这些材料更好地应用于打击跨国犯罪的工作之中。

按照"2015 天网"行动统一部署,国际刑警组织中国国家中心局2015年4月集中公布了针对100名涉嫌犯罪的外逃国家工作人员、重要腐败案件涉案人等人员的红色通缉令,加大全球追缉力度。这次集中公布的100人包括外逃国家工作人员和重要腐败案件涉案人,都是涉嫌犯罪、证据确凿的外逃人员,已经由国际刑警组织发布红色通缉令,正在全球范围内追捕。我国通过国际刑警等渠道提请有关国家执法机构加强合作,请求相关国家协助将犯罪嫌疑人缉拿归案。我国表示这

---

① http://www.interpol.int/About-INTERPOL/Structure-and-governance,2015 年 3 月 17 日访问.

次公布的只是其中一部分,今后对于涉嫌犯罪的外逃人员,依然要发现一起、通缉一起。中央反腐败协调小组国际追逃追赃工作办公室负责人表示,全球通缉涉嫌犯罪的外逃国家工作人员和重要腐败案件涉案人是"天网"行动的重要措施,有利于加强国际合作,提高追逃追赃效率。当前,追逃追赃的力度逐步加大、方式不断创新,一张追捕外逃腐败分子的天网正在形成。我国将加强与有关国家的执法合作,充分运用各种资源,坚决把他们绳之以法①。

2.1.1.2 境外追赃

"追赃"是设法将被转移至境外的犯罪非法所得或收益予以冻结、扣押、没收及实现返还。② "犯罪非法所得"(illegal proceeds)是对犯罪分子在违法犯罪过程中所得的一切财物及利益的统称,具体是指在犯罪过程中犯罪分子从事犯罪活动直接或间接产生或获得的所有不合法财物,不包括犯罪工具和犯罪分子合法所有的财产。随着经济的发展,各国被贪污、挪用的犯罪资金有很大一部分都流入他国,这些资金的流出直接或间接地威胁着资金所属国家的社会经济生活和国家金融秩序的稳定。开展境外追赃工作,不仅可以挽回本国国家及公民的经济损失,还可以有效地打击跨国犯罪,使犯罪分子得不到其想象中的巨额利润。通过对流往境外资金财务的追回,还可以有效切断境外潜逃罪犯的资金来源,迫使其无法在境外生活,从而对境外追逃犯罪分子有所帮助。因此,越来越多的国家开始重视境外追赃工作的开展。近几年来,各个国家都愈加重视同他国的合作,对相互配合共同开展对境外流出赃款赃物的追回逐渐达成共识,并积极有效地寻求合作的各种途径和渠道。可是,境外追赃工作非常复杂,犯罪分子不断地变换犯罪形态,流出渠道更具隐秘性,再加上各国政治制度和司法体制的不同,境外追赃工作的难度越来越大,在更多的情况下,境外追赃工作不能有效地展开。

犯罪分子将赃款转移出境的方法有很多种。其中最主要的方法就是通过地下钱庄将巨额款项从特殊汇款路径转移到境外。还有很多犯罪分子通过在国外居住的亲属或直接寻找在国外的代理人或直接在域外成立一个空壳公司专门向境外转移赃款赃物。更有一些在本国内贪污受贿的官员或国内企业的高层管理人通过境内企业直接将赃款汇往境外,或直接在境外收受赃款及不动产等财物。还有些犯

---

① http://www.ccdi.gov.cn/xwtt/201504/t20150422_55183.html,2015年10月5日访问。
② 余怿.论公安机关境外追赃.中国人民公安大学学报,2005(1):111-115.

罪分子假借对外投资等借口,通过支付各项费用的名义将国内资产转移到境外。直接携款潜逃或在境外直接侵吞国有资产的行为也屡见不鲜。比如,本国经营者在与他国企业进行交易时,与外方勾结,通过低价评估国有资产的价值、非法扣押企业在境外投资的收益等途径侵吞本国国家财产。

各国警察机关应尽可能地调查已转移到境外的赃款赃物流向,积极与赃款赃物流入国的有关部门沟通协调,尽最大努力追回赃款赃物,为本国挽回经济损失和国家尊严。一国可以在能够明确指出犯罪分子罪名,证明所涉及财物为非法所得并提供相关材料的基础上直接向他国警察机关提出协助追赃并返还的请求。① 但境外追赃还是存在很多的问题,其中最主要的是警察机关在办理案件时将工作重心都投入到追捕犯罪分子上而往往忽略了对犯罪所得的追回。警察机关的普遍观念是只要犯罪分子被捉拿归案,就意味着案件已经被破获,而对于境外追赃,警察机关往往信心不足且缺乏境外追赃的意识。其次,针对我国而言,反洗钱制度还未完全建立。虽然我国已实行了存款的实名制,但是对大宗资金尤其是流入境外资金的监督体制还没有形成。而且现金支付仍是国际贸易中常用的支付手段,而监控现金支付更是难上加难。② 所以,我国对于流入境外的资金还不能做到有效地控制。境外追赃需要财产所在国的支持,建立犯罪资产的分享机制将有效地鼓励各国积极参加打击境外隐匿犯罪非法所得。

境外追赃可以最大限度地减少各种犯罪行为对国家及公民所造成的财产损失,也可以最大限度地减轻因资金外流对国家经济生活产生的危害,所以境外追赃对于主权国十分重要。境外追赃可以在警察机关内形成成本与效益关系的提升,在对外开展追逃工作时,将境外追赃也考虑在内,将境外追赃提升到其应有的高度。境外追赃还可以使侦查部门从财产流走向判断犯罪分子的行踪和犯罪金额等方面的犯罪事实,通过对流入境外财物的跟踪调查,而对侦破犯罪有所裨益。通过境外警察机关的配合,境外追赃还可以切断逃至境外的犯罪分子的经济来源,压缩犯罪分子的生活空间,这有利于对跨国性犯罪的打击。境外追赃还可以促进各国国内立法与国际条约的有效结合,完善国内立法,促进世界融合,共同打击跨国性犯罪。

---

① [法]安德鲁·博萨.跨国犯罪与刑法.陈正云,译.北京:中国检察出版社,1997:76.
② 杨宇冠,吴高庆.《联合国反腐败公约》解读.北京:中国人民公安大学出版社,2004:120.

2.1.2 国际警务合作的内涵

"警务"(policing)一词,泛指有关警察方面的事务。[①] 中外学者对"国际警务合作"这一概念的理解有不同的侧重,美国国犯罪学学者弗雷德里克·雷米尔(Frederic Lemieux)把"国际警务合作"认定为动态机制,曾这样界定警务合作:"通常来讲,警务合作涉及两个或更多的警察实体(包括私人和公共的机构)为了分享罪犯情报、执行调研和逮捕嫌疑犯而展开的有意识或无意识的互动,国际警务合作是一种能够跨越国家和地缘政治边界分享罪犯情报的动态机制。"[②] 国内学者把"国际警务合作"看作是一种执法行为,即不同国家的警察机关之间,根据本国法律或者参加的国际公约,在惩治国际性犯罪、维护国际社会秩序领域相互提供援助,协助配合的一种执法行为。国际警务合作的概念有狭义和广义两种理解。狭义上,国际警务合作是指国际刑事警察组织框架内的合作,主要是在各国法律允许的范围内,相互开展通讯联络、交流犯罪情报、协查办案、联合侦查、通缉和拘捕入境的在逃人员、调查取证、传递法律文书以及公民的紧急求助等等,主要是围绕案件侦查进行合作。广义上,国际警务合作除包括上述狭义内容外,还应当包括各国间开展的刑事司法协助的有关内容,主要有在押人员出庭作证以及刑事诉讼转移、引渡等。[③] 笔者认为,"国际警务合作"是指两个以上国家或地区的警察机关,依据相关国际公约、条约、惯例或互惠原则,直接或在国际组织协调下进行的相互配合与协作。本文采用国际警务合作的广义理解,即除案件侦查合作等内容,还包含刑事司法协助的内容。这种警务合作不仅包括就案件本身进行的联合行动,还包括为此而使用武装力量、技术、战略、战术等进行的交流。目前,这种警务合作逐渐被各国、各地区组织和联合国认可,并在实践中起到了较大作用。从国际警务合作的主体、方式和范围分析如下:

1. 合作主体:一般而言,各国的警察部门是国际警务合作的主体。然而,基于各国社会制度、法律制度的不同,行使警察职能的部门或体制可能存在很大的差

[①] 荆长岭.公安涉外涉港澳台警务概论.北京:中国人民公安大学出版社,2003:1.
[②] Frederic Lemieux. International Police Cooperation: Emergingissues, Theory and Practice. (UK) Devon: Willan Publishing, 2010. 转引自张青磊.中国与东盟警务合作的障碍及解决路径分析.北京警察学院学报,2013(3):79.
[③] 向党.国际警务合作概论.北京:中国人民公安大学出版社,2005:33.

异。例如,英国的警察体制坚持"双重分权,多头领导"原则,与其他国家警察体制有显著区别。英国联邦级别的警察广泛存在于内政部、国防部、运输部、海关等不同的部门,且专门负责本部门的警务活动,而地方级别的警察则各自归属于本地方的政府或议会。然而,这套警察体制在北爱尔兰地区就不适用,由于北爱尔地区属于英国的高度自治地区,其警察事务统一由北爱尔兰地区政府管理。在伦敦,警察厅和警察局从属于不同的领导,警察厅由联邦内政部领导,警察局由伦敦议会领导。在美国,联邦警察由联邦政府或同级别的中央部门直接统一领导。而州警察机构、城市警察机构、县警察机构则由其所属的地方政府直接领导,它与联邦政府没有上下级的领导关系。另外,美国的很多地方政府也设立了自己的警察,专门管理本辖区、本部门的警察事务。而且美国境内还存在一只人数众多的私人警察组织,这个组织的人员数量及活动经费都与国家公务警察相当,执行力也不逊于国家警察,是美国警察体制中的重要组成部分。①

2. 合作方式:国际警务合作以严厉打击跨国性犯罪为首要任务,各国警察机关相互配合、支援,以早日侦破案件、将犯罪分子捉拿归案为目标,其合作方式也不拘一格。首先,国际警务合作大多以国际刑警组织为中心开展活动,世界各国在国际刑警组织的组织协调下相互配合、交换情报、实施援助,开展多边警务活动的合作。其次,各国警察机构以各自参加缔结的国际条约为纽带,广泛开展各国间的司法协助,加强各国的警务合作,这也成为现今各国进行国际警务合作的重要方式之一。再次,当今国际警务合作的主要手段是实施国际侦查协作,国际侦查协作不同于传统的由管辖地国家代替请求国进行刑事侦查,而是允许被请求国直接进入管辖地国家境内进行侦查,管辖地国配合请求国共同侦查。这种国际侦查协助方式不但提高了各国域外侦查案件的效率,也是国际警务合作的重要方式。其中跨境追缉、联合侦查、域外调查取证和控制下交付等侦查协作手段已日益成为国际警务合作的重要方式,本文第四章将对上述提及的国际侦查方式详细论述。最后,我国还采取警务联络官制度,警务联络官制度是指中国政府以国际国内的形势为依据,在对当前情势进行细致分析和判断的基础上,向他国派遣警务联络官,加强与世界各国的警务合作的一项制度。中国政府自 1998 年向美国派出第一个警务联络官至今已先后向 27 国家和地区派出过 30 个警务联络官,对加强国际警务合作作出

---

① 张宙貹.国际警务合作若干基本问题探讨.浙江警察学院学报,2010(1):36-39.

了很大的贡献。此外,我国还采取边境会晤、联合执法、信息情报交换、警务协作等方式合作。

3. 合作范围:公安机关进行国际警务合作和国际刑事司法协助的范围主要包括:第一,犯罪情报信息交流与合作,主要针对有关犯罪活动、犯罪嫌疑人及犯罪证据等情报信息。第二,调查取证,包括请求国调查取证和被请求国调查取证。第三,移交物证、书证、视听资料等证据材料。第四,引渡。引渡是指应请求国要求,被请求国将其境内的犯罪嫌疑人或被判刑人移交给请求国审判或处罚。[①]

2.2 境外追逃追赃国际警务合作机制的概念

打击跨国犯罪涉及很多问题,包括各国刑事管辖权的让渡、各国国内立法对于定罪量刑的判断标准等,本质上所反应的是国家主权、国际外交、各国政治理念、经济利益等各方面的问题。为了能够更好地打击逃往境外的犯罪嫌疑人、追回犯罪所得,各国警察机构积极配合开展警务合作,在侦查取证、搜集线索、引渡犯罪分子等方面协同合作。为解决这些问题,各国有必要建立境外追逃追赃国际警务合作长效机制,以保障追逃追赃国际警务合作工程能顺利实施。

2.2.1 境外追逃追赃国际警务合作机制概念之厘定

境外追逃追赃国际警务合作机制是指在世界范围内不同国家和地区的警察机关之间,以本国国内法及参加的国际条约为依据,针对跨境追捕逃犯追回犯罪所得的合作机制。[②] 境外追逃追赃国际警务合作机制不仅可以有效地惩罚犯罪、维护各国司法主权,而且可以追回相应的违法犯罪所得,维护各国的经济秩序。

境外追逃追赃警务合作机制是一项跨越国境、由各国警察机关相互配合完成的国际执法活动的程序规定。即一国的警察机关可以突破国境的限制,依据双边或多边条约的规定,与罪犯逃亡国共同行使刑事侦查权,是一种司法管辖权的让渡。[③] 各国通过国际警务合作机制,为犯罪的侦查、取证、引渡犯罪分子等方面提

---

① 许宏.引渡制度中的若干问题.法学评论,1987(6):62-65.
② 翟悦.境外追逃追赃国际警务合作机制完善建议.人民论坛,2014(14):245.
③ 李海滢.涉外腐败犯罪刑事管辖权冲突问题研究——以中国为视角的思考.当代法学,2009,23(3):47-51.

供便利程序,为境外抓捕逃犯、追回赃款赃物提供有力的保证。① 美苏冷战之前,大国之间相互对立,国际社会不和谐,国家间的冲突和矛盾经常发生。各国司法合作也因各自的意识形态不同而产生障碍,即便是意识形态相同的国家也因涉及经济犯罪人员较少而无法形成国际合作的机制。② 冷战结束后,国际社会向着和谐共荣的方向发展,国家间的交流日益增多,人员的相互流通也日益频繁。犯罪分子为了能躲避本国法律的严厉制裁,想尽一切办法把犯罪所得的赃款赃物转移到国外,保证其在国外的逃亡生活的物质基础。便捷的交通条件和各种隐藏在"地下"的资金流通渠道,及各国在外国人出入国境上的制度差异,也为犯罪分子外逃提供了很大的便利。为了更好地打击跨国犯罪,对逃往境外的犯罪分子进行追逃、追赃是其中重要的一个环节,境外追逃追赃国际警务合作机制的建立是为了在全球犯罪内为各国更好地打击跨国犯罪提供了平台,为国际社会共同打击跨国犯罪提供法律上的保障。

2.2.2 境外追逃追赃国际警务合作机制之分类

我国在2003年12月10日被批准加入《联合国反腐败公约》(以下简称公约)。作为境外追逃追赃最重要的法律依据,《公约》对腐败犯罪赃款赃物的追回机制规定了直接追回机制和间接追回机制两种方式。《公约》在序言中明确指出"有效地预防、查处和制止非法获得的资产的国际转移,并加强资产追回方面的国际合作"。③ 第五章明确规定了腐败犯罪所得财产的追回制度,并对该赃款赃物的追回、处理等各个环节制定了程序性的规定。

2.2.2.1 直接追回机制

直接追回机制是指一国的犯罪分子将犯罪所得的赃款赃物转移到另一国家时,如果另一国家并没有对这批赃款赃物采取没收等措施,那么原国家即可通过一定的方式,将该批赃款赃物追回。

《公约》第53条规定:直接追回财产的措施。"各缔约国均应当根据本国法律:一、采取必要的措施,允许另一缔约国在本国法院提起民事诉讼,对通过实施根据

---

① 喻贵英.论我国境外追赃机制的完善.吉林大学学报,2009(1):19.
② 杨宇冠.《联合国反腐败公约》资产追回机制与我国刑事诉讼法的完善.当代法学,2005(1):8.
③ 裴兆斌.试论中非追缴腐败犯罪违法所得国际司法协助.辽宁大学学报,2007(1):15.

本公约确立的犯罪而获得的财产的产权或者所有权;二、采取必要的措施,允许本国法院命令实施根据本公约确立的犯罪的人向受到这种犯罪损害的另一缔约国支付补偿或者损害赔偿;三、采取必要的措施,允许本国法院或者主管机关在必须就没收作出决定时,承认另一缔约国对通过实施根据本公约确立的犯罪而获得的财产所主张合法所有权。"

直接追回的方式有三种:(1)赃款赃物的流出国向赃款赃物流入国提起诉讼,主张赃款赃物的所有权。即赃款赃物的流出国向赃款赃物的流入国提起确权之诉,请求赃款赃物流入国判定该批财物为流出国合法所有,由流出国享有合法的所有权。(2)赃款赃物流出国作为被害人向赃款赃物流入国提起诉讼,请求赃款赃物流入国判令罪犯向被害人因其犯罪行为而造成的损失予以补偿或直接赔偿。该裁决作出的法律依据为赃款赃物流入国的国内法,但作出该裁决还需要作为被害人的赃款赃物流出国提供相应的证据予以证明其对该批赃款赃物具有合法的所有权。(3)在赃款赃物流出国未向其流入国提起诉讼的情况下,赃款赃物流入国又必须就该批财物作出没收的决定时,由赃款赃物的流入国在决定中主动承认该批财物为赃款赃物流出国所有,其享有对该批财物的合法所有权。这三种方式存在着共性,即三种方式都要求是在赃款赃物流入国没有对该批财物进行没收的情况下进行,都需要赃款赃物流出国向赃款赃物流入国提起诉讼,确定本国对该批财物具有合法的所有权。

2.2.2.2 间接追回机制

间接追回机制是指赃款赃物的流入国根据自己国家的法律或根据赃款赃物流出国法院的法律文书而没收该批赃款赃物后又返还给赃款赃物流出国的行为。《公约》第54条规定了通过没收事宜的国际合作追回资产的机制:"一、为依照本公约第五十五条就通过或者涉及实施根据本公约确立的犯罪所获得的财产提供司法协助,各缔约国均应当根据其本国法律:(一)采取必要的措施,使其主管机关能够执行另一缔约国法院发出的没收令;(二)采取必要的措施,使拥有管辖权的主管机关能够通过对洗钱犯罪或者对可能发生在其管辖范围内的其他犯罪作出判决,或者通过本国法律授权的其他程序,下令没收这类外国来源的财产;(三)考虑采取必要的措施,以便在因为犯罪人死亡、潜逃或者缺席而无法对其起诉的情形或者其他有关情形下,能够不经过刑事定罪而没收这类财产。二、为就依照本公约第55条第2款提出的请求提供司法协助,各缔约国均应当根据其本国法律:

(一)采取必要的措施,在收到请求缔约国的法院或者主管机关发出的冻结令或者扣押令时,使本国主管机关能够根据该冻结令或者扣押令对该财产实行冻结或者扣押,但条件是该冻结令或者扣押令须提供合理的根据,使被请求缔约国有充足理由采取这种行动,而且有关财产将依照本条第一款第一项按没收令处理;(二)采取必要的措施,在收到请求时使本国主管机关能够对该财产实行冻结或者扣押,条件是该请求须提供合理的根据,使被请求缔约国相信被请求国的有充足理由而采取这种行动,而且有关财产将依照本条第一款第一项按没收令处理;(三)考虑采取补充措施,使本国主管机关能够保全有关财产以便没收,例如基于与获取这种财产有关的、外国实行的逮捕或者提出的刑事指控。"

赃款赃物的间接追回机制也存在三种方式:(1)赃款赃物的流出国依据其本国国内法针对该批财物作出生效裁决,并向赃款赃物流入国提出请求,请求赃款赃物流入国执行该份裁决,赃款赃物的流入国在接到该请求后,依据流入国的国内法责令其执行部门执行该请求,并将该批财物返还给流出国。(2)在赃款赃物流出国没有主动提出请求时,赃款赃物的流入国的相关部门适用本国法律,主动对在其管辖范围内的国外非法转移入境的财物进行裁决,或者对其域内的其他犯罪行为作出裁决的同时对涉案的外国非法入境的财物进行裁决。相较于上一种方式,这是赃款赃物流入国主动进行的,不需要赃款赃物流出国提出请求。但是这种方式也不意味着赃款赃物的流出国可以坐享其成,需要其积极主动的向赃款赃物流入国提供相应的证据和其他司法协助,以保障赃款赃物流入国可以顺利裁决该批赃款赃物以便日后将其归还给赃款赃物的流出国。(3)如果犯罪分子出现死亡、逃匿或其他无法出席诉讼的情况,赃款赃物的流入国可以不必进行定罪裁决而直接作出没收该批财物的决定。这种间接追回赃款赃物的方式只能出现在该批赃款赃物的犯罪分子死亡、逃匿等不能出席诉讼的情况下。这种间接的追回赃款赃物的方式可以不进行相关的诉讼程序,即可以不必以相关的事实认定的裁判为前提,是一种新兴的制度。

综上所述,赃款赃物的追回机制是一国的犯罪嫌疑人因犯罪所得的财物通过非法途径转移到另一国家,两国在国际警务合作和刑事司法合作的框架下相互配合,由赃款赃物的流出国通过诉讼的方式向赃款赃物的流入国主张该批财物的合法所有权,或赃款赃物的流入国应该按照赃款赃物流出国的请求或主动对其没收的该批赃款赃物予以返还。例如,腐败分子将犯罪所得从一个缔约国转移到另一缔约国后,资产流出国可以在资产流入国通过提起民事诉讼,或通过国际合作的方式,要求确立这些被转移资产的产权或者所有权。缔约国法院或者主管机关在必须就腐败资产没收作出决定前,应当承认另一缔约国依据《公约》对腐败资产所主张的合法所有权。

据 2011 年 6 月 14 日《我国腐败分子向境外转移资产的途径及监测方法研究》的报告精简版分析,中国有超过万名官员携款外逃,8 000 亿犯罪所得主要流向美国、加拿大、澳大利亚、东南亚等国家。据分析,贪官外逃的去向主要有四类:(1) 涉案金额相对较小、身份低的官员就近潜逃至我国周边的国家,如泰国、马来西亚、缅甸、蒙古和俄罗斯等;(2) 涉案金额大、身份高的大多潜逃至发达国家,如美国、澳大利亚、加拿大、荷兰等;(3) 部分不能直接获得西方国家签证的官员,会选择先龟缩在非洲、拉美、东欧等法制不健全的国家,伺机过渡;(4) 相当多的外逃贪官通过我国香港中转,利用香港作为世界航空中心的区位以及港民前往原英联邦国家可实行"落地签"的方便,再潜逃至其他国家。[①] 境外赃款赃物的追回是打击经济犯罪的重要环节,《联合国反腐败公约》规定的赃款赃物的追回机制是建立在各国相互配合、互利互惠的基础之上的,该机制的顺利进行是各国在立法上和实践上相互协调的结果,是各国联合开展打击跨国经济犯罪和追回流入境外资金的法律保障。[②] 对于我国而言,将《联合国反腐败公约》有效地吸收并将其转化为国内法,对我国成功打击跨国经济犯罪起到极其重要的作用。

我国利用国际警务合作机制成功地追回了数额巨大的赃款赃物,但是这些个案的追回的成本也很大,不利于我国境外追逃追赃的大规模进行。以"猎狐 2014"行动为例估算,抓获外逃贪官 680 人,追逃费用从一万元人民币到几十万元人民币,甚至上百万元,国家为此投入的数目巨大。我国国内立法与国际法及相关国际条约的衔接还存在一定的问题。境外追赃成果不明显的另一个原因是在各国相互合作追回赃款赃物的情况下,该资产的分享机制还没有广泛的建立起来。在通常的情况下,赃款赃物的流出国一般为发展中国家而流入国多为发达国家,作为发展中国家应进一步与发达国家制定、签署相关的资产分享协议,进一步寻求境外追赃的最佳途径。

---

① 我国腐败分子向境外转移资产的途径及监测方法研究. http://www.usc.cuhk.edu.hk/PaperCollection/Details.aspx?id=8152,2015 年 4 月 11 日访问. 我国腐败分子向境外转移资产的途径及监测方法研究.

② Douglas R. Breithaupt.《联合国打击跨国有组织犯罪公约》和《联合国反腐败公约》资产追回和返还的执行问题及程序. 王雨田,译.

2.3 境外追逃追赃国际警务合作的平台

国际警务合作平台是以共同打击跨国犯罪为目的合作机制,包括国际性组织、区域性组织以及国家间的合作组织,如:国际刑警组织(Interpol)、欧洲刑警组织(Europol)、上海合作组织、东盟合作组织、中美执法联合联络小组(JLG)等。本节将以国际刑警组织和上海合作组织为例展开论述。

2.3.1 国际刑警组织之平台

国际刑警组织(International Criminal Police Organization,通称为 Interpol,缩写为 ICPO),是除联合国外规模最大的国际组织,因而也是全世界范围内规模庞大的国际警察组织、当代最大的警务合作平台。[①] 国际刑警组织自 1923 年成立以来,随时代发展不断扩大其合作范围,逐步实现智能化的工作方式,密切关注各个领域内的犯罪行为,对不同领域内的犯罪加以整合,在国际警务合作中起到举足轻重的作用。国际刑警组织中目前已拥有 190 个成员国,我国于 1984 年加入该组织。国际刑警组织的宗旨是保障和促进各成员国警察机关在打击跨国犯罪活动方面开展合作,其肩负着整合国际上的犯罪资料、研究打击跨国犯罪的措施、协调各成员国之间的情报交流、搜集各种犯罪证据、在全球范围内通缉或引渡犯罪分子等重要工作。[②] 国际刑警组织包括全体大会、秘书处、执行委员会、资料监控委员、国家中心局和顾问团六个部门,其中全体大会和执行委员会最为重要。国际刑警组织中的全体大会是其最高的权力部门,由各成员国派往国际刑警组织的代表团组成,每年召开一次全体大会,全体成员国代表团针对国际犯罪的相关政策、资源、国际刑警组织的工作方式、资金来源等问题进行探讨。[③] 国际刑警组织的主席和执行委员会都由全体大会选举产生,执行委员会由选举出的 13 个成员国组成,主要负责监督大会决议执行情况、监督秘书长工作、安排全体大会工作行程等。国际刑警组织各级部门的职能分工,有如下几个方面:首先,国际刑警组织的秘书处由秘

[①] Nadia Gerspacher. The History of International Police Cooperation: a 150-year Evolution in Trends and Approaches. Global Crime, 2008(9): 169 - 184.

[②] Nadia Gerspacher. The Roles of International Police Cooperation Organizations: Beyond Mandates, Toward Unintended Roles'. European Journal of Crime, Criminal Law and Criminal Justice, 2005, 13(3): 413 - 434.

[③] http://www.interpol.int/About-INTERPOL/Overview,2015 年 9 月 16 日访问。

第 2 章　境外追逃追赃国际警务合作概述

书长和来自各国的工作人员组成,秘书处成员交替主持工作,其以英语、法语、西班牙语和阿拉伯语为主要工作语言。秘书处主要的工作任务为执行全体大会作出决议,在全球范围内追捕犯罪分子等。[①] 其次,国家中心局的基本职能是负责国际刑警组织与各国的沟通,国家中心局设在各成员国内部,由各国本国的警察机关负责。国际刑警组织的国家中心局主要任务是协助各国在境外抓捕逃犯、搜集证据。最后,国际刑警组织的顾问团由一批来自各国的专家顾问组成,顾问团成员均由执行委员会直接指定,经国际刑警组织的全体大会审查。资料监控委员会主要负责处理国际刑警组织的相关信息、文件等工作,是一个相对独立的部门。

国际刑警组织从建立至今,根据其工作内容和方式的发展特点不同,可以分为三个发展阶段:第一阶段为起始阶段。国际刑警组织成立于 1923 年,由于欧洲各国发展的需要,在 19 世纪末 20 世纪初发展迅速,由最初的 14 个成员国增加到 38 个,在这一时期,国际刑警组织的性质为欧洲区域性国际组织。[②] 国际刑事警察委员会是其主要的执行机构,警察局设立在维也纳,委员会的财政是由奥地利政府承担,这时的国际刑警组织因为财政和区域的限定,其活动范围及活动能力都受到限制。在 1938 年到 1942 年之间,德国纳粹控制了国际刑事警察委员会,许多成员国不再参加委员会的各项活动,故国际刑事警察委员会的发展也停滞不前。[③] 第二阶段为发展阶段。第二次世界大战以后,国际形势趋于稳定,国际警务合作重新受到各国的重视,国际刑警组织随之被世界范围内的国家认可,国际刑警组织已经得到联合国、欧洲理事会等许多国际性组织的认可,并且受到国际社会的好评。在此阶段,国际刑警组织的规模逐步发展起来,成员国数量迅速增加,地域范围逐步扩大,由原来的欧洲区域内的国家扩展到亚洲、非洲、美洲等地区的国家,逐渐形成了在全球范围内的警务合作组织。国际刑警组织迅速发展,使得其组织内的各项设施、规章制度等也得到了相应的完善和发展。在此时期,国际刑警组织形成了三级网络,由总部到地区局再到中心局,这三级网络的建立可以使国际刑警组织能够有

---

① 方中正. 论国际刑警组织的成立及意义. 湘潭学报,2005(1):23.
② 奇谭星. 浅谈国际刑警组织的建立和发展. 中国法制,2004(1):16.
③ 武震广. 从国际刑警组织和欧洲刑警组织看国际警务合作组织的角色. 中国刑事警察学院学报,2006(5):21.

效地打击和预防跨国犯罪、维护国际公共秩序。① 第三阶段为完善阶段。自20世纪80年代以来,全球化进程成为这个时代的特点,伴随着国际化犯罪数量增加、复杂程度增大的趋势,国际刑警组织采取了积极的应对措施。国际刑警组织于1998年制定并通过了《国际刑警组织战略发展计划》,此计划明确了国际刑警组织在国际警务合作中的地位。② "9.11"事件后,国际刑警组织设立了专门的指挥协调中心,实现了全年不中断的连续服务,并于2005年针对基地组织增设了联合国特别通报机构③。在国际刑警组织机构扩充的同时,其各种配套设施得到进一步完善,更快、更好地为成员国提供了技术上的保证。国际刑警组织在2003年成立了档案管理委员会,专门负责情报工作。国际刑警组织环球中心也将要在新加坡落成,该中心的设立是国际刑警组织重视创新的反映,为其在亚洲地区的影响增添助力。除此之外,国际刑警组织还加强了同世界范围内的其他国际组织的合作。国际刑警组织在发展协调组织内各机构职能的同时还在积极努力的整合各机构的资源,提高国际刑警组织的运行效率。国际刑警组织也在积极地改革技术、推进各区域及各成员国的警务建设、开展更广泛的国际合作等,以增强国际刑警组织在世界范围内的影响力。

  随着全球一体化进程的发展,通信科技与交通的发达,世界范围内人员、物资的流通也日益频繁,但与此同时,全球化进程和科技的发展也在一定程度上给犯罪分子提供可乘之机,客观上使犯罪呈现国际化、智能化特点。犯罪分子运用科技手段降低犯罪成本、规避犯罪风险,犯罪手段愈加复杂,犯罪的精细化程度也日渐增加,这些因素导致某些犯罪活动难以控制,不能有效遏制犯罪对社会安定秩序产生的危害。面对错综复杂的跨国犯罪形势,每一个国家想独善其身都是不可能的,国家间必须相互依存、协同合作,才能实现共同打击跨国犯罪的目的。国际刑警组织是国际警务合作的重要平台,在分析国际犯罪的各种发展态势后,制定跨国犯罪的对策,协调各国力量对跨国犯罪进行有效地打击,维护国际社会的安定团结。同时,国际刑警组织也非常重视同其他政府间合作组织的密切联系,以提高自身在维

---

① Mathieu Deflem. Global Rule of Law or Global Rule of Law Enforcement? International Police Cooperation and Counter-Terrorism. In N. Çabuk Kaya and A. Erdemir (Eds.). Social Dynamics of Global Terrorism and Prevention Policies. Amsterdam: IOS Press, 2008: 119.

② 卢国学. 国际刑警组织. 北京:社会科学文献出版社,2003:12.

③ Mathieu Deflem. Policing World Society: Historical Foundations of International Police Cooperation. Oxford: Oxford University Press, 2002.

护国际公共安全领域中的活动能力,弥补国际刑警组织在同群众广泛接触、洞察地方信息等方面的不足。目前,国际刑警组织还在广泛开展同其他公共部门及私营机构的合作,加强自身软硬件设施的科技化和智能化。当前跨国犯罪的隐蔽性和高科技性给各国的警察机关的工作带来了很大挑战,这也在客观上促使各国警察机关发展新的侦查技术手段和配备相应的技术性工具,直接或者间接地要求国际刑警组织加强在科技创新方面的能力,有效地协调各成员国在国际警务合作中的配合,加大对跨国犯罪的打击力度。

在我国,国际警务合作中国国家中心局设立于公安部国际合作局,其职能是统筹全国各地公安机关的国际警务合作工作。国际刑警组织中国国家中心局一直与国际刑警组织总秘书处及其成员国中心局保持密切合作,共同预防和打击跨国犯罪。国际刑警组织中国国家中心局在北京、上海、广东、黑龙江、江苏、广西等地统筹设立了国际刑警组织中国国家中心局地方联络机构,分管本地区涉及国际刑警组织的执法合作事务和中心局交办的工作。我国黑龙江省公安厅建立了我国第一支省级国际警务合作总队,负责与俄罗斯远东地区的警务合作。内蒙古自治区公安厅在出入境管理局下设了国际合作支队。北京警方已经与近 20 个国家的首都和城市的警察部门签订了合作协议,在情报信息交流、反恐、大型活动安保等领域开展广泛的合作和交流。云南省普洱市公安局设立了普洱市公安局国际警务合作处,负责全市公安外事和国际警务合作工作。这些联络处、联络办公室的成立,为中国开展国际警务合作提供机构保障。[①] 然而在其他尚未建立国际刑警组织联络机构的省、市、县及公安部门,开展国际警务合作就要协调其他部门或机构,费时费力,十分不便。所以,我国还应在省、市、县级公安部门,尤其是口岸地区、边境地区、外籍人员流入较多的城市和地区设置国际警务执法合作机构,随时交流传递境内外跨国犯罪与国际警务合作情报信息,从而构建一套完善的涉外警务合作执法联络机制。

2.3.2 上海合作组织之平台

在国际范围众多国际组织中,上海合作组织是在中国的倡导下,由中国、俄罗斯、哈萨克斯坦、吉尔吉斯斯坦、塔吉克斯坦、乌兹别克斯坦六个成员国以及蒙古

---

① 栗长江.中国国际警务合作保障机制探究.湖北警官学院学报,2013(6):16.

国、伊朗、巴基斯坦和印度等四个观察员国家组成的国际性合作组织,也是由中国作为主要倡导方的第一个区域性合作组织。上海合作组织以互利互惠、和平共处、平等协商、尊重各国的国家主权及区域内多种文明为建立的前提条件,以谋求区域内各国的健康平稳发展为首要内容,是在欧亚各国相互信任的基础上建立起来的新型国家间合作关系,旨在维护欧亚地区的区域安全。上海合作组织以多变的协调机制为合作结构,即各个成员国本着维护区域和平稳定发展的前景,以维护区域内的共同安全为出发点,通过相互对话、协调合作的方式加强彼此间的交流合作、增进各成员国间的相互信任,促进区域内的和平稳定。上海合作组织的最初来源于1989年11月中国同苏联关于对边境地区军事力量削减的协商。中苏两国边境线绵延长达3000多公里,由于苏联的解体,形成了中国和俄罗斯及中亚各国长期关于领土及边境线的矛盾问题,这些历史问题导致中国同周边国家的国际关系的友好发展产生一定的阻碍,导致了区域内的不和平因素长期存在。中国同中亚各国山水相连,文化交流不断融合,消除分歧、共同发展是该区域内各国的良好愿望。中国于1996年4月在上海邀请俄罗斯、哈萨克斯坦、吉尔吉斯斯坦和塔吉克斯坦四国领导人参加会晤,就如何建立各国国边境地区的和平稳定、建立各国彼此信任等问题进行洽谈,"上海五国"谈判机制由此建立起来,为该区域内互信合作、安全稳定作出了积极的贡献。[①] 美苏冷战后,即20世纪90年代世界战略格局发生了巨大的变化,欧亚地区的战略意义变得更为重要,该区域既是亚洲的核心区域,又是中国同苏联解体后各国的边境所在,如何处理本国同该区域内各国的外事交往、战略部署就变得更加重要。中国本着区域内和平发展的良好愿望主动同周边国家发展良好的关系,搁置不同的政治制度和文化传统,努力谋求各国和平发展路径。

上海合作组织从建立发展经历了三个阶段。第一阶段为筹建阶段,从1996年"上海五国"谈判机制的建立到2001年6月正式宣布上海合作组织成立。在这五年中,上海合作组织签订各项合作协议,彻底结束了该地区的军事对峙,随着经济一体化发展,跨国犯罪问题逐步上升,成为影响该地区和平稳定的重要因素。[②] 上海合作组织各成员国都认识到仅凭一国之力是很难对抗日益猖獗的跨国犯罪的,各国必须相互合作。在上海合作组织的框架下提倡警务合作机制,各个国家相互

---

① 闵剑. 对当前国际警务合作方式的探讨. 上海公安高等专科学校学报,2005(5):18.
② 叶寒冰. 我国区际警务合作机制研究. 公安研究,2010(3):16.

配合,共同打击跨国犯罪。第二阶段为扩建阶段,2004年塔什干峰会召开,乌兹别克斯坦加入到上海五国的阵营当中,六国共同努力,加大对跨国犯罪的打击力度,巩固区域安全。在此阶段,上海合作组织成立了秘书处和地区反恐机构两大常设机构,为上海合作组织提升国际地位作出了贡献。① 第三阶段是由第一次峰会至今,上海合作组织进一步加强合作,开展扎实全面工作的新阶段。上海合作组织明确了其工作重心,即打击跨国犯罪,维护区域安全和稳定以及在其他各方都感兴趣的领域内开展新的合作。② 安全合作是上海合作组织建立的根基,是各成员国参与该组织的核心目的。上海合作组织经过多年的发展,在错综复杂的国际环境中寻求合作发展的机会,扩大自身的国际影响力,为该区域的和平安定作出了贡献。随着经济一体化的发展,构建经济合作机制也变得尤为重要,上海合作组织的重心也在向着经济合作的领域转移。上海合作组织的经济合作为各成员国以平等互利为基础的共同繁荣奠定了基础,同时也促进了各成员国在安全合作上的进一步发展。总而言之,上海合作组织本着维护区域安全与合作的理念,组织各成员国间各层次的整合对话,共同探讨国际问题,为维护区域和平发展作出了极大的贡献,越来越受到国际社会的赞誉。

上海合作组织各成员国之间在安全、经济领域内广泛合作,对打击恐怖犯罪提供了合作平台,在稳定该区域和平稳定的同时促进了各国经济的良好发展。上海合作组织的安保合作机制对北京奥运会、上海世博会等大型活动的平安运行等都起到重要作用。但上海合作组织成员国的经济能力有限,已成为上海合作组织发展的一大障碍。③ 上海合作组织在合作范围内也过于细化,其区域内还存在着多个次区域化组织,这使得上海合作组织的活动能力受到了一定的影响。各成员国基础设施大多比较落后,特别是交通、信息建设不足,也是造成上海合作组织与各成员国交流、监管不够流畅的原因之一,增加了各成员国合作的难度。上海合作组织各成员国都属于发展中国家,维护区域稳定和繁荣是各成员国共同的目标。在今后的合作中上海合作组织应保持积极、开放的态度同世界各国加强交流合作,同时也应尽量抵制在国际环境中损害成员国利益的行为,维护本域内的安全稳定。

---

① 王传道.国际法治一个概念的界定.政法论坛,2009(6):33.
② 赵永琛.论区域化警务合作.政法学刊,1999(5):4.
③ 付凤.全球化条件下的国际警务合作.安庆师范学院学报,2007(2):27.

第3章 境外追逃追赃国际警务合作运行的支撑要素

在国际警务合作这一复杂的工程当中,合作的前提是各种制度下的权利义务关系,创设这些权利义务的法律原则和法律规范既是国际警务合作的重要支撑,也是国际警务合作的运行要素。

3.1 国际法的原则与规范

境外追逃追赃国际警务合作的国际法依据主要是我国所签署的国际公约、区域合作协定、双边和多边合作条约。截至2014年7月,我国已经与39个国家签署了引渡条约,签署的各类司法协助条约更是多达107项。除此之外,我国公安部和83个国家建立了警务合作关系,与31个国家建立了警务合作定期会晤机制,我国同时也向其他合作国家派驻了62名警务联络官,在制度和机制上加强了我国与其他国家在警务合作上的交流与合作。我国于1984年成为国际刑警组织的成员国之一,通过国际刑警组织这一平台,我国可以和其他成员国共享信息,也可以向其他成员寻求警务协助,这有助于我国开展境外追逃追赃国际警务合作。

3.1.1 国际法相关原则

境外追逃追赃国际警务合作的理论依据主要来源于国际法的国家主权原则以及国家合作原则,这两个原则也是本文的指导原则。境外追逃追赃是一国行使主权之体现,是一国管辖权之域外延伸。同时,境外追逃追赃在执行层面需要各国警察跨境合作来完成,突破了原有属地管辖之樊篱,警务合作的国际法基本原则为国家合作原则。此外,在跨国警务合作的过程中要秉承尊重人权的原则。

3.1.1.1 国家主权原则

国家主权原则是一个国家独立自主处理对内对外一切事务,不受他国干涉的原则。法泰尔说:"不论以什么方式进行治理而不从属于任何外国人的任何民族就是主权国家。完全自治构成国家内侧,而独立则构成国家外侧。"①可见,国家主权具有两方面特性:一是对内的最高权,即国家对其领土内的一切人和物以及领土外的本国人享有属地优越权和属人优越权;二是对外的独立权,即国家在国际关系上是自主的和平等的。按照近代国家的概念,国家和主权是密不可分的,主权是国家区别其他社会集团的特殊属性。近代国际法就是在平等的主权国家间相互交往中发展起来的,是主权国家间的法律。主权是国家的根本属性,也是国际法的基础。国家主权原则是指在国家之间的相互交往过程中,各国要以相互尊重彼此的国家主权为前提,任何形式的贬损、破坏其他国家主权的行为都不能被容忍,不能以任何借口和形式践踏他国的国家主权。

国家主权原则是境外追逃追赃国际警务合作的基础,在国际警务合作的过程中应高度尊重合作国的国家主权,名义上以国际警务合作为借口,实则侵犯他国国家主权的行为都不被允许。② 具体表现为以下几点:(1) 任何国家对侵害本国国家及公民利益的国际性犯罪都依法享有追诉的权利,其他任何国家不得以任何借口或形式对其进行干涉。(2) 域外人员在一国领域内实行的犯罪,或者犯罪虽不在本国发生但危害了本国的国家或公民利益,或者一国公民在域外实施了侵害他国国家、公民利益的行为时,该国的司法机关均有权按照国内立法及国际立法的相关规定享有对其的司法管辖权。(3) 一国的审批机关对其享有管辖权的刑事案件经审查而做出的有效判决,只能在其本国范围内有效,一般情况下对其他国家不产生影响,不享有产生域外执行的效力。而境外追逃追赃国际警务合作所进行的侦查行为所产生的效力可以运用到本国的侦查和审判过程中,这在客观上使他国的警察机构的行为影响到本国的司法审判,是国家权利产生域外影响的特殊情况。总而言之,保护本国的国家主权,尊重他国国家主权是国际警务合作的前提条件,是世界各国对外活动的行为准则。

3.1.1.2 国际合作原则

国际合作原则的法理基础在于国家主权的让渡。所谓主权让渡,指的是在全球化发展背景下,基于身份主权和权能主权的划分,主权国家为了国家利益最大

---

① [奥]菲得罗斯. 国际法(中译本,上册). 北京:商务印书馆,1981:12.
② 赵永琛. 跨国犯罪对策. 长春:吉林人民出版社,2000:124.

化,以主权原则为基础,自愿地将国家的部分主权权能转让给他国或国际组织等行使,并保留随时收回所让渡部分主权权能的一种主权行使方式。① 由此可见,国家主权可以有二分法,即国家主权身份主权和权能主权二元结构,而不是坚持以往国家主权一元结构特色,即国家主权不可让渡之藩篱。主权让渡在形式上表现为国家主权的部分受限或丧失,实际上则是国家自主行使主权的表现,是主权行使方式的改变,它不损及身份主权。国家主权让渡即在不损害国家主权利益的原则下让渡部分权能主权。

在当今的世界体系中,国家并非存在于真空中,而是互相依赖的。这种相互依赖的关系几乎渗透到了人类生活的所有方面。② 国家林立并相互依赖的现实,需要各国以主权平等的观念解决共同面临的问题,也使国际合作原则脱颖而出。国际合作原则是指各国不论在政治、经济及社会制度上有何差异,均有义务在国际关系之各个方面彼此合作。20世纪以前的国际合作,基本上是双边的或区域性的,第一次世界大战之后,国际合作开始通过全球性国际联盟盟约进行,表达了各缔约国增进国际间合作的愿望。③ 第二次世界大战后,国际合作迅速上升为一项具有普遍意义的现代国际法基本原则。《联合国宪章》将该原则规定为联合国宗旨之一,即第一条第三项之规定:"促成国际合作,以解决国际间属于经济、社会、文化及人类福利性质之国际问题。"1970年联合国大会第20届会议上通过的《关于各国依联合国宪章建立友好关系及合作之国际法原则之宣言》,简称《国际法原则宣言》,规定了各国依照宪章彼此合作之义务。"各国不问在政治、经济及社会制度上有何差异均有义务在国际关系之各方面彼此合作,以期维持国际和平与安全,并增进国际经济安定与进步、各国之一般福利、及不受此种差异所生歧视之国际合作。为此目的:(1)各国应与其他国家合作以维持国际和平与安全;(2)各国应合作促进对于一切人民人权及基本自由之普遍尊重与遵行,并消除一切形式之种族歧视及宗教上一切形式之不容异己;(3)各国应依照主权平等及不干涉原则处理其在经济、社会、文化、技术及贸易方面之国际关系;(4)联合国会员国均有义务依照宪

---

① 杨斐.试析国家主权让渡概念的界定.国际关系学院学报,2009(2):13.
② Noemi Gal-or, Croom Helm. International Cooperation to Suppress Terrorism. Social Science Electronic Publishing, 2015:37.
③ 国联时期的国际合作主要是大国为协调彼此间的利益冲突或为应付突发事件而进行的有限的政治合作。参见赵建文.国际法新论.北京:法律出版社,2000:137.

章有关规定采取共同及个别行动与联合国合作。"从以上规定中我们可以看出,在规定国际合作方面《宣言》对宪章的发展。其一,明确了国际合作是一项国际法基本原则与各国的义务。其二,将合作内容更加具体化。其三,明确了联合国会员国与联合国合作的义务,从而拓展了国际合作的主体。

从国际合作原则本身来讲,国际合作是国际法的一项基本原则,而国际法基本原则适用于国际法的一切领域。所以,一切国际法的原则规则和规章制度的建立、适用以及解释均应符合基本原则的精神。① 因此理论上讲境外追逃追赃国际警务合作也应适用国际合作原则。这项原则既是各国参与国际警务合作的一项基本原则,也是国际警务合作得以实现的基础。国际合作原则在国际警务合作中的作用具体体现在以下几方面:(1) 国际警务合作的主体是国家,国家通过主权让渡,精诚合作,才能够参加或缔结国际条约,加入境外追逃追赃国际警务合作。(2) 缔约国的警察机构在其他缔约国境内开展活动的,与所在地国家的警察机构享受同等的司法待遇,也就是说同所在地警察机构同等享受所在地法律赋予的侦查权利,同时也承受所在地法律对当地警察机构所规定的义务。国家对外国在本国的警务活动有一定的容忍义务,警务所在国家不能对他国警察机构实行特殊的限制或保护等不公正待遇。(3) 参加国际警务合作的各个国家之间相互给予的权利义务对等,在相互公平公正的条件下进行合作,给予对等的优惠政策。此乃国际合作的中国家主权原则之体现,国家主权让渡中对等原则之彰显。(4) 在参加国际警务合作的各个国家间如果出现意见不一致的情况,应以平等互利为基本导向,相互协商解决矛盾纠纷。(5) 在相互合作的过程中,如果某一国家没有积极履行其所应承担的义务,其他国家可以在有必要的情况下对其进行对等的限制。国际合作原则是国际警务合作制定发展的基础,各个国家都应在平等互利的条件下开展警务活动,反对单方面的行使权利而不积极履行义务的行为。

3.1.1.3 保护人权原则

保护人权原则是指在开展国际警务合作的过程中,参与国均应积极保护各国公民的人格权利,维护当事人在法律规定范围内的一切合法权益,不应以任何形式、任何理由为借口肆意侵犯公民的人格权利。保护人权原则在国际警务合作过程中的体现有以下几点:(1) 在国际警务合作过程中应尊重所有公民的人格权利,

---

① 梁淑英.国际公法.北京:中国政法大学出版社,1993:23.

积极保障所有公民的合法权益不受侵害,保护所有的案件参与人的人格权利、人格尊严不受非法行为的践踏。(2)各个参加国的警务机关在开展活动的过程中,均应做到切实维护犯罪嫌疑人的各项法律规定的基本权利,不能因其是犯罪嫌疑人而受到非法对待,不能任意剥夺犯罪嫌疑人、被告人的各项权利。(3)被害人的基本权利也应在国际警务合作的过程中得到充分的保护和重视,在有关国家依照法律规定严厉惩治犯罪分子的同时,保证被害人的人格尊严、人身安全等法律赋予的权利也是尤为重要的,不能使被害人在此过程中受到二次伤害。(4)在国际警务合作的过程中,因参加各方人员比较复杂,对证人和鉴定人的保护也应受到重视。一是证人、鉴定人的安全问题,重要的证人可能因为揭露犯罪而受到犯罪组织或个人的报复,不能因情况复杂而忽略了对证人、鉴定人人身安全的保护,这种保护应持续到确定证人、鉴定人不再受到人身威胁时为止。二是因保护证人和请求证人外出作证所面临的费用问题。对于这些费用,请求证人外出作证的国家应在最大程度上给以补助,或者按照国际警务合作所签订的条约或临时达成的约定及时处理,保证证人、鉴定人的人身安全和正常生活不受过多影响。

3.1.2 相关国际公约

境外追逃追赃的第一个国际公约可以追溯到1988年的包含"犯罪所得没收"问题的《联合国禁止非法贩运精神药品和麻醉药品公约》(即《联合国禁毒公约》),同时也规定了引渡的条件和简化证据的要求。随后,2000年通过的《联合国打击跨国有组织犯罪公约》将这一制度发展为"各缔约国根据本国国内法处置犯罪所得和没收的财产",并规定了引渡制度以及对犯罪分子的制裁、起诉和判决制度。2003年第58届联合国大会第58/4决议通过的《联合国反腐败公约》最为完善地规定了犯罪资产返还以及国际合作方面的内容,并进行了专章专节的规定,这对各成员国加强反腐、提升反腐效率、推进反腐国际合作具有深远的影响。

3.1.2.1 《联合国禁止非法贩运精神药品和麻醉药品公约》

1988年12月19日在联合国通过禁止非法贩运麻醉药品和精神药物公约会议的第6次全会上通过的《联合国禁止非法贩运精神药品和麻醉药品公约》,是第一个通过没收犯罪所得打击国际犯罪的国际公约,其序言中的公约目的强调必须限制和没收犯罪所得:"意识到非法贩运可获得巨额利润和财富,从而使跨国犯罪集团能够渗透、污染和腐蚀各级政府机构、合法的商业和金融企业,以及社会各阶层,决心剥夺从事非法贩运者从其犯罪活动中得到的收益,从而消除其从事此类贩运活动的主要刺激因素,希望消除滥用麻醉药品和精神药物问题的根源,包括对此类药品和药物的非法需求以及从非法贩运获得的巨额利润"。公约第五条"没收"第5款规定:一、缔约国按照本条第1款或第4款的规定所没收的收益或财产,应由该缔约国按照其国内法和行政程序加以处理。二、缔约国按本条规定依另一缔约国的请求采取行动时,该缔约国可特别考虑就下述事项缔结协定:(一)将这类收益和财产的价值,或变卖这类收益或财产所得的款项,或其中相当一部分,捐给专门从事打击非法贩运及滥用麻醉药品和精神药物的政府间机构;(二)按照本国法律、行政程序或专门缔结的双边或多边协定,定期地或逐案地与其他缔约国分享这类收益或财产或由变卖这类收益或财产所得的款项。

上述规定显示了《联合国禁止非法贩运精神药品和麻醉药品公约》对没收犯罪所得的灵活处置,除规定由没收执行国按照本国法律予以处置外,还规定了两种替代处置方式,特别是引入了"资产返还"这一概念。虽然《联合国禁止非法贩运精神药品和麻醉药品公约》不是专门打击腐败犯罪的公约,其关于"没收"的规定也不是腐败犯罪所得没收和返还制度,但该公约对 2000 年《联合国打击跨国有组织犯罪公约》没收犯罪所得收益或财产处置制度和 2003 年的《联合国反腐败公约》中资产追回制度有极其重要的借鉴意义。

3.1.2.2 《联合国打击跨国有组织犯罪公约》

《联合国打击跨国有组织犯罪公约》是由联合国在 1998 年开始起草的,2000 年第 55 届联合国大会通过的,2003 年就已经有 150 余个国家正式加入了该公约,有 50 多个国家批准了该公约。该公约宗旨规定在第一条中:本公约的宗旨是促进合作,以便更有效地预防和打击跨国有组织犯罪。该公约是第一个针对跨国有组织犯罪的联合国公约,无论发展中国家还是发达国家,都要维护国家利益和社会安定,都要通过国际合作来共同打击跨国有组织犯罪。该公约为缔约国在打击跨国有组织犯罪中进行国际合作和司法协助提供了原则和指导。

首先,该公约有关司法协助的第 30 个条款是所有条款中最长和最详细的一个条款,对缔约国在侦查、起诉和审判跨国有组织犯罪的程序中相互司法协助作了详细规定。缔约国有义务在侦查、起诉和审判跨国有组织犯罪的程序中相互间提供最大程度的司法协助是该条款对缔约国的基本要求,同时强调了缔约国间相互司法协助的对等原则。缔约国需承担一般国际刑法公约通常规定的司法协助内容和义务,如向个人获取证据或陈述;送达司法文书;执行搜查和扣押并实行冻结;检查物品和场所;提供资料、物证以及鉴定结论;提供有关文件和记录的原件或经核证的副本,包括政府、银行、财务、公司或营业记录;为取证目的而辨认或追查犯罪所得、财产、工具或其他物品,为有关人员自愿在请求国出庭提供方便等等;还有义务在没收犯罪所得、财产、设备或其他工具等;在搜集、交流和分析关于有组织犯罪的性质的资料方面进行国际合作等。国际合作是有效打击跨国有组织犯罪的基石和优先考虑的途径,在保护主权的前提条件下,尽量扩大国际合作的范围和提高国际合作的程度,这种最大限度的国际合作加强了国家打击跨国有组织犯罪的能力,有利于国内的社会、经济秩序的良睦保持,使国家主权得到更好的保护,最终实现各国联合打击跨国有组织犯罪,尽可能减少跨国犯罪造成的社会代价和对各国社会进步、经济发展进程的消极影响,维护国际社会的和平与安全的终极目标。

其次,该公约规定了引渡制度以及对犯罪分子的制裁、起诉和判决制度。对本公约所规定的符合引渡的条件的罪行,被引渡人位于被请求引渡国境内的情形,请求国可以提出引渡的要求,同时这一请求应符合被请求国本国的法律关于引渡的法律适用条件,尤其是拒绝引渡的理由和被引渡人的刑罚的最低限度规定。被引渡人所在的缔约当事国如果以本国公民不引渡原则而不引渡时,被请求国则应不予延迟地将被请求引渡人移交主管当局予以起诉,此为义务。各国应该在相关司法程序方面予以合作,以保证起诉的顺利进行。

再次,该公约还规定了司法协助制度、被判刑人员的移交、缔约国的特殊侦查措施、联合调查措施、保护被害人和证人的制度等。该公约规定了"控制下交付"等特殊侦查手段的适用原则和条件,该公约确立的对跨国有组织犯罪的普遍管辖和国际合作原则并不意味着任何国家有超越国家司法主权的特殊权力。如果一国需要另一国合作在该另一国境内使用控制下交付等特殊侦查、取证手段进行追捕犯罪嫌疑人等活动,须事先有相关协定或安排,即征得该国的同意,并遵守该国的国内法规定。该公约第20条第2款规定:为侦查本公约所涵盖的犯罪,鼓励缔约国在必要时为在国际一级合作时使用这类特殊侦查手段而缔结适当的双边或多边协定或安排。此类协定或安排的缔结和实施应充分遵循各国主权平等原则,执行时应严格遵守这类协定或安排条件。在进行一国或多国联合调查时,有关缔约国应确保拟在其境内进行该项调查的缔约国的主权受到充分尊重。该公约还规定各缔约当事国应该依据本国实际情况,针对国内的金融机构等可被利用于洗钱的类似机构,建立监督和管理制度,用于从本国国内杜绝和规范洗钱犯罪行为。

更为重要的是,《联合国打击跨国有组织犯罪公约》对没收犯罪所得或财产处置的规定又有了巨大发展。该公约第14条规定了没收的犯罪所得或财产的处置:(1)缔约国依照本公约第12条或第13条第1款没收的犯罪所得或财产应由该缔约国根据其本国法律和行政程序予以处置。(2)根据本公约第13条的规定应另一缔约国请求采取行动的缔约国,应在本国法律许可的范围内,根据请求优先考虑将没收的犯罪所得或财产交还请求缔约国,以便其对犯罪被害人进行赔偿,或者将这类犯罪所得或财产归还合法所有人。(3)一缔约国应另一缔约国请求按照本公约第12条和第13条规定采取行动时,可特别考虑就下述事项缔结协定或安排:① 将与这类犯罪所得或财产价值相当的款项,或变卖这类犯罪所得或财产所获款项,或这类款项的一部分捐给根据本公约第30条第2款(3)项所指定的账户和专门从事打击有组织犯罪工作的政府间机构;② 根据本国法律或行政程序,经常地或逐案地与其他缔约国分享这类犯罪所得或财产或变卖这类犯罪所得或财产所获款项。公约提出了优先将没收所得交还给没收裁决执行请求国的制度,强调应把犯罪所得或财产交还给原合法所有人,或用于补偿因犯罪活动而受到伤害的被害人。此外,公约提出"对被害人赔偿"的理念,对于因犯罪行为发生而产生的非刑事损害赔偿有很重要的指导意义。

3.1.2.3 《联合国反腐败公约》

在我国加入的各个国际公约中,2003年10月31日批准通过、2005年10月27日生效的《联合国反腐败公约》(本节简称《公约》)相对完善地规定了犯罪资产返还以及国际合作方面等的内容,对健全境外追逃、境外追赃机制有开创性的指导意义。第一,《联合国反腐败公约》首次以联合国公约的形式明确了"腐败行为"的内涵与外延,《联合国反腐败公约》第三章"定罪、制裁、救济及执法"规定了贿赂、贪污、挪用公款、影响力交易、窝赃、滥用职权、资产非法增加、洗钱、妨害司法等9种犯罪行为视为"腐败行为",世界各国应当在加强合作与密切配合的基础上予以有效打击。第二,《联合国反腐败公约》还创设了预防腐败犯罪内容,《联合国反腐败公约》第二章设立专章,对预防腐败的措施作了系统的规定,包括:制定、执行和坚持有效的预防性反腐败政策,设立预防性反腐败机构,加强对公务员和非选举产生的公职人员的管理,制定体现廉正、诚实和尽责的公职人员行为守则,规范公共采购和公共财政管理,提高公共行政的透明度,发挥审判和检察机关在反腐败方面的特殊作用,加强对私营部门尤其是其商业活动的监管,推动社会参与反腐败,加强金融监管防止洗钱等。第三,该公约向国际社会提供了第一份全面完整的载有"资产追回"条款的法律文书,公约建立了完善的"腐败犯罪返还机制",对资产的返还、追回、程序、方式等方面作了细致、明确的规定,加强了腐败犯罪所得返还的可操作性。公约确立了两种追回机制,即直接追回机制和间接追回机制。第四,公约在第四章进行了专章专节的规定,就有关国际合作的一般原则、引渡、被判刑人的移管、司法协助、刑事诉讼的移交、执法合作、联合侦查、特殊侦查手段等事项作了全面而明确的规定,这对各成员国加强反腐、提升反腐效率、推进反腐国际合作具有深远的影响。

《联合国反腐败公约》分别在第四章和第五章规定了国际合作和资产的追回的详细内容,该公约是迄今为止在国际合作和资产的追回方面规定最为完善的国际公约。《公约》第四章国际合作中规定了国际合作的原则、引渡、被判刑人的移管、司法协助、执法合作、联合侦查和特殊侦查手段,第五章资产的追回规定了预防和检测犯罪所得的转移、直接追回财产的措施、通过没收事宜的国际合作追回资产的机制、没收事宜的国际合作、特别合作、资产的返还和处分以及金融情报机构等内容。这里,笔者就与本文关系密切的执法合作、联合侦查、特殊侦查手段和资产追回分别论述。

第一,执法合作。《公约》第48条执法合作中第1款规定:缔约国应当在符合本国法律制度和行政管理制度的情况下相互密切合作,以加强打击本公约所涵盖的犯罪的执法行动的有效性。缔约国尤其应当采取有效措施,以便:(一)加强并在必要时建立各国主管机关、机构和部门之间的联系渠道,以促进安全、迅速地交换有关本公约所涵盖的犯罪的各个方面的情报,在有关缔约国认为适当时还可以包括与其他犯罪活动的联系的有关情报。(二)同其他缔约国合作,就下列与本公约所涵盖的犯罪有关的事项进行调查:(1)这类犯罪嫌疑人的身份、行踪和活动,或者其他有关人员的所在地点;(2)来自这类犯罪的犯罪所得或者财产的去向;(3)用于或者企图用于实施这类犯罪的财产、设备或者其他工具的去向。(三)在适当情况下提供必要数目或者数量的物品以供分析或者侦查之用。(四)与其他缔约国酌情交换关于为实施本公约所涵盖的犯罪而采用的具体手段和方法的资料,包括利用虚假身份、经变造、伪造或者假冒的证件和其他旨在掩饰活动的手段的资料。(五)促进各缔约国主管机关、机构和部门之间的有效协调,并加强人员

第3章 境外追逃追赃国际警务合作运行的支撑要素

和其他专家的交流,包括根据有关缔约国之间的双边协定和安排派出联络官员。

(六)交换情报并协调为尽早查明本公约所涵盖的犯罪而酌情采取的行政和其他措施。《公约》强调了各国应密切合作,使打击腐败犯罪的执法活动行之有效。各国尤其应采取有效措施建立各国主管当局、组织机构、部门之间的联系渠道,安全、迅速地交换犯罪情报信息及其他与犯罪活动有关的情报。在追逃追赃执法合作中,各国可依据公约规定,对犯罪嫌疑人及其犯罪所得资产开展侦查活动。公约明确其内容包含犯罪嫌疑人身份和活动地点、犯罪所得去向及犯罪工具的去向。各缔约国针对上述三方面问题协调配合,将加快追查犯罪嫌疑人、追缴犯罪所得的效率,从而让腐败犯罪分子无处可逃。《公约》还指出缔约国之间应交换相关情报,互派联络员以增进交流,同时为尽早查明公约涵盖的犯罪而酌情采取行政和其他措施,其中包括冻结、扣押、没收、充公等措施。前两者是按法院或其他主管机关的命令暂时扣留或控制财产的措施,以防止资产转移、转换、处置等;后两者是根据法院或主管机关命令永久性剥夺其财产的方式。但缔约国应在本国法律规定范围内采取此类措施,在不损害善意第三人利益的基础上,采取没收和扣押的措施①。

第二,联合侦查。《公约》第49条联合侦查规定:缔约国应当考虑缔结双边或多边协定或者安排,以便有关主管机关可以据以就涉及一国或多国侦查、起诉或者审判程序事由的事宜建立联合侦查机构。如无这类协定或者安排,可以在个案基础上商定进行这类联合侦查。有关缔约国应当确保拟在其领域内开展这种侦查的缔约国的主权受到充分尊重。《公约》提倡缔约国在尊重各自主权的基础上,依据缔结条约或相关案例进行联合侦查,并根据一国或多国侦查、起诉或者审判程序事由的事宜建立联合侦查机构。比如,中美执法合作联合联络小组(JLG)于1998年5月成立。2000年6月,《中美司法协助协定》签订开始,中美两国在刑事司法协助和合作领域建立起比较密切的协作关系,在相互协助调查取证、追缴被非法转移的犯罪所得、相互通报有关犯罪情报和对逃犯的监控及缉捕等方面取得了较好效果。

第三,特殊侦查手段。《公约》第50条特殊侦查手段第1款中规定:为有效地打击腐败,各缔约国均应当在其本国法律制度基本原则许可的范围内并根据本国法律规定的条件在其力所能及的情况下采取必要措施,允许其主管机关在其领域

---

① 胡铭.国际执法合作:反腐败斗争的新路径——以《联合国反腐败公约》为主要视角.学术探索,2005(1):96-99.

内酌情使用控制下交付和在其认为适当时使用诸如电子或者其他监视形式和特工行动等其他特殊侦查手段,并允许法庭采信由这些手段产生的证据。《公约》采取了明示性列举的方式规定了特殊侦查措施,包括控制下交付、电子监听与特工行动等其他特殊侦查措施。第一种,控制下交付。公约中两次提到这一特殊侦查手段并作出了较为详细的规定。《公约》第2条第9款明确了其定义:"控制下交付系指在主管机关知情并由其监控的情况下允许非法或可疑货物运出、通过或者运入一国或多国领域的做法,其目的在于侦查某项犯罪并查明参与该项犯罪的人员。"《公约》第50条第4款对"控制下交付"举例详细说明:"经有关缔约国同意,关于在国际一级使用控制下交付的决定,可以包括诸如拦截货物或者资金以及允许其原封不动地继续运送或将其全部或者部分取出或者替换之类的办法。"控制下交付这一侦查措施逐渐在国际刑事侦查合作过程中被广泛使用,《公约》鼓励采取特殊侦查手段,表明特殊侦查方式在打击腐败犯罪侦查过程中起重要作用。我国2012年修订的《刑事诉讼法》第151条第2款也增加了对"控制下交付"规定:"对涉及给付毒品等违禁品或者财物的犯罪活动,公安机关根据侦查犯罪的需要,可以依照规定实施控制下交付。"这一规定体现了我国国内刑事法律与国际公约的良好衔接,为追逃追赃国际侦查合作扫清障碍。第二种,电子监听。作为一种隐秘性高、效果较为理想的现代侦查方式,电子监听经常被使用在侦查阶段,但是这种侦查方式需要完善而系统的法律规范进行约束。正因其秘密性的特征,这种侦查方式的使用极易侵犯人权,许多国家对电子监听都有严格的立法控制。电子监听也是加强打击腐败犯罪的重要侦查手段。第三种,特工行动。特工行动是指,侦查机关根据授权,使用秘密力量,收集犯罪证据,抓获犯罪嫌疑人的特殊侦查方法,具体包括卧底侦查、普通卧底、诱惑侦查、乔装侦查与线人侦查等。[①] 本文在第四章对上述几种特殊侦查方式分别展开论述,此处不予赘述。

第四,资产追回。《联合国反腐败公约》所确立的资产追回机制分为两种,分别是直接追回机制和间接追回机制。其中,直接追回机制指的是当外逃犯罪嫌疑人将资产转移到另一缔约国时,在另一缔约国没有采取没收等措施处置时,那么请求国有权通过一定的方式追缴或者要求返还这些犯罪财产,由腐败资产的流入国采

---

① 刘广三,庄乾龙.论职务犯罪特殊侦查手段的优先性——以《联合国反腐败公约》为视角的分析.法治研究,2012(2):24.

取立法措施,允许其本国法院或其他主管机关对腐败资产来源国对该等财产的所有权作出确认并直接将其返还给这些国家。这实际上是一种民事确权诉讼,具有公平高效的优势[①],但是选择这种资产追回机制就意味着放弃了对犯罪人要求引渡和提起诉讼的权利。相较而言,间接追回机制是指当一缔约国依据本国法律或者执行另一缔约国法院发出的没收令,没收被转移到本国境内的腐败犯罪所得资产后,再返还给另一缔约国。在这种方式下,资产所在国的法院或其他主管机关首先要审查其他国家的生效刑事判决,在经审查并承认其效力的基础上,将非法来源的资产没收并返还给其来源国,《联合国反腐败公约》的第54条和第55条对间接追回资产作出详细的规定,在该制度适用时所涉及的外国没收令的范围,公约并没有将此局限于生效的刑事判决,但是实践中的阻力很大,因为民事诉讼的证明标准不同于刑事诉讼,所以很多国家不承认民事没收令的效力,而只承认刑事没收的效力。这个机制的完善意味着国际社会加强了反腐合作,特别是在犯罪资产追回领域,其机制建设已经取得了实质性进步,从而有效地防范腐败分子将财产转移到国外,这是国际反腐合作的一大进步。

3.1.3 区域合作协定

经过多年的努力,我国除了加入了若干多边国际公约,《联合国打击跨国有组织犯罪公约》(2000年)《联合国反腐败公约》(2003年)等,还积极签署了一些区域性合作协议,如我国与东盟缔结的《中华人民共和国政府和东南亚国家联盟成员国政府非传统安全领域合作谅解备忘录》(2004年),我国与俄罗斯、哈萨克斯坦等上海合作组织成员国签订的《上海合作组织成员国和阿富汗伊斯兰共和国关于打击恐怖主义、毒品走私和有组织犯罪的声明》(2009年)、《上海合作组织成员国和阿富汗伊斯兰共和国打击恐怖主义、毒品走私和有组织犯罪行动计划》(2009年)、《上海合作组织成员国首次公安内务部长会议关于打击跨国犯罪的联合声明》(2009年)。另外,我国还积极与西方国家签订双边引渡条约或司法协助协定,这有利于加强我国与其他国家的反腐合作,并有效地打击外逃贪污犯罪分子,使其无处可逃。

[①] Emile van der Does de Willebois, Jean-Pierre Brun. Using Civil Remedies in Corruption and Asset Recovery Cases. Case Western Reserve Journal of International Law, 2013(45): 615-650.

打击外逃贪官,应注重建立完善的境外追逃长效机制。就国内而言,执法部门、司法部门与其他部门之间应当相互配合、密切合作;就国际而言,我国应当尽可能地与他国签订引渡条约,从而建立对外逃犯罪分子的长效打击机制。① 事实上,境外追逃不仅费时费力,而且需要大量的资金投入,如果缺乏相应的投入,那么将很难取得预期的法律效果。"猎狐2014"是我国为打击外逃贪官所开展的一项专项行动,成功抓获680名经济犯罪、职务犯罪外逃嫌疑人。实践证明,这样的专项行动取得了显著的成绩,对威慑与打击外逃贪官发挥了巨大的作用。公安部"天网"专项行动仍将一直持续下去,2015年4月1日我国公安部又宣布开展"猎狐2015"专项行动,国际刑警组织中国国家中心局公布了100名涉嫌犯罪的外逃国家工作人员、重要腐败案件涉案人等人员的红色通缉令,加大全球打击外逃经济犯罪嫌疑人、外逃党员、国家工作人员、涉腐案件外逃人员力度。我国要建立长效的境外追逃机制,可以从以下两个方面着手:第一,加强国内立法与制度建设,健全外逃犯罪嫌疑人的信息库,将境外追逃制度化、法制化与常态化;第二,加强国际执法合作,这不仅要加强与他国签订引渡条约,还要培养大量的专业人才和队伍。具体而言,我国要加强执法部门、司法部门与其他部门的相互合作与协调,提升境外追逃的效率。举一个例子来说,某省在一次境外追逃过程中,由于未能与航空部协调,导致在押解犯罪嫌疑人的过程中遇到了诸多的困难。需要注意的是,我国与其他国家所签订的双边引渡条约并不算多,特别是我国与很多的西方发达国家都没签订双边引渡条约,这也是导致我国的外逃贪官逍遥法外的重要原因。从这一点上看,我国应当加强与西方国家签订双边引渡条约,进一步完善对外逃犯罪分子的打击力度,并充分利用国际刑警组织这个信息平台,实现境外追逃机制的常态化。

2014年,亚太经合组织会议通过了《北京反腐败宣言》,并倡导建立完善的反腐执法合作网络,加强亚太各国在追逃追赃、打击贪污犯罪等方面的合作力度,从而有效地打击与防范跨国(境)腐败犯罪。接踵而至,在澳大利亚布里斯班召开的"G20"领导人会议也通过了《关于2015至2016年的反腐行动计划》,该计划指出:反腐行动需要世界各国的共同努力,扩大各成员国之间的司法支持力度,并加强各方面的协作与交流。不难看出,《北京反腐败宣言》与《关于2015至2016年的反腐行动计划》的出台对打击腐败、健全国际反腐合作机制有着重要的意义,这也显示

---

① 黄风.建立境外追逃追赃长效机制的几个法律问题.法学,2015(3):3-11.

了世界各国在打击腐败犯罪时的坚定决心。

3.1.4 双边和多边合作条约

20世纪50年代时,我国与邻国进行了小范围的警务合作和刑事司法协助的实践尝试,仅仅局限在罪犯的引渡和文书的送达方面,而在实际操作中,多数通过外交途径加以解决,并非从警务合作和司法协助角度着手。① 改革开放后,我国的司法实践有了很好的发展,得益于交往的扩大,自1987年,我国与波兰、蒙古、罗马尼亚、古巴、韩国、法国、美国等30余个国家签订了司法协助条约,其中有22项属于刑事司法协助条约。为了更好地配合我国加入的国际公约以及我国和其他国家缔结的双边条约,我国相继颁布了一系列的法律法规,以使这些公约和条约在国内得到更好的执行。② 1987年公安部、最高检、最高法、司法部、安全部联合出台的《关于处理涉外案件若干问题的决定》,1996年修正的《刑事诉讼法》第十七条对司法协助作了规定:根据中华人民共和国缔结或者参加的国际条约,或者按照互惠原则,我国司法机关和外国司法机关可以相互请求刑事司法协助。2000年,我国正式出台的《引渡法》意味着我国刑事诉讼法进入了一个新阶段。③《引渡法》的出台不仅完善了对引渡案件的审查机制,而且对引渡的具体程序、方式、部门分工作了明确规定。2007年,我国又出台了《中华人民共和国反洗钱法》(简称反洗钱法),该法明确规定加强对反洗钱的国际合作,从而有效地打击洗钱犯罪。④

中国对外开展司法协助的速度较快,国际合作的国内外法律依据不断完善。据司法部的资料显示,到目前为止,我国已经和49个国家签署了双边刑事司法协助条约,这些国家分布在亚洲、欧洲、美洲、非洲和大洋洲。其中,亚洲15个国家(即阿联酋、巴基斯坦、朝鲜、菲律宾、哈萨克斯坦、韩国、老挝、蒙古、塔吉克斯坦、泰国、乌兹别克斯坦、印度尼西亚、越南、日本、吉尔吉斯斯坦);欧洲17个国家(即爱沙尼亚、白俄罗斯、保加利亚、波兰、俄罗斯、法国、拉脱维亚、立陶宛、罗马尼亚、葡萄牙、塞浦路斯、土耳其、乌克兰、西班牙、希腊、马耳他、德国);美洲8个国家(即加拿大、美国、巴西、哥伦比亚、古巴、墨西哥、秘鲁、委内瑞拉);非洲5个国家(即埃

---

① 向党.论外交和领事人员的刑事豁免与管辖.青年论坛,2009(4).
② 张洪成.禁毒国际对我国毒品犯罪法律规制的启示.河北公安警察职业学院学报,2009(13).
③ 喻贵英,马长生.论我国境外追赃机制的完善.刑法论丛,2010(1):196.
④ 艾明.论境外追逃合作中的案犯移交问题.江西公安高等专科学校学报,2007(1).

及、阿尔及利亚、纳米比亚、南非、突尼斯);大洋洲2个国家(即澳大利亚、新西兰)。

据中纪委与监察部"反腐败国际追逃追赃"的官方网站及司法部官网统计,截至2014年10月底,中国已与63个国家签署了107项各类司法协助协定。包括引渡条约39项,其中29项已生效;33项刑事司法条约,其中27项已生效;16项民事和刑事司法条约;3项民事、商事和刑事司法条约;以及6项被判刑人移管条约。在所有签署的司法协定当中,大部分都已经生效。另外,在《联合国反腐败公约》和《联合国打击跨国有组织犯罪公约》框架下,我国与外国开展刑事司法协助的案件的数量正在逐年递增。

从我国现阶段的中外的司法协助的相关条约,即包括双边条约也包括多边条约,以及实践中的刑事司法协助活动来观察,我国开展的国际司法协助的领域主要有:引渡、信息通报、刑事司法文书的送达、刑事诉讼的移转、已决犯的移转、刑事调查取证及相关的诉讼事务。

以上的几个方面的刑事司法协助中,引渡、调查取证、刑事司法文书的送达、信息通报是国际公约中和多边条约中比较重要的司法协助事项。引渡这一司法协助事项不仅在国际多边公约中和我国与外国签订的引渡条约里有相关规定,我国的《引渡法》也将这一司法协助行为作为基本法律规范予以规范。在实践中,司法文书的送达是司法协助最多的事项。近年来,我国与其他国家缔结的双边条约将调查取证的范围进行了很大的扩展,大体包括:代为询问被害人、鉴定人和讯问犯罪嫌疑人,进行鉴定、检验、勘验、搜查、书证、物证的移交、赃款赃物的移交及其他调查取证相关的协助行为。

《中华人民共和国与大韩民国关于刑事司法协助条约》有关刑事司法协助范围的规定较有代表性,该条约第一条规定:"缔约双方应根据本条约的规定,在刑事调查、起诉或诉讼方面,相互提供最广泛的协助。"第三条规定:"协助应包括:(一)送达文书;(二)向有关人员调查包括陈述在内的证据;(三)提供作为证据的资料、文件、记录或物品;(四)查找或辨认人员或物品;(五)获取和提供鉴定人鉴定结论;(六)执行搜查和扣押的请求;(七)安排在押人员和其他人员作证或协助调查;(八)采取措施在有关赃款、赃物方面提供协助;(九)被请求方不禁止的其他形式的协助。"对于信息通报,我国与他国缔结的双边条约规定了相应的通报范围,其中包含相互通报的法律法规,刑事案件诉讼过程的进程,嫌疑人的前科犯罪记录。①

被判刑人的移转管辖是今年来比较受世界各国重视的司法协助行为,它不仅是充分发挥司法协助的互利互助的初衷,更是因为它体现了现代刑罚的人道主义原则。我国有关机关充分认识到这类司法协助的重要性,参加了联合国关于《有条件判刑或有条件释放罪犯转移监督示范条约》和《关于移交外籍囚犯的模式协定》的制定和讨论。我国与乌克兰等国家开展过这类司法协助工作。而且,对于我国在外国被判刑的公民,其请求中国国内服刑持积极的支持态度。②

此外,我国还和一些国家签署了中外警务合作条约,中外警务合作对有效打击跨国犯罪,使之更好地开展国际执法和司法合作活动,对于推进境外追逃追赃工作都有着十分重要的意义。中外警务合作是指我国和外国之间为了完成特定的警察事务而进行的一种警务交流,在警察事务范畴之间予以配合,是一种跨越国界的警务合作。中外警务合作工作是以我国1984年加入国际刑警组织为开端的,在近些年来,随着全球一体化进程的不断加快,我国与其他国家的警务合作也不断拓展与深入。在国际层面,我国加入了《联合国反腐败公约》《联合国打击跨国犯罪公约》等多个国际公约,国内相关的《反洗钱法》以及《引渡法》的出台都表示了我国在中外警务合作方面采取有效的措施。此外,我国政府还与50余个国家签署了司法协助条约,且签署双边引渡条约的国家有30多个。值得一提的是,国际公约由于强制性弱、约束力小,许多措施实施起来并不顺畅,各个缔约当事国不将其视为绝对的法律依据,而国际公约需要依据内国法才能发生效力;另外国际公约这样的软约束力往往导致国际公约不被缔约国转换成内国法来加以适用。因此,中外警务合作工作需要依据我国与外国缔结的双边的警务合作条约,只有这样的双边条约才能得到严格执行和实施。我国政府致力于和邻国签订双边警务合作条约,到2000年,我国公安部已经和40余个国家缔结了中外警务合作公约。大体上看中外警务合作条约可以分为两大类:区域性多边条约和国家之间的双边条约。前者是多个国家之间开展警务合作的基础和依据。③ 目前的区域性国际公约主要有:1993年的《禁毒谅解备忘录》《北京宣言》和《次区域行动计划》《上海合作组织公约》《中外警务合作的双边条约》(亦称之为《中外警务合作协议》)。近些年来,我国政府与韩

---

① 阿儒汗.贪污贿赂案件境外追逃程序和证据要求.人民检察,2008(12):25.
② 赵宇.浅谈新时期我国公安机关境外追逃问题.湖南警察学院学报,2011(1):26.
③ 黄风,赵琳娜.境外追逃追赃与国际司法合作.北京:中国政法大学出版社,2007:40.

国、俄罗斯、越南、哈萨克斯坦、乌克兰、吉尔吉斯斯坦等国家缔结了我国公安部和各该国相关的公安机关共同打击刑事犯罪方面的条约或协议,分为国家级的和地区级的两种,有效地建立了联系,明确了各自的分工合作任务。如我国与俄罗斯签署的《中国黑龙江省公安厅和俄罗斯联邦滨海边疆区间全面合作协议》明确规定跨国犯罪的种类,跨国贩毒、非法偷渡、跨国走私等等,为有效打击这类跨国犯罪行为,可以委派相关的刑事警察到对方境内对本国的犯罪嫌疑人打击和制裁。同年,中国和俄罗斯签署的《关于建立中国黑龙江省公安厅与俄罗斯联邦哈巴罗夫斯克边疆地区内务局工作联系的协议》,明确了对非法偷渡对方境内者,滞留对方境内不归者以及重大罪行的犯罪嫌疑人,一旦发现,对方交由本国处置。这种中外警务协议的缔结,使得中外双方开展跨境追捕,联合侦查协作,互相配合行动,联协助办案,更便捷更高效,使中外警务合作工作进入了新阶段。[1] 另外,双边引渡条约也是警务合作方面的一种模式。2007年全国人大常委会批准了《中华人民共和国和菲律宾共和国引渡条约》,至此我国现今已经和俄罗斯、白俄罗斯、泰国、保加利亚、法国、澳大利亚、西班牙等30余个国家缔结了双边引渡条约,对引渡程序设置了双重联络渠道。[2]。

3.2 国内法的原则与规范

追逃追赃国际警务合作工程的国内法的支撑要素,是以《中华人民共和国宪法》(以下简称《宪法》)的五项基本原则为基础,《中华人民共和国刑法》(以下简称《刑法》)等实体法、《刑事诉讼法》等程序法,及其他法律法规共同组成,以保障合作机制的顺利运行。

3.2.1 国内法相关原则

我国《宪法》还明确规定了我国对外交往所遵循的五项基本原则,这是我国与他国正常交往和开展外交关系所遵循的基本准则,事实上,这五项基本原则也是我国开展境外追逃追赃国际警务合作所应遵循的基本原则。我国《宪法》第32条第2款规定:"中华人民共和国对于因为政治原因要求避难的外国人,可以给予受庇护

---

[1] 赵宇.浅谈新时期我国公安机关境外追逃问题.湖南警察学院学报,2011(1):46.
[2] 喻贵英,马长生.论我国境外追赃机制的完善.刑法论丛,2010(1):67.

的权利。"即凡是经过批准在我国受庇护而长期居留的外国人,受到我国法律保护,可以拒绝任何国家对其提出的引渡要求。除此之外,我国《刑事诉讼法》第17条规定了互惠原则。《禁毒法》第53条规定:中华人民共和国根据缔结或者参加的国际条约或者按照对等原则,开展禁毒国际合作。

3.2.2 我国《刑法》等实体法的相关规定

我国《刑法》第6条规定,犯罪的行为或者结果有一项发生在中华人民共和国领域内的,就认为是在中华人民共和国领域内犯罪。根据属人管辖原则,凡具有中国国籍的人都受中国法律约束。《刑法》第64条规定:"犯罪分子违法所得的一切财物,应当予以追缴或者责令退赔;对被害人的合法财产,应当及时返还;违禁品和供犯罪所用的本人财物,应当予以没收。没收的财物和罚金,一律上缴国库,不得挪用和自行处理"。其中,对"违法所得的财物"处理的司法解释有以下几个方面:(1)犯罪分子违法所得的一切财物,应当予以追缴或者责令退赔。"违法所得的财物",是指犯罪分子因实施犯罪活动,而取得的全部财物,包括金钱或者物品。所谓"追缴",是指将犯罪分子的违法所得强制收归国有。"责令退赔",是指犯罪分子已将违法所得使用、挥霍或者毁坏的,也要责令其按违法所得财物的价值退赔。(2)对于追缴和退赔的违法所得,如果系被害人的合法财物,应当及时返还。对于被害人的合法财产被损坏或者已经不存在的,应当折价退赔。(3)对于违禁品和供犯罪所用的本人财物,应当没收。所谓违禁品,是指依照国家规定,公民不得私自留存、使用的物品。如枪支、弹药、毒品以及淫秽物品等等。"供犯罪所用的本人财物",是指供犯罪分子进行犯罪活动而使用的属于他本人所有的钱款和物品。(4)对于依法没收的财物和罚金,一律上缴国库,即由最后结案的单位统一上缴国家财政,不得挪作他用。

3.2.3 我国《刑事诉讼法》等程序法的相关规定

《刑事诉讼法》第17条规定了"刑事司法协助"的内容和程序。我国《刑事诉讼法》第17条规定:根据中华人民共和国缔结或者参加的国际条约,或者按照互惠原则,我国司法机关和外国司法机关可以相互请求刑事司法协助。明确规定了刑事司法协助和警务合作的形式、法律适用范围、合作的基本原则、合作的范围、职责权限的划分问题。此外,公安部2013年1月1日起实施的《公安机关办理刑事案件程序的规定》在第 13 章也对警务合作制度和刑事司法协助制度进行了专门规定。第 364 条规定:公安部是公安机关进行刑事司法协助和警务合作的中央主管机关,通过有关国际条约、协议规定的联系途径、外交途径或者国际刑事警察组织渠道,接收或者向外国提出刑事司法协助或者警务合作请求。地方各级公安机关依照职责分工办理刑事司法协助事务和警务合作事务。其他司法机关在办理刑事案件中,需要外国警方协助的,由其中央主管机关与公安部联系办理。第 365 条规定了公安机关进行刑事司法协助和警务合作的范围,主要包括犯罪情报信息的交流与合作,调查取证,送达刑事诉讼文书,移交物证、书证、视听资料或者电子数据等证据材料,引渡、缉捕和递解犯罪嫌疑人、被告人或者罪犯以及国际条约、协议规定的其他刑事司法协助和警务合作事宜。第 366~373 条对上述警务合作事宜作出了详细规定,这些规定都是境外追逃的国际警务合作的重要法律依据。我国 2012 年新修订的《刑事诉讼法》第 234 条明确规定:公安机关、人民检察院和人民法院对查封、扣押、冻结的犯罪嫌疑人、被告人的财物及其孳息,应当妥善保管,以供核查,并制作清单,随案移送。任何单位和个人不得挪用或者自行处理。对被害人的合法财产,应当及时返还。对违禁品或者不宜长期保存的物品,应当依照国家有关规定处理。人民法院作出的判决,应当对查封、扣押、冻结的财物及其孳息作出处理。人民法院作出的判决生效以后,有关机关应当根据判决对查封、扣押、冻结的财物及其孳息进行处理。对查封、扣押、冻结的赃款赃物及其孳息,除依法返还被害人的以外,一律上缴国库。另外,我国《刑事诉讼法》第五编"特别程序"中的第三章增设的"犯罪嫌疑人、被告人逃匿、死亡案件违法所得的没收程序",明确规定了"对于贪污贿赂犯罪、恐怖活动犯罪等重大犯罪案件,犯罪嫌疑人、被告人逃匿,在通缉一年后不能到案,或者犯罪嫌疑人、被告人死亡,依照刑法规定应当追缴其违法所得及其他涉案财产的,人民检察院可以向人民法院提出没收违法所得的申请"。该程序是刑事、民事交织的混合程序①。人民检察院依据刑事追诉职权向人民法院提出没收违法所得的申请,申请的根据是犯罪嫌疑人、被告人涉嫌贪污贿赂犯罪、恐怖活动犯罪等重大犯罪,申请没收的对象是犯罪所得、与犯罪活动相关的违法所得和其他涉案财产。这一程序制度,适用于国内追赃,同时也成为我国当前开展境外

---

① 张建升,杨书文,杨宇冠,等. 违法所得特别没收程序的司法适用与制度完善. 人民检察,2014(9):41-48.

追赃以及国际追赃合作的最重要的国内法律依据。但是,在人民法院审理过程中,犯罪嫌疑人、被告人的近亲属和其他利害关系人有权申请参加诉讼,也可以委托诉讼代理人参加诉讼,对于人民法院的裁定,犯罪嫌疑人、被告人的近亲属和其他利害关系人可以提出上诉,这显然又属于民事诉讼的性质。

该程序自实施以来,适用的案例屈指可数。2014年8月29日,江西省上饶市中级人民法院对鄱阳县财政局经济建设股原股长李华波开庭审理,李华波与2006年至2010年间利用职务便利,伙同他人先后多次骗取鄱阳县财政局的基建专项资金共计9 400万元,其中2 953万转至新加坡,其余款项用于个人赌博和消费,李华波于2011年1月逃匿新加坡。最终,法院在李华波缺席的情况下进行了审判,检察院依该特别程序没收了其违法所得。"李华波案"也因此成为了外逃贪官违法没收程序的唯一案例。

通过具体研究我国对于没收程序的有关规定,不难看出其依然存在着较大的缺陷:

第一,适用条件规定不明确,不能起到有效的参照作用,也给司法机关在处理相关案件时造成了盲目性。其中指出,对于处理"贪污贿赂犯罪、恐怖活动犯罪等重大犯罪"可以使用独立性程序,不难发现,这种规定十分不明确,重大犯罪本来就是一个相对主观的概念,不同的主体会有不同的理解,这样就使得司法机关可以随意对案件进行夸大。因此,这种适用范围不明确的规定很可能会促使司法机关肆意使用职权,从而给我国公民的合法权益带来损失①。

第二,只规定了人民检察院拥有提出涉案财产申请没收的权利,没有明确指出当人民检察院在超过有效期限的情况下提出对涉案财产没收的请求会造成怎样的影响。这样一来,我们就可以理解为是否申请没收的决定权是由人民检察院来予以自行决策的,没有其他的监督部门对其行为予以管制,从而间接地导致国内的一部分人民检察院常常将没收的涉案财产占为己有。在利益因素的驱使下,检察机关极有可能作出对财产不予申请其他有关部门进行没收的决定,而是通过自行没收的手段来将涉案财产充当自身经费,最终促使我国的独立没收程序名存实亡。

第三,这一程序在一定程度上与当事人的合法权益的维护产生了矛盾。修改后的现行刑事诉讼法只是规定当没收贪污财产的请求被同意后,需要及时地以公

---

① 何帆.刑事没收研究——国际法与比较法的视角.北京:法律出版社,2007:232.

告形式使当事人知悉,从而出庭参与诉讼。我们知道,这种以公告的手段来使当事人对有关事项进行了解的途径常常具有不确定性,但由于独立没收程序可以使得贪污资产的没收不以犯罪嫌疑人被宣告确实有罪为实现前提,这样就不可避免地导致公民的合法权益受损。另外,这一程序也没有对被告人自身的经济情况予以周全的考虑,如果被告人较为贫困,难以承担起高额的律师聘请费用,那么其就很可能最终导致自身合法权益受损。

第四,对于应该适用何种的证据规则的规定也较为模糊。现行刑事诉讼法并未指出相关案件的审理需要参照怎样的证明标准,具体来讲就是何种条件下予以证明、刑事诉讼程序是否同样适用该项规则以及由谁进行证明的问题,以上类似问题得不到良好的解决都会使案件的处理难度加大,因为不同的法院根据不同的主观决断对其进行不同方面以及不同程度的运用,从而在很大程度上与法律公平公正的原则相违背。[①]

为解决上述"特别没收程序"实施的困境,笔者认为,应借鉴其他国家的成功经验,设立"中国特色"的独立财产没收程序。

纵观世界,美国的民事没收制度颇具代表性,对我国特别没收程序的设立具有一定启示。该程序事实上隶属于刑事法的内容,其构建的目的在于对犯罪行为进行多角度的打击,对其贪污的非法财产予以有效地剥夺。这一程序的巧妙之处在于其看似是与民事相关的内容,但实际上却属于刑事范畴,我们可以将它理解成一种"对物诉讼"行为。[②] 值得一提的是,独立没收程序的设立有着重大的现实意义,其不仅有效地制约了非法占有他人财产的行为出现,也在很大程度上对情节严重的恐怖犯罪活动予以打击,所以这一程序的设立已经成为当下司法领域发展的一个主流趋势。

独立没收程序对我国有重要的意义,具体可以从以下方面来理解:一是设置这一程序可以有效地解决以往因案件审理时因犯罪行为人不在场而造成的财产归还或者经济赔偿难以实现的问题。一部分有组织犯罪以及情节严重的腐败案件通常很难侦破,这样一来,导致数额巨大的涉案资产就常常不能得到及时有效的处理。依照刑事法律的有关内容,若案件的被控诉方一直不能到场参与案件的审理,那么

---

① 王秀梅,鲁少军.建立和完善中国腐败犯罪财产没收制度.长安大学学报,2010(03):45.
② 张小玲.问题与误读:刑事缺席审判制度质疑.政法论坛,2006(3):54.

诉讼就不能继续进行下去。也就是说,非法财产的没收是要以犯罪嫌疑人被宣告确实有罪为实现前提的。但是这种没收的滞后性很可能就会给罪犯提供可乘之机,通过财产转移来达到其个人目的,从而使其有机会再次作出违法行为。独立没收程序可以有效地弥补这一缺陷,它对贪污资产的没收不以犯罪嫌疑人被宣告确实有罪为实现前提,从而在很大程度上对该此类犯罪予以了打击。二是独立没收程序的设立与我国加强与世界各国的联系、进一步迈向国际平台息息相关,前者是后者的基础性条件。此外,《打击跨国有组织犯罪公约》以及《联合国反腐败公约》这两项重要的国际性法律文件对世界上一些情节严重的犯罪起到了良好的制约作用。值得一提的是,这些国际性条约中也明确涉及了与独立没收程序有关的一些法律条例,较为典型的有《联合国反腐败公约》第 54 条第 1 款所规定的内容:为了解决由于被告人因死亡、潜逃等问题而造成的被告人不到场诉讼无法开展的情况,缔约各国需要以本国法律为参考依据,通过其他合法途径来使得对贪污资产的没收可以不以犯罪嫌疑人被宣告确实有罪为实现前提。我国是该条约的缔约国,所以,构建独立没收程序无疑能够促使我国进一步承担条约所规定的责任。与此同时,当我国司法机关在与国外进行警务合作时,如果我国提出了财产所在国对潜逃在外的犯罪嫌疑人的贪污资产予以没收并归还的请求,那么我国必须要给予生效判决形成的有关证明,以便于确定这些财产确实系犯罪嫌疑人非法贪污的,但目前中国的《刑事诉讼法》仍然不能满足该项条件。

然而,我国现行的《刑事诉讼法》中所涉及的独立没收程序依然有着较大的缺陷且亟待优化,在对其予以健全优化时,我们可以在一定程度上参考和借鉴美国民事没收制度。针对上文所述的我国独立没收程序的几大缺陷,笔者具体提出了以下参考性的完善建议:

第一,明确规定该程序的适用范畴,对于条文中"等重大犯罪案件"这一内容摒弃。虽然独立没收程序使得对贪污资产的没收不以犯罪嫌疑人被宣告确实有罪为实现前提,从而在很大程度上解决了因被控诉方不在场参与受审而造成的一系列法律问题,但是这一程序的实施也不可避免地会侵害到被控诉方的人权。鉴于此,笔者强烈建议对其适用范畴予以规范化和具体化处理。依照美国的规定,它主要适用于以下四类犯罪:(1) 财产的非法侵占;(2) 毒品贩卖或者毒品走私等相关违法行为;(3) 开展恐怖活动;(4) 黑社会组织犯罪。我国在修改这一程序的适用范畴时,可以因地制宜,根据现实情况灵活地进行把握,尽量做到犯罪类型明示化。

第二，设立一定的保障机制来确保检察机关提出申请财产没收请求这一行为的落实。出于充分发挥独立没收程序的效用的考虑，笔者建议将财产没收的申请义务予以强制化，一旦满足财产没收的适用条件检察机关就需要履行其申请没收的义务，从而避免检察机关对涉案资产自行处置，没收后充当本部门的经费。此外，一旦发现检察机关私自占有涉案资产，那么相关人员就需要承担相应的法律责任，且法院也会对该机关作出一定的制裁判决；如果检察机关没有在法定期限内申请涉案财产没收，那么其之后即使再次申请也属于无效行为。

第三，确保当事人的合法权益得到有效保障，避免出现显失公正。依照法律公平、公正的原则，对一方的当事人处以对其自身不利的裁决必须基于法官已经充分知悉其辩解内容这一前提，从而保障做出判断的客观性。要指出的是，虽然独立没收程序使得对贪污资产的没收可以不以犯罪嫌疑人必须参与案件受审为实现前提，但是它与传统意义上的其他正当法律程序有着明显的差别，因此常常会出现一部分公众对其不认同的现象。例如美国就曾发生过这类事件，不过，美国国会积极从其他方面来进一步确保利害关系人权利的实现，较为典型的措施有：大大延长了当事人的控辩时间、肯定了指定辩护人这一制度等，充分体现人权保障和程序正义的现代司法理念。此外，美国还设立了比例性原则，从而使得犯罪情节的轻重程度决定了涉案财产的没收数额，两者呈正相关关系。因此，笔者建议我国在修改相关程序时也可以对美国的做法予以借鉴，从而进一步保障利害关系人的合法权益。

第四，明确规定应该适用怎样的证据规则。事实上，尽管世界各国对于独立没收程序的证明规则呈现出千差万别的状况，但它们均与刑事诉讼程序中所适用的相关规则有所差异。较为典型的有美国所采用的"谁主张，谁举证"的原则，换句话说，检察机关要想实现财产没收的请求被予以通过，其必须提供充分的证据来对其申请的合法性进行支撑；被告人为了防止涉案财产被没收，其也有必要提供充分的证据来确保法官认定其自身为财物的善意所有人。另外，优势证明标准的内容也在其中有所体现，它可以这么理解，有关司法机关的涉案财产没收申请的通过是以法院依据其所提供的相关证据确认涉案财产确实是被告人通过非法手段获取为前提条件的。因此，我国在进行相关章程的修改时也可以参考美国"谁主张，谁举证"的规则，不过，由于我国的人权保障制度还存在着较大的限制，证明标准的设定较高，我国对刑事特别没收现行的司法解释仍然要求"案件事实清楚，证据确实、充分"，导致了我国检察机关面对"无法进入申请没收程序或者面临申请被裁定驳回"

的现实困境。①

总而言之,在刑事诉讼中规定的独立没收程序使得对贪污资产的没收可以不以犯罪嫌疑人被宣告确实有罪为实现前提,不仅能够在很大程度上解决因被控诉方不在场参与受审而造成的一系列法律问题,还可以通过国际警务合作的途径实现对该类重大犯罪的严惩。然而,要指出的是,这一程序依然存在着较大的缺陷,特别是对于人权的维护与犯罪的惩治两者之间的协调平衡的问题。而对于笔者在上文所提出的一些改进措施,检验其具体成效的好坏仍然需要进一步的实践。所以,为了进一步对境外潜逃的犯罪行为人予以有力的打击,我国立法部门必须尽早设立具有中国特色的财产没收程序。

3.2.4 国内其他相关法律法规

除了上述《刑法》等实体法律和《刑事诉讼法》等程序法律的规定外,我国的《引渡法》《反洗钱法》《禁毒法》等法律也规定了国际刑事司法工作的相关内容,这同样是我国开展国际警务合作的国内法依据。

《引渡法》于 2000 年通过,该法不仅明确了引渡的基本原则,还详细的规定了引渡的条件、范围、职权部门、具体程序、法律后果等,这有助于推动我国开展国际刑事司法协助和国际警务执法合作。我国《引渡法》第 39 条、第 51 条相继对国际刑事司法协助和国际警务执法合作中的"赃款赃物"作了明确的处理规定。《引渡法》第 39 条明确规定:"对于根据本法第 39 条的规定执行引渡的,公安机关应当根据人民法院的裁定,向请求国移交与案件有关的财物。因被请求引渡人死亡、逃脱或者其他原因而无法执行引渡时,也可以向请求国移交上述财物。"除此之外,《引渡法》第 51 条还规定:"公安机关负责接收外国准予引渡的人以及与案件有关的财物。对于其他部门提出引渡请求的,公安机关在接收被引渡人以及与案件有关的财物后,应当及时转交提出引渡请求的部门;也可以会同有关部门共同接收被引渡人以及与案件有关的财物。"由此可见,《引渡法》对追赃的国际警务合作较系统化的规定,也成为我国开展国际刑事警务合作的国内法依据。

此外,我国《反洗钱法》《禁毒法》、全国人大常委会《关于加强反恐怖工作有关

---

① 张建升,杨文书,杨宇冠,等. 违法所得特别没收程序的司法适用与制度完善. 人民检察,2014(9):41-48.

问题的决定》对"追赃的国际合作"也做了相应的规定,这既是对《刑事诉讼法》、《引渡法》的有益补充,也是对追赃国际合作的进一步细化,以增强其在实践中的可操作性。我国2006年通过的《反洗钱法》第27条明确规定:中华人民共和国根据缔结或者参加的国际条约,或者按照平等互惠原则,开展反洗钱国际合作。《反洗钱法》第29条规定:涉及追究洗钱犯罪的司法协助,由司法机关依照有关法律的规定办理。我国《禁毒法》第57条对追赃国际合作中"分享犯罪所得"进行了原则性规定,并在后续的条款中作了具体、明确的规定。《禁毒法》第5条规定:涉及追究毒品犯罪的司法协助,由司法机关依照有关法律的规定办理。全国人大常委会《关于加强反恐怖工作有关问题的决定》第6条规定:中华人民共和国根据缔结或者参加的国际条约,或者按照平等互惠原则,开展反恐怖国际合作。《禁毒法》第57条规定:通过禁毒国际合作破获毒品犯罪案件的,中华人民共和国政府可以与有关国家分享查获的非法所得、由非法所得获得的收益以及供毒品犯罪使用的财物或者财物变卖所得的款项。

为进一步加强我国与其他国家之间警务合作的协调性以及沟通力度,我国立法部门有必要对相关法律法规予以进一步的优化和完善,为该领域的司法工作的开展提供坚实的制度保障。上面分析了我国开展境外追逃追赃的国际警务合作工作的国内法,尤其是在我国的《引渡法》实施之后,境外追逃追赃国际警务合作的立法方向已经向着专业化、专门化的单行法的方向发展。在现有的基础上,立法机关应该着重于单行法律法规的制定,在单行法制定的过程中,应该充分考虑到联合国的示范条约,依照其分类标准,制定我国的《中华人民共和国国际刑事司法协助法》(以下简称《国际刑事司法协助法》)。

尽管世界上同我国签订国际刑事司法协助公约的其他国家已经达到47个,在类似反贪污领域的案例中,出现了成功追回赃款的情况,例如对于闫永明案以及余振东案这两项典型案例,相关司法机关追回的财产数额分别为337.4万澳元和300多万美元。但是,不得不说这些案例不具有普遍性,该领域仍然存在大量亟待解决的问题。

因此,《国际刑事司法协助法》的构建与出台是十分必要的。其规定应具体涉及刑事司法协助和国际警务合作的内容、操作流程以及操作方法等,在制定过程中可以对相关的法律法规予以一定的借鉴,对原有的内容予以合理的删改与完善,引入一部分新的内容,大致涵盖以下几项:(1)如何申请与执行警务与司法合作;

(2) 如何有效对涉案嫌犯予以引渡回国;(3) 怎样开展委托调查取证;(4) 由谁来承担国际司法协助工作中的必要开销;(5) 如何开展罪犯的逮捕工作;(6) 通过哪种途径来将涉案财产予以追缴并返还债权人;(7) 怎样有效地进行情报交流,保证信息的对称性等。该法的制定及具体内容的规定应该与我国同其他国家之间缔结的刑事司法协助条约、相关的引渡条约以及警务合作条约相一致,即要保证与我国承担的国际法上法律义务的一致性。[1] 而涉及合作的具体事项,一部分相关研究人员认为应该以国内现行的刑事司法合作实践为参考,修改后的合作事项应包括:法律文书的移交、涉案资产的没收、扣押以及冻结、犯罪行为人的移交、调查取证的措施以及刑事诉讼的转移管辖[2]等内容。

此外,在制定过程中,要保证相关的国际刑事司法协助法律与我国的刑事法律之间并不产生矛盾,也要保障它与我国已经缔结的国际性公约之间并不产生矛盾。《国际刑事司法协助法》出台后,占据主体地位的《刑事诉讼法》亦有必要进行相应的完善,《刑事诉讼法》应该划分出一个独立的章节为刑事司法合作与警务合作提供良好的法律依据。

---

[1] 翟悦. 境外追逃追赃国际警务合作机制完善建议. 人民论坛,2014(5):245-247.
[2] 黄风. 中华人民共和国国际刑事司法协助法(立法建议稿). 法学评论,2008(1):25.

第4章　境外追逃追赃国际警务合作运行的脉络

如果说境外追逃追赃国际警务合作的要素是合作工程中的静态基础材料,那么境外追逃追赃国际警务合作的机制则是合作工程中的动态运行方向和线路,其内容包括国际警务的合作系统、合作途径、合作模式、合作流程以及合作的趋势。

4.1 境外追逃追赃国际警务合作的网状系统

境外追逃追赃的国际警务合作是一个巨大的网状系统,由主导系统、协调系统、协作系统、辅助系统这四个必备的互相联系的系统所构成。之所以称其为"网状系统",是因为国际警务合作实际上是人与人通过各种媒介与信息所进行的业务往来和资源共享,各个国家哪怕仅仅通过一个子系统的合作渠道,也能与世界警务建立起四通八达的互助关系。

4.1.1 主导系统

国际刑警组织自组建以来,成员国数量快突破 200 个,成员国所在地广泛,大洋洲、北美洲、南美洲、欧洲、非洲以及亚洲均有其成员国的分布,它是一个政府间的国际组织,经过多年的建设,已经成为世界各个国家与国际性犯罪展开斗争的合作中心、通信中心、情报中心。国际警察间如果想进行高效的合作,就需要各国警察机关的配合和协助。而国际刑警总部以及各个成员国的国家中心局在刑事管辖中承担互通情报或者提供情报的职能,作为一种常设机构,国际刑警组织总部负责联络协调,向各个国家的中心局以四种不同的文字提供相关信息,包括破案的请求、通缉名单等。同时,国际刑警组织总部通过信息网络,迅速交换国际刑警总部与各成员国对犯罪的掌控情况。在成员国进行国际性犯罪调查活动时,各个成员国的国家中心局是重要的联系枢纽机构。各国家警察机关按照本国的法律,通过国家中心局这样的枢纽机构进行广泛合作,包括传递法律文书,缉拿、移交犯罪分子,调查取证,共同办案,交流犯罪活动情报,通信联络相关事宜。

国际刑警组织不仅在情报交换和案件侦查方面组织合作,而且在各个成员国家之间的法律研究、技术沟通方面也发挥了重要的作用。比如国际刑警组织经常举办各种国际性的学术研讨会,通过研讨会各国的警察机关可以深入探讨打击预防犯罪的各种对策。国际刑警组织的重要职能是预防犯罪,研究分析国际性犯罪的趋势,增强各国警察机关的犯罪情报的沟通交流,加强对策和措施的制定,寻找更好地打击国际性犯罪的法律措施和战略手段。不定期地召开各种专业性的会议也是国家刑警总部组织各个成员国进行警务合作的一种方式。

国际警务合作主要是经由三个级别的网络来完成的,国际刑警总部是第一级,属于国际型;接下来是第二级,属于区域型,主要指国际刑警总部在亚洲、大洋洲、非洲、欧洲、拉美等地建立的地区局,以及在曼谷派驻的缉毒联络处,这些地区局对于联系和协调各个区域之间的关系促进国际警务有效地合作,增强国际警务合作的执行力必不可少;第三级是双边型合作,属于合作网络的性质,尤其是指邻国之间基于睦邻友好关系,积极展开双边的合作关系,来打击和预防各种不同类型的犯罪,这种双边合作关系使得国际警务合作这一机制更加有效和务实。

4.1.2 协调系统

这里的协调系统主要包括两种,一种是国际间的刑事司法协助,另一种是各个国家的外交系统(重大的国际警务执法合作活动)。虽然我国刑事司法协助开始得比较晚,但是发展速度是惊人的,这些年来,刑事司法协助的范围一直在扩充。起初,刑事司法协助的范围包含犯罪情报的交流、调查取证、送达文件,目前已经扩大到了相互代为讯问犯罪嫌疑人,相互代为询问被害人、证人、鉴定人员,进行勘验、检查、鉴定、搜查、移交赃款赃物、物证、书证,送达法律文书,通知刑事审判进程和结果等。我国与土耳其缔结的双边协定,还扩大到了刑事诉讼移转这一领域,此外我国还与保加利亚、白俄罗斯、俄罗斯缔结了双边的引渡协议,刑事司法协助领域在不断地完善和扩展。[①] 虽然这是刑事诉讼方面的刑事司法协助,但是各国警察机关在开展警务合作的执法活动与其有着密切的联系,例如在涉外案件的处理过程中,我国公安机关在开展侦查行动时,对方国家可以通过司法协助的途径将他国

---

① 李翔.检察机关反腐败刑事司法协助现状及反思.政治与法律,2011(12):147-154.

协助办案的请求提交给我国中央机关相关机构,我国的警察机关在接到中央机关的转达告知后要对对方侦查机关提交的有关刑事司法协助的请求予以积极配合协助。

通过外交途径解决处理国际性犯罪,是国际警务合作的一种特定方式。具体是指双方通过彼此的外交机关的洽谈、会晤、协商,传递彼此合作的条件和观点意愿。囿于各国法律制度上的差异,以及有的当事国规定依据条约才能开展刑事执法合作的局限性,在国际警务合作的实践之中,需要通过外交合作途径来处理国际性犯罪问题。加之有时即使两国存在双边条约,合作也会受到一定的局限,在具体的执法活动中,针对其产生的分歧和争议,外交途径是一种很有效的处理方式。

4.1.3 协作系统

国际警务执法合作运行机制中的协作系统是世界各国的移民事务管理部门,各个国家的移民事务管理机构共同构成了准刑事协作系统和控制系统,这个系统不仅为国际警务执法协助搭建了一条便捷的渠道,而且它又是一种具有新颖特色的合作途径。

当今,移民事务管理机构在移民管理程序中采取的是具有准刑事司法性质的手段和措施,移民事务的管理属于一种行政管理手段,运用各种强制手段以及各种控制措施来达到移民事务的有效管理。大多数国家开始广泛地运用这一途径彼此之间有效地开展国际警务执法合作活动,比较常见的是在移民管理体制运用到国家在逃人员的追捕和移交方面,创新地引入了非正式引渡方式,以驱逐出境的模式来代替正式的引渡,如上文所述,即为引渡的替代手段。它不仅实现了跨国的国际警务合作的目的,而且规避了引渡的正式程序且采取了补救措施,且达到了有效地跨国追缉在逃犯罪嫌疑人的法律效果。一般来说,一个主权国家可以完全不受到国际法律制度的束缚,按照本国法律程序,将进入本国境内的外国犯罪嫌疑人驱逐出境,这正是适用驱逐出境的法理依据所在,国际法不会强制任何一个国家履行国际法义务而禁止该国家行使驱逐出境的权利。所以说一个国家完全可以配合国际警务执法合作的工作要求,通过正当行使驱逐出境的手段将一个犯罪嫌疑人移交给当事国。此外,更方便的是,移民管理在法律程序和执行程序的适用方面,移民管理的官员享有较为广泛的执法权限,且方式灵活,如采取讯问、不准入境、驱逐出境、拘留等等,这些程序比较方便易行。

实践证明,我国已经成功地通过移民管理的途径,在无条约适用的背景之下,顺利高效地缉捕了一批重大刑事案件的跨国犯罪分子。具体来说,在国际警务执法合作的这一个大的合作机制下,移民事务管理机构的作用是将外国犯罪嫌疑人以非法移民理由驱逐出境。这里有两种途径:一种是由移民当局直接作出决定的行政程序,一种是由法院进行宣判的司法程序,比如重大刑事案件犯罪嫌疑人张振忠伪造护照,1989年逃往菲律宾的马尼拉市被我国公安机关通缉并将案情通报给菲律宾当局,菲律宾当局即对其身份进行核实审查,之后在菲律宾境内以非法移民罪起诉了张振忠,当地法院判决72小时内限期离境,我国公安机关即前往菲律宾将张振忠押解回国,成功地完成了这次国际警务合作。

4.1.4　辅助系统

在国际警务执法合作的系统中,一些国际组织也是开展国际警务执法合作的重要支柱。比较常见的有联合国教科文组织、世界知识产权组织、国际民用航空组织以及海关合作理事会等。

以上的四个系统,构成了追逃追赃国际警务执法合作的完整的不可或缺的网状系统,对于预防打击和惩治跨国犯罪和国际犯罪,有着十分重要的意义。

4.2　境外追逃追赃国际警务合作的途径

从目前来看,境外追逃追赃国际警务合作主要通过两种途径展开。一种方式是通过国际刑警组织平台来开展的多边警务合作,还包括区域性警务合作和亚区域性警务合作。另一种方式是根据同犯罪嫌疑人或赃款所在国家事先签订的双边协议开展双边合作。

4.2.1　在国际刑警组织框架内开展多边合作

国际刑警组织是国际警务合作的重要平台之一,在《联合国打击跨国有组织犯罪国际公约》、《联合国反腐败公约》,以及各缔约国签署的引渡条约和司法协助条约的规定下,搜集情报、汇集各国信息、协调各成员国打击跨国犯罪活动。国际刑警组织各成员国在合作过程中应遵守以下三点原则:第一,尊重国家主权原则,是各国开展国际警务执法合作的最基本的原则,也是国际交往中处理各种事务的准则,该原则要求在国际刑警执法合作中,尊重各成员国的司法主权。任何国家不得提出超越其他国家的法律以外的要求,否则必然会遭到拒绝;同样,各国警察机关也不可以派员强行去别的国家以执行警务为借口侵犯别国主权。第二,国际刑警组织的各个成员国之间的合作要建立在平等自愿的基础之上,以本国利益和平等互惠原则为参考,提供协助,开展合作。互惠互利是双方共同配合才能得以实现的,该原则一般是依据双方或多方条约来得以实现的,在无条约的情况下依据承诺行动,如果拒绝或者怠慢另一方当事国,会遭到对方同样的对待。第三,国际刑警组织成员国间的合作是以控制和打击刑事犯罪为主要原则的,非惩治刑事犯罪方面的合作是要予以禁止的。由于各个国家的民族习惯和社会制度的不同,各成员国在惩治刑事犯罪方面的认定标准也不统一,所以各个成员国之间的警务合作应该在同一犯罪认定标准下展开,即依照国际公约中规定的刑事犯罪的种类和范围。只有各成员国都认定为犯罪的行为,才能纳入到国际警务合作的范畴。大体来说,各成员国在刑事犯罪的惩治的层面标准还较为统一。国际刑警组织可以存在的基础也就是各个成员国求同存异,共同打击危害国际社会的共同性犯罪活动,对于涉及种族、宗教、政治及军事的事务则不包含在内。①

但是,各国仅存在这种需求是不能很快将该观念转变为现实的,这个过程需要各方的努力协调。传统的国际警务模式以维护国家主权为首要条件,不会轻易地容许他国力量干涉、介入,而且国家间缺乏信任也是各国警察机关不能相互交流合作的一个重要原因。②国际警务合作的方式有很多种,以国际刑警组织为依托,在国际刑警组织的框架下开展多边合作是当前国际警务合作的重要途径。国际刑警组织的活动范围非常广泛,其主要的工作就是在国际条约的指导下有效地打击跨国犯罪,消除跨国犯罪对各成员国造成的威胁和损失。国际刑警组织以尊重各成员国的国家主权为基础,由各成员国的警察机关自愿开展活动,每个国家都在自己的管辖区域内开展合作项目,然后由国际刑警组织统一协调,共同打击跨国犯罪。国际刑警组织所打击的跨国犯罪都是各国的刑法所认可的普通刑事犯罪,各国的警察机关合作也不应受到地理、语言等障碍的阻碍。国际刑警组织为了更好地提升各成员国打击跨国犯罪的能力,积极开展成员国之间的多边合作。在国际刑警组织的框架下,各成员国的警察机关与国际刑警组织广泛交流、接触,增强彼此的

---

① 高智华.国际刑警组织的发展脉络与运作机制.中国人民公安大学学报,2008(3):11-16.
② 王铮.国际警务合作中刑事诉讼移转管辖.中国人民公安大学学报,1997(4):21.

信任,达成各项证据信息共享。

自我国 1984 年加入国际刑警组织以来,我国的警察机关就开展了与世界各国警察机关的多边警务合作,共同打击跨国犯罪。在我国加入到国际刑警组织的三十年来,我国同其他国家在国际刑警组织的框架下开展联合侦查行动。国际刑警组织设立在中国的国家中心局处理各种案件数万件,处理各类刑事案件也接近万件,而且我国还有效地利用国际刑警组织所搜集的各国情报及国际刑警组织成员国提供的各种案件线索开展侦查活动,并将我国所取得的各种情报及对案件的分析等迅速传回国际刑警组织,为其他成员国提供信息等各项帮助。这种相互协作交流的模式也被更多的国家所认可,各国纷纷积极地加入到国际刑警组织中来,不仅扩大了各成员国打击跨国犯罪的活动范围,也促进了打击国际性犯罪的力度,国际警务合作已日益成为世界范围内各国打击跨国犯罪的重要手段。

我国可以向国际刑警组织的各成员国发布国际刑警组织的红色通缉令,各国警察机关通过红色通缉令得到请求国的授权,在各成员国的管辖范围内逮捕偷逃出境的逃犯、追缴赃款。各成员国将红色通缉令作为其行动的法律依据,相互请求协助,在管辖范围内形成一张对国际犯罪抓捕的巨大网络,引渡犯罪分子,有效打击跨国犯罪。国际刑警组织的框架下这种引渡程序简单,可以有效地节省时间和各成员国人力、物力上的消耗。各成员国有义务在国际刑警组织的规定范围内对其他成员国的引渡提供配合。[1] 此外,国际刑警组织各成员国还在在抓捕逃犯、他国警察机关入境、押解犯罪分子回国等方面进行合作,协调各方利益,实现跨国打击犯罪的目的。2015 年 4 月 22 日,国际刑警组织中国国家中心局集中公布了针对 100 名涉嫌犯罪的外逃国家工作人员、重要腐败案件涉案人等人员的红色通缉令。全球通缉涉嫌犯罪的外逃国家工作人员和重要腐败案件涉案人是我国公安部 2015"天网"行动的重要措施,这一措施有利于加强国际合作,提高追逃追赃效率。

多边警务合作还包括区域性警务合作和亚区域性警务合作。区域警务合作是指在一个地理区域内的大多数国家,以共同签订的国际条约为依据,相互配合帮助的警务活动。而亚区域警务合作是指在这一地理区域内的部分国家签订合作条约进行警务合作的机制。在同一地区域内的国家,由于彼此相邻或相距不远,人民的生活方式、风俗文化也具有相似性,国家之间的相互交流也会比跟其他国家更加频

---

[1] 赵永琛. 论区域警务合作. 政法学刊,1999(2):49.

繁,所以在同一地理区域内,各国所面临的犯罪环境也会十分相似,而各国外逃的犯罪分子及非法转移的赃款赃物也更可能流入周边国家。所以,为了维护本国及本地区域内的和平稳定,在同一区域内的各国更应该相互配合,共同打击区域内犯罪。一些社会制度相同或相近的国家也可以通过区域性合作机制加深对彼此的了解,增加相互间的友谊,以开展多种形式的合作。但多边警务合作应本着相互尊重的理念进行合作,各国应享有平等的权利和地位,一国不得为了本国的国家利益而肆意损害他国的国家利益,对于一国的国家主权,任何其他国家都不得干涉。各国之间不得打着合作的旗号肆意践踏他国的刑事司法管辖权。各国在开展多边警务合作的同时也应本着求同存异的精神,在相互合作的基础上彼此学习,借鉴他国的先进经验及技术。各个国家的政治制度、文化传统都各有特色,人民的生活习俗、交流方式也有区别,这就需要各国在进行警务合作时,尊重他国的处理方式,尊重相互的差异,在警务合作的过程中取长补短,相互学习,促进警务合作顺利进行,有效地打击跨国犯罪,使犯罪分子得到公正的审判。各个国家在本国发展及打击犯罪的过程中都会积累很多经验,这些经验在打击跨国犯罪的过程中也是珍贵的,是人类共同的财富。在各国参加多边警务合作打击跨国犯罪的同时,各国警察机关相互交流经验教训,互相学习也可以有效地提高各国打击犯罪的能力。在境外追逃追赃的过程中,不论是境外抓捕逃犯还是境外追回赃款赃物,都需要占用各国大量的人力、物力,从经济效率的角度讲,多数国家是无法承担这笔开支的。而且在警务合作的过程中,一些法律上、实践上的障碍也会阻碍合作的正常进行,这就使得有些国家不得不放弃对某些犯罪分子的追诉。但是如果在此过程中能得到犯罪分子及其非法所得流入国的支持,既可以节约成本又可以减小阻碍,更有利于境外追逃追赃任务的完成。多边警务合作的成员国通过将境外追逃追赃的任务委托给其流入国处理,在各成员国互利互惠的基础上,成本有所降低甚至免除,可以更有利于对跨国犯罪的打击,多边警务合作的根本目标就是预防和打击跨国犯罪。在相邻或社会形态相近的国家之间,国民的相互流通相对而言比较方便,这就使得犯罪分子可以更轻松地逃往周边国家,逃避本国法律的制裁。[①] 这就需要犯罪分子及犯罪所得的流出国能够同周边国家进行合作,共同采取行动,确保各个成员国能

---

① 陈雷.论国际腐败犯罪的预防措施及我国预防腐败犯罪的对策——兼论《联合国反腐败公约》对健全和完善我国预防法律机制的影响.犯罪研究,2005(3):9-35.

够在打击跨国犯罪中享有主动权,从而在最大限度内打击跨境犯罪。多边警务合作的建立直接增加各成员国警察机关联系和交流的平台,各国警察机关在业务上相互学习,在观念和方法上进行沟通,达成合作并开展工作,这都将促进该区域的警察机关乃至各个国家之间的良好关系。在国际刑警组织的框架下开展的境外追逃追赃国际警务多边合作,是将各个成员国的优势资源得到更好运用的同时,本着互利互惠的原则进行的相互协作、相互配合的警务活动,为区域内打击跨国犯罪、维护各国司法主权,增加各国的交流合作作出了积极的贡献,是需要各国积极努力完成的共同使命。

区域性执法合作机制,这里主要指的是上海合作组织和东盟合作模式。上合组织前文已论述过,其涉及的领土较为广阔,从波罗的海到太平洋,面积超过 3 000 万平方米,其面积占亚欧大陆的五分之三。上海合作组织的机构包括国家元首会议、外交部长会议、政府首脑会议、国家协调员理事会、各部门领导人会议、地区反恐怖机构和秘书处。在上海合组织中,秘书处负责在上合组织框架内进行组织服务,是其常设机构,负责开展主要的组织技术保障工作,一旦成员国之间出现矛盾和纠纷,它可以动用政策方式进行协调和调节。对外开放是上海合组织奉行的工作原则之一,根据《上海合作组织宪章》的规定,在经济和安全领域内和世界各国及相关的国际组织开展对话交流与合作。愿意加入上海合作组织的国家必须履行宪章规定的义务,当然各个成员国可以自愿退出,但应对其退出行为进行解释和说明。此外,协商一致也是上海合工作的原则之一,该原则主要是体现在政策协调上,需要由专门的机构来协调和实施。决定的作出不是依据简单多数决定的原则,而是依据全体一致原则。而平等合作原则是上海合组织合作的灵魂和根基,上海合组织行使维护地区安全的职能,这里的平等指的是,各成员国之间无论国家体制、国家规模,承担的权利和义务都是一致的,没有差别。在成员国中,我国经济发展速度最快,人口最多,俄罗斯的领土面积最大,军事力量最强大;而中亚地区中,哈萨克斯坦面积较大,吉尔吉斯斯坦面积较小,乌兹别克斯坦人口最多,塔吉克斯坦人口最少,但是,它们在上合组织中的地位是平等的,平等地承担成员国各方的相应责任。该原则是实现上海合组织维护地区间安全秩序的基础,在此原则基础上开展各种地区间的经济方面的合作。这就要求各个成员国互相尊重彼此的领土和主权的独立和完整,平等合作,平等对话,禁止危害另一方的领土和主权的安全。

东盟合作模式,是东亚地区的安全合作模式的代表,我国与东盟实施的打击国际犯罪的区域合作,开启了不同发展水平的国家全面合作的新趋势,不同的社会形态合作的新模式,东亚地区合作发展的主流已经是互惠共赢、共同发展和加强合作。东盟合作模式的主要的领域范围有:国际经济犯罪、贩毒、网络犯罪、海盗、恐怖主义、武器走私、非法移民、洗钱这八种跨国犯罪活动。我国积极地建立与越南、老挝、泰国、缅甸等国家的禁毒情报交流合作机制,形成了中、泰、缅、老、印禁毒部长会议机制,目的在于打击"金三角"地区的贩毒活动对我国的侵袭。与此同时,我国还积极地开展与荷兰、日本、韩国、菲律宾等国家的关于控制毒品犯罪方面的合作,联手打击了走私易制毒化学品犯罪活动。我国与泰国、老挝、缅甸、印度联合进行"五国肃毒行动",派驻警务联络官。东盟与日、韩、中联合召开部长级会议是我国最先提出的建议,目的在于讨论形成符合本地区特点的跨国犯罪预防机制,制定相关的合作政策并且完善落实,结合本地区的实际需要,遵循灵活务实、循序渐进、相互尊重、平等协商的各项原则,推动国际警务联络官制度,有效地打击跨国犯罪。

4.2.2 同周边国家积极开展双边合作

国际警务合作是国家之间针对刑事犯罪方面进行的互助活动,是各国联合打击惩治跨国犯罪的重要手段之一,是一国刑事管辖权域外延伸的一种形式。两个国家之间缔结国际条约是实现国际警务合作的有效途径之一。到目前为止,我国已同世界范围内数十个国家签订了警务合作条约,这些条约的签订,能够更好地明确双方在合作中应遵守的原则,确定双方的权利义务关系,划定合作的范围、程序、方式等相关问题。这些问题的解决可以有效地避免在合作之中可能出现的一些障碍,在双方之间形成紧密的合作关系。

国际警务双边合作在本质上是一国委托另一国行使执法权,以合作双方的国内法为依据进行的一种警务活动。我国应完善建立国际警务合作的相关立法,明确国际警务合作的原则、主体、程序等内容,促进国内法与国际条约相协调。国际条约是一国与其他国家签订的协议,相较国内立法而言,其强制性较小,不能有效实施。只有将国际条约中的相关规定转化为国内立法严格约束,才能在最大程度上保证国际条约得到遵守并运用到各国司法实践中。在处理国际条约与国内法之间的关系时,我们应认识到,国内法可以在一定程度上对国际条约进行一定的补充,但该补充不能违背国际条约规定的原则和成立的基本目标。国际条约在不违背一国国内法的基础上,应被看作是国内法的一部分而被优先适用,以保证国际条约的效力。再者,国内法也应对国际条约的一些原则性规定进行具体化、规范化实施,使国际条约得到更好的贯彻执行。所以各国应完善国内立法,深化与周边国家的警务合作空间,为打击跨国犯罪提供法律依据。

近年来,我国已同周边数十个国家签订了警务合作协议,建立了双边合作机制。同周边国家签订双边协议,可以更好地开展警务合作、相互协助办理案件等活动,增加各国警察机关的工作效率。[①] 境外追逃追赃双边国际警务活动可以有效地制止并打击跨国犯罪,双方警察机关可以依托双边协议,在各自的职权范围内组织侦查和捉捕犯罪分子、缴获犯罪所得等。两国的警察机关还可以相互合作开展联合侦查活动,也就是说针对某一个案件,两国警察机关可以在各自的管辖范围内开展侦查,相互传递侦查活动信息和案件的进展情况,双方统一采取行动,分工负责。双边警务合作还可以规定双方互派工作人员进入对方的境内,与对方的警察机关相互配合开展对犯罪分子的抓捕及赃款赃物的追缴。两国在进行警务合作的同时,还可以相互交流经验,提升各自的侦查能力。基于两国之间签署的双边警务合作协议,各国的警察机关还可以在协议规定或对方同意的情况下,互派工作人员到对方境内侦查取证、搜集犯罪分子线索等。双边国际警务合作还可以在双方警察机关的协作配合下,对犯罪分子非法转移到境外的财物进行追查、扣押、冻结、没收等,对两国之间偷运藏匿的赃物进行严格的监控追踪,查明犯罪事实。这种跨越国境的侦查活动,使犯罪的侦查形成一个连贯的过程,更加有助于警察机关高效、优质地完成工作。追缴犯罪所得不仅可以帮助警察机关顺藤摸瓜找到犯罪分子的藏匿之处,还可以作为审理犯罪分子所犯案件的重要证据,更可以使犯罪分子丧失继续犯罪的资本,切断其经济来源。两国之间相互协调合作共同打击跨国犯罪,相较于多个国家共同开展警务合作而言难度较小,所以双边警务合作在国际警务合作中占有重要的地位。在对境外追逃犯罪分子的引渡与移交管理的问题上,双方也可以在国家主权的范围内进行协商,规定哪类犯罪的犯罪分子可以被引渡,哪些犯罪分子可以被庇护。由于一主权国家没有义务应另一国家的要求引渡犯罪分子,所以关于境外逃犯只能通过双边协议进行解决。周边国家进行双边警务合作可以有效地维护两国边境地区的社会安定,严厉打击跨国犯罪,挽救国家利益与被

---

① 成良文.刑事司法协助研究.重庆:西南政法大学,2002 年博士学位论文:163.

害人利益的损失,消除社会的不安定因素。近年来,许多国家采取向本国驻外使领馆派遣警务合作联络官,以外交人员的身份代表本国警察组织同所驻在国沟通、联系,建立有效的情报信息交流,开展双边警务合作,便于双方开展跨国案件的侦查,加强两国间的合作。双边警务合作方式灵活多样、可操作性强,是全球范围内被广泛采用的合作方式。在当前跨国犯罪不断发展,境外追逃追赃日益重要的情势下,各国之间开展双边警务合作意义重大。

4.3 境外追逃追赃国际警务合作的模式

境外追逃追赃一直是困扰着我国刑事司法协作和执法合作的重大难题,尤其是近些年来,我国的一些贪污贿赂案件在侦查的过程中,犯罪嫌疑人卷款潜逃国外的案件频繁的发生,有的犯罪嫌疑人还有跨国受贿的情形。面对以上情形,如何有效地展开境外追逃追赃,这涉及很多外国刑法和国际刑法的问题,因此,境外追逃追赃是公安机关捍卫法律尊严,维护司法正义,控制和预防腐败犯罪的艰巨任务和使命。对于追逃和追赃工作的加强,需要不断地完善国际警务合作的各个方面。当前国际警务合作的重要途径是通过我国公安机关联合域外执法机关开展案件的侦查协作,我国公安机关应该秉持一种创新和开放的理念,采取积极有效的措施克服和解决各国间合作过程中存在的种种困难。

传统的刑事侦查通常是通过他国的代为行使来实现跨境侦查活动的,"代为行使"可以称为一种"委托"履行关系,即只是由被委托国家代替委托国家实施相关的刑事诉讼行为。而"国际侦查协作"这种新的侦查合作方式是通过有关国家警察机关的帮助和配合,请求国直接进入被请求国境内而进行侦查的一种国际警务合作模式。这种模式日渐成熟,实现了警察机关从先前的间接协助侦查到直接协助的方式,打破了先前的委托办案的局限性,在合作的内容和合作的方式上突破了以往的模式,采用共同办案的形式以便于案件的侦破,大大地提高了办案效率,优化了办案的资源配置。在目前,境外追逃追赃的国际警务合作的手段和方式逐渐健全。近些年来,世界各国的警察机构之间的合作,除了依靠外交渠道和国际刑警组织的配合,已经在开展直接的、常规化的合作与交流,此种合作方式意味着国际侦查活动从域内管辖到域外管辖的扩展,境外追逃追赃的国际警务合作的侦查协助措施在国际犯罪和跨国犯罪的追踪、监视、打击中发挥着极为重要的作用。根据我国《公安机关办理刑事案件程序规定》第十三章关于"刑事司法协助和警务合作"的规定,国际警务合作的模式主要包括联合侦查、跨境追缉、域外调查取证、跨境追捕和遣返和采取引渡的替代措施。① 国际侦查协作的各种措施是国际警务合作的最直接及最典型的方式。

4.3.1 联合侦查

4.3.1.1 联合侦查的概念

联合侦查(Joint Investigation)是指对于特定的跨国犯罪案件,两个或者两个以上的国家的警察机关联合展开调查取证,共同缉捕犯罪嫌疑人或者罪犯的一种国际侦查协作措施。2000年《欧盟成员国间刑事司法协助公约》第13条第1款确立了联合调查组(JIT)这一新的合作形式,《欧洲刑事司法协助公约第二附加议定书》对此作了较为详细的规定。2000年《联合国打击跨国有组织犯罪公约》和2003年《联合国反腐败公约》均以专门的条款对此作了规定。联合侦查在针对联合查缴文物、联合解救人质、联合查获毒品、联合扣押赃款赃物、联合通缉在逃犯、联合搜集犯罪情报等,有各自不同的方案。② 开展联合侦查的各方既可以针对某一特定的侦查事务直接协作,还可借助于第三方国家进行间接协作。间接合作的方式往往是处理棘手的跨国和国际犯罪案件的首选方法,因其可以规避敏感的政治和外交问题。③

联合侦查之所以会被各国警察机关所重视,主要是因为面对日益猖獗的跨国犯罪和国际性犯罪,单单凭借一国警察机关的力量孤军作战,是很难对抗这些涉及多国的刑事犯罪活动的。跨国犯罪和国际犯罪的频繁多发是联合侦查开展的客观前提条件。国与国之间通过开展联合侦查,共同采取有效的手段来惩治跨国犯罪和国际犯罪,突破了传统司法的障碍。其主要优势有三点:首先,联合侦查协作有利于合作国联合采取行动,统筹安排合理布局,使犯罪嫌疑人无法逃脱法律的制裁;其次,侦查协作可以使各个合作的当事国对于犯罪的证据和犯罪嫌疑人的相关情报互通有无,有助于随时掌握案件的进展情况,控制犯罪活动;最后,联合侦查活动中,各国警察机关可以互相交流经验,沟通协调相互的关系,促进各方当事国的

---

① 黄风.国际刑事司法合作的规则与实践.北京:北京大学出版社,2008:113.
② 赵永琛.国际刑法与司法协助.北京:法律出版社,1994:59.
③ 蒋秀兰,吴瑞.刑事诉讼法视野下的联合侦查.云南警官学院学报,2011(6):68.

睦邻友好关系。

从打击跨国犯罪和国际性犯罪方面来说,联合侦查是最有效的国际侦查协作方式之一。联合侦查不仅可以直接面对犯罪嫌疑人、受害人、知情人,还可以保证一国的国内侦查机关在对方境内直接开展侦查活动,侦查机关可以直接勘验检查犯罪现场以获取证据,侦查机关还可以随时调整侦查措施和侦查方向,缩短侦破案件的时间,提高侦破案件的效率,快速捕获犯罪嫌疑人。

在我国和有关国家缔结的关于国际警务合作的相关协议,很大一部分涉及联合侦查等相关合作事宜。例如:1993年我国与俄罗斯签署的《中华人民共和国黑龙江省公安厅和俄罗斯联邦海边疆区内务局合作协议》,是我国与俄罗斯远东联邦区内务机关签署的第一份合作协议,为双方开展联合打击境外犯罪统一行动奠定了基础。协议依据刑事犯罪案件的特点,规定了中俄双方对偷渡、贩毒、走私等跨国犯罪行为,可以委托一方省级的刑事警察到另一方境内协助对方开展联合侦查,打击犯罪嫌疑人;《中华人民共和国公安部与吉尔吉斯斯坦共和国内务部合作协议》中也有明确规定,两方当事国在侦查跨国犯罪案件时可以进行侦查业务合作,其中包括侦查技术手段的合作。

4.3.1.2 联合侦查的形式

根据近几年的各个国家在开展打击跨国犯罪案件的实践情况,参考中国与其他国家签署的联合侦查方面的协议,目前就联合侦查案件方面来说,我国和外国开展联合侦查协助的形式主要有以下两种:一是"专项行动",即就某一类特定案件,在一定的时期内,主动请求派遣行动小分队进入双方当事国内开展联合侦查行动。① 专项行动是立足于国家层面的战略侦查措施,由我国公安部组织实施,各地公安机关执行的联合行动。如我国公安部2014年7月组织开展的"猎狐2014"专项行动,打击携款潜逃海外的经济犯罪、职务犯罪嫌疑人。相继而来的"猎狐2015"专项行动也2015年4月拉开大幕,坚持打击腐败犯罪,让犯罪分子难逃法网。第二种联合侦查协助方式是打"合成战",是指包括刑侦、技侦、网监等各警种协力配合的一种侦查行动。公安部与2010年提出全国公安机关要打好"合成战、科技战、信息战、证据战"四战。打好"合成战"是一种新型侦查协助方式,要求凡是发生的有广泛社会影响的案件,刑侦、刑事技术、技侦和网侦要"四位一体",快速反

---

① 赵永琛.论跨国犯罪的联合侦查.中国人民公安大学学报,1997(1):28.

应、同步上案,合力攻坚,上级公安机关要在第一时间组织有关专家增援,形成多警联动、合成作战的格局。①

从开展的地域来说联合侦查可分为两种:一种是针对某一案件,双方在各自国家里同时开展行动,分头进行侦查。另一种是围绕某一案件在犯罪地国家境内开展联合侦查协助行为,比如,中俄双方联合侦破中国公民在俄境内杀人的案件。双方利用现代高速发展的高科技突破时间和空间的束缚,随时随地将案件的进展情况传达到协助侦查的双方。再如,福建省公安厅曾经与英美两国警察机关合作,破获了数起跨国犯罪案件,在绑架勒索案件的侦破中,通过彼此的配合协助,成功地解救出了人质,在中英美三国抓获了犯罪嫌疑人数名。又如,2011年在湄公河发生的湄公河案就是我国与其他国家进行联合侦查,共同打击跨国毒品犯罪的鲜活事例。2011年10月5日上午9点左右,中国籍船舶"华平号"和缅甸籍船舶"玉兴8号"在湄公河金三角水域,遭到两艘不明身份的武装快艇的劫持,两艘船上共13名中国船员惨遭武装分子杀害,并抛尸湄公河。10月15日,中国政府赴泰工作组抵达清莱府开展调查工作,与泰方配合对死者遗体进行尸检,并对案发时的船只与水域进行实地勘察。10月31日,为了尽快彻查湄公河惨案,有效地维护湄公河流域的航运安全与秩序,中老缅泰湄公河流域执法安全合作会议在北京召开,会议通过了四国关于湄公河流域执法安全合作的联合声明,并建立了中老缅泰湄公河流域执法安全合作机制。2012年4月25日,湄公河惨案主犯糯康在老挝被捕。2012年5月10日,老挝将其移交中国受审。湄公河案的成功告破主要基于"金三角"地区各个国家开展的联合侦查活动。在湄公河案中,中国警方在其他三国警方的配合之下,在湄公河流域对遇难者遗体、遇袭船只及事发水域进行了现场勘查,更有利于案件的侦破。中、泰、老、缅四国对湄公河案展开联合侦查,通力合作捉拿犯罪嫌疑人,使主犯糯康等人落入法网,更体现了联合侦查的有效性。湄公河案是我国同周边国家进行联合侦查共同打击跨国犯罪的成功案例。

根据中方和其他国家签署的执法合作的相关协议以及近十几年的联合侦查的执法实践,在开展联合侦查的过程中需要注意以下几点:(1)需建立稳固的沟通联络渠道,以保证信息及时地互通有无,配合联合侦查的有效开展;(2)需签订具体的协议,以明确规定侦查协助的范围,制定协助的准则以及联合侦查的具体步骤;

---

① 刘黎明.刑侦工作"合成战"理念浅议.公安研究,2013(3):30.

(3)中方需在境内成立联合侦查专门指挥部,在国内进行统筹指挥;(4)对于派遣的侦查人员,中方应精心挑选,不仅要求业务能力和技术能力优秀,还需要配备外语能力精良的侦查人员,便于展开外事警务工作;(5)中外各方因为风土习俗不同,思想方法各异,语言沟通不协调,对于在侦查合作产生的分歧应正确对待,及时沟通、互相协调以保证案件侦查工作的顺利进行。

4.3.2 域外调查取证

域外调查取证是也是重要的国际侦查协作措施之一,是基于我国和对方国家的双边合作协议以及具体案件的临时安排,我国公安机关在对方警察机关的协助下查证核实,在此过程中查找犯罪嫌疑人的一种国际侦查措施。域外调查取证是近些年来我国同其他国家和地区开展国际警务合作的一种突破性措施。但是它不同于刑事司法协助中的调查取证,二者涉及的范围和内容都有所不同,最显著的不同在于后者属于一种委托行为,是依据对方请求,双方互相询问证人,讯问犯罪嫌疑人,进行搜查、鉴定、勘验等其他的委托调查取证的诉讼活动。这只是由中国公安机关或者司法机关在我国境内受对方当事国委托,代替其开展相关侦查的行为。相比之下,域外调查取证是中国的公安机关直接派遣本国侦查人员进入对方当事国国内,在对方的相应机关协助下,径直展开询问证人或者讯问犯罪嫌疑人及勘验和搜查等行动。域外调查取证的具体内容有讯问犯罪嫌疑人,讯问刑事被告人,询问被害人,询问证人,进行勘验、鉴定、检查、搜查并扣押书证、物证和赃款赃物,以及包括进行其他与调查取证相关的诉讼行为。[①] 可以看出二者的性质有所不同,对于侦破跨国案件的效果也是不一样的。跨国犯罪和国际犯罪的特点就是跨境逃窜快、犯罪突发性大、取证难度大,所以一国仅仅依据其主权在本国境内的范围是不能完成所有的取证活动的。所以,大部分国家通过签署双方或者多方的条约或者协议,依靠于缔约对方国家的帮忙和协助,有效地开展域外调查取证的侦查协作活动。

近些年来的实践经验表明,域外调查取证主要应用于以下三类案件:一种是我国公民潜逃到其他国家境内犯罪的案件;二是我国公民在我国领域外的犯罪案件,特别是我国公民伤害本国公民的案件;三是其他国家公民在我国领域内犯罪影响

---

① 向党.论域外调查取证的现状.中国人民公安大学学报,2003(03):37.

重大的,并且犯罪后潜逃回他国境内的案件①。例如,2014 年发生在我国境内的内蒙古自治区二连浩特市的恶性杀人事件,3 名蒙古国犯罪分子进入我国境内杀害 4 名蒙古国本国公民的抢劫杀人案,致 4 名被害人死亡,3 名犯罪分子案发后逃回蒙古国境内。案发后,我国的内蒙古自治区公安厅迅速调集当地的各级公安机关的数十名侦查人员积极展开侦查案件的活动,侦查人员将在国内的犯罪嫌疑人逐一排除之后,面临着调查取证比较艰难的情况,于是侦查人员再次勘验现场足迹,发现最后一个与被害人接触的是蒙古国人,于是内蒙古公安厅又再次组成了域外调查取证组,赶赴蒙古国境内调查取证,终于在蒙古国警察机关的配合下,将 3 名犯罪嫌疑人全部缉拿归案。

特别在相邻的国家间,双方当事国出于对两国共同利益的考虑,采取域外调查取证这种侦查协助措施。为满足打击和惩治国际性犯罪的需要,许多国家之间会签署特定的条约或协定,规定允许缔结条约的成员国的警察机关到本国境内开展调查取证相关活动。例如,我国与加拿大缔结的刑事司法协助协议中,首次扩大了中加双方刑事司法协助的范围,打破了传统的委托调查取证形式,设定了委派侦查人员直接到境内调查取证的形式。②《中华人民共和国和加拿大关于刑事司法协助的条约》中的第十二条第二款规定,"在被请求方法律不予禁止的范围内,被请求方应准许请求方与调查取证或诉讼有关的司法人员或者其他人员在被请求方的主管机关根据一项请求方同意的方式提问和进行其他协助时到场,并按照被请求方同意的方式提问和进行逐字记录。"

4.3.3 跨境追缉

跨境追缉是指对于潜逃到外国的犯罪分子,在相关国家的公安机关的帮助和配合下,实行跨境追捕的一种侦查协助措施。跨境追缉措施的特点在于打击在本国领域内实施犯罪行为而逃往国外的犯罪分子,这种国际侦查协助措施突破了国境的束缚,打消了犯罪分子通过国界来阻却本国侦查人员追捕的心理,可以达到预防、遏制以及惩治犯罪的目的。《中华人民共和国公安部和越南社会主义共和国内务部合作协定》规定,共同制定并实施制止和打击有组织犯罪、非法贩运麻醉药品

---

① 向党. 论涉外案件处置的特殊程序. 中国人民公安大学学报,1999(2):69.
② 向党. 论涉外刑事案件管辖. 中国人民公安大学学报,2000(2):97.

和精神镇定药品、国际经济犯罪、恐怖活动等各种违法和犯罪活动的措施,根据双方职权范围,组织侦察和搜捕犯罪嫌疑分子。当前,越境追捕和国际通缉是世界各国开展跨境追缉的行动中经常采用的两种手段。

跨境追缉是根据双方当事国签署的双边协议,一国的侦查机关对于逃往对方当事国境内的本国的犯罪分子,在对方当事国的警察机关的帮助和配合下,到对方当事国境内对本国的犯罪分子缉拿归案的一种国际侦查措施。跨境追缉的这种国际侦查措施的优点显著,一方面可以提高跨国案件的侦破效率,另一方面可以避免犯罪嫌疑人在境外实施新的犯罪行为,防止危害的发生。然而,目前诸多国家之间开展的跨境追缉的协作措施还不够完善,具有一定的限制性。一是纵观各国关于跨境追缉的协作措施的规定,均是要求协定在先原则,即无约定,无追捕。只有两国之间有相关的协定在先,或者事先虽无协定,但是一方被获准允许才可以进入对方境内实行跨境追缉,否则另一方是不能单独采取跨境追缉行动的。二是实施跨境追缉的侦查措施需要事先通报给对方当事国,通过边防会晤制度通报给对方并征询对方的同意后,一方当事国的侦查机关才可以进入对方当事国国内追捕,并且在跨境追缉的行动中积极配合、协同对方当事国警方。

正是鉴于跨境追缉的局限性,北美和南美国家之间、欧盟国家之间实行了一项紧急追捕措施,即各国通过缔结双边或者多边协定的方式,缔约当事国之间互相赋予对方当事国侦查机关人员在紧急情况下,不需要"事先通报制度",直接进入对方当事国境内实行对犯罪嫌疑人的追捕的权利,这一项侦查措施不仅密切了各当事国之间的合作关系,还大大地提高了跨境追缉的时效性,可以更好地缉拿犯罪分子。例如,美国在 1997 年 6 月,为了惩治加勒比海区的猖獗的走私毒品的犯罪行为,先后同南美洲的 10 个国家签署了"紧急追捕"协定,依据协议的规定。加勒比海岸的美国一方,如果发现有可疑船只和人员涉嫌侵犯本国利益或构成威胁的时候,美国有关警察机关和侦查机关可以直接进入缔约当事国的领海,无需事先通知,并且可以在缔约当事国的领海登船对可疑船只和人员进行扣留。除此之外,美国还与其他 6 国缔结了关于允许美国进入这些缔约国的领海追缴向美国国内运送毒品的协议。

随着国际刑警组织的发展壮大,国际通缉这一侦查措施也应运而生,作为一种新的侦查缉捕合作手段,在追逃追赃的国际警务合作过程中,发挥着重要的作用。它主要借助国际刑警组织的核心力量,依靠各成员国发布红色通缉令(国际通缉令)的手段来实现跨境追缉。与越境追捕对比,由于此种侦查措施没有规定外国警察机关入境执法事宜,所以被委托国家的权利让渡不多。与此同时,各国警察机关对于地方的犯罪组织特色和地方的风俗习惯比较熟知,可以有效提高破案率,因而得到了广泛的认可。这种国际通缉令的发出对于发布国家来说,意味着发布当事国家将国内的逮捕犯罪嫌疑人的特权临时让渡给有关的国家或者国际刑警组织;对于接到国际通缉令的国家来说,这些国家获得了对被通缉犯罪嫌疑人的拘捕特权,即法律依据。国际刑警组织成员国的警察机关一经接到此国际通缉令,就应该不遗余力加大部署力量,在发现被通缉的犯罪嫌疑人时应该实施拘捕措施,迅速将犯罪嫌疑人引渡回其本国。

4.3.4 遣返

4.3.4.1 遣返的概念

遣返是通过两个或者多个当事国的合作,惩治和打击跨国犯罪嫌疑人和罪犯,遏制犯罪嫌疑人和罪犯逃避本国法律制裁的情况发生。作为一种国际警务执法合作手段,在控制和缉拿国外在逃的跨国犯罪嫌疑人是极为有效的措施。

遣返是指一方当事国的执法机关将潜逃到另一方当事国的本国国籍的犯罪嫌疑人或者罪犯,在相关国家警察机关的协助下,通过引渡、驱逐出境等措施押解回国。跨国遣返是基于互惠和礼让的原则上,一方当事国的司法机关将通过另一方当事国司法机关通缉、追捕被判刑的犯罪分子,通过驱逐出境或者引渡的手段遣送给对方当事国家。

4.3.4.2 遣返的途径

遣返是国际警务执法合作中的一个重要途径,在各国司法实践中,跨国遣返主要有两种途径:一种是引渡,一种是驱逐出境,前者称正式引渡,后者称为简易引渡。[①] 引渡是各个缔约当事国之间为了增强彼此的执法合作而相互进行的配合和协助的活动,是广义上国际警务合作所包含的内容,体现了国家之间的睦邻友好合作关系。引渡有以下几个特点:

首先,引渡必须是以互惠或者条约为前提。引渡代表着国家间的友好合作关

---

① 黄风,赵琳娜. 境外追逃追赃与国际司法合作. 北京:中国政法大学出版社,2008:119.

系,有的国家规定必须事先有引渡条约,才可以开展引渡活动;但有的国家则规定,即使双方没有条约,可以基于互惠原则可以开展引渡活动。

其次,引渡的主体是国家,引渡是国家主权行使的行为,任何非政府机构无权开展引渡活动,这就是说是否引渡一个犯罪嫌疑人或者罪犯,是由一国依据本国的利益来决定的。一国在决定是否采取引渡行为时,既要考虑到本国的国家利益,又要考虑到案件本身对外交关系以及各方面的涉外因素的影响。所以,引渡不仅是鲜明的法律问题,也关系到敏感的政治问题。

再次,引渡的对象也称为引渡的客体,是被另一国家指控为犯罪嫌疑人或者被判刑的罪犯。引渡的目的是追究犯罪嫌疑人的法律责任,或执行罪犯被判处的刑罚。

最后,请求引渡国应该对被引渡人及本案有相应的管辖权,一是普遍管辖权(依据相关国际公约的规定享有的管辖权),二是保护性管辖权(犯罪结果对本国公民造成伤害),三是属地管辖权(相关的犯罪事实发生在本国境内),四是属人管辖权(被引渡的人是其本国公民)。

引渡是需要在一定的限定的条件下才能开展的,包括实质条件和形式条件。引渡的形式条件,主要根据我国的《引渡法》和相关的双边条约的规定,在此不予论述。参照我国与相关国家签署的引渡协议以及我国的《引渡法》,引渡的实质条件如下:

一是双重犯罪原则。① 引渡行为涉及两个或两个以上国家,由于各国法律制度和背景不一样,在处理引渡问题时,各国会出现对犯罪行为的不一致看法,引渡活动不易开展。所以各国应坚持双重犯罪原则来解决引渡问题,即只有当请求引渡国家和被请求引渡国家的法律对被引渡人的行为都规定为犯罪的情况下,并处以相应的刑罚时,引渡才能开展。我国《引渡法》的第7条第1款规定,"引渡请求所指的行为,依照中华人民共和国法律和请求国法律均构成犯罪。"

二是特定罪行原则。在开展引渡的国际警务司法实践中,为避免以引渡为借口,请求引渡国家将不构成双重犯罪的人引渡回国进行惩罚,多数国家在将特定罪行原则纳入引渡协议中,规定被请求引渡人移交给请求国之后,请求引渡国仅可以就引渡的罪行对被引渡人依法审判或者执行刑罚,除非征得了被请求国的同意,不

---

① 黄风.引渡问题研究.北京:中国政法大学出版社,2006:19.

能对引渡前所犯的其他罪行进行惩处或者审判。换言之,只可以对引渡请求书中明确列举的请求引渡的犯罪行为进行引渡,不可以对列举以外的犯罪行为进行追诉。《中华人民共和国和泰王国引渡条约》第十三条第一款,"根据本条约被引渡的人,除引渡所涉及的犯罪外,不得在请求方境内因其他犯罪而被审判、拘禁或者处罚,或者由该方引渡给第三国"。

三是一事不再理原则。中国和其他国家的引渡条约中大多数规定了一事不再理原则,就是指在办理国际性引渡案件时,行为人如果因为一个犯罪行为已经遭受刑罚的,其他国家的司法机关不得以同一犯罪事实和理由,对于同一犯罪行为,再次进行刑事处罚。[1] 比如,《中华人民共和国和白俄罗斯共和国引渡条约》第3条第6项,"在收到引渡请求时,被请求的缔约方当事主管机关已经对被请求的引渡人就同一犯罪行为作出发生法律效力的判决或者诉讼程序已经终止",这种情况下则不可进行引渡。

四是本国公民不引渡原则。这是各国基于属人管辖权原则(一国政府对于在本国领土之外的本国公民的犯罪行为具有管辖权),各国为了维护本国公民的利益,规定不引渡本国公民。我国与其他国家的引渡协议也有相关规定,如《中华人民共和国与俄罗斯联邦引渡条约》和《中华人民共和国和泰王国引渡条约》都规定,本国公民为被请求引渡人的,可以不予引渡。当然对于本国公民不引渡,理论界出现了两种观点,除了我国的大陆法系国家以属人管辖权为原则主张不引渡本国公民,英美法系国家如英美等国则主张可以引渡本国公民,其依据属地管辖权原则,即一国政府对于在本土以外的该国公民犯罪行为丧失了管辖权,所以在此种情况下本国公民也可以被引渡。

我国政府坚持本国公民不引渡原则的同时,我国也积极的采取了该原则的替代性措施,当我国政府拒绝引渡有相关罪行的我国的公民时,如果该公民的犯罪行为确实客观上符合了可以引渡的罪行条件,我国的公安机关可以应请求国的要求依据相关的法律程序,依法追究我国该公民的刑事责任,或者依据双方有关的司法协助条约,开展刑事诉讼的移转程序,进行刑事责任的追究。

五是政治犯不引渡原则。这不仅仅是当今引渡制度的基本原则,也是一条古老的国际原则,它是指被指控的犯罪嫌疑人或者罪犯如果被视为是因为政治犯罪

---

[1] 王秋玲.国际法基本原则与国际法具体原则.俄罗斯暨亚太地区国家法律研讨会,2006.

或者与政治相关的因素而被请求引渡时,被请求引渡国不应引渡。我国的《引渡法》第八条第三项规定,"因政治犯罪而请求引渡的,或者中华人民共和国已经给予被请求引渡人受庇护权利的,应该拒绝引渡。"

六是或引渡或起诉原则。该原则是指缔约当事国有义务惩治国际公约及相关国际条约中规定的犯罪行为,这是一种强制性的义务。对于犯罪嫌疑人,要么将其引渡到提出请求的有管辖权的国家,要么依照本国法律程序对其追究刑事责任,只能选择其中方式履行义务,使犯罪分子受到法律的制裁。而且这一原则既照顾到了国际合作中的各缔约国的国家关系,又考虑到了各缔约当事国的国家主权利益,我国与相关的国家签署的国际条约中也贯彻了这一原则。我国政府依照本国公民不引渡原则拒绝引渡我国公民的时候,当该公民的罪行符合"双重犯罪原则"时,我国的司法机关则会依请求国的要求,按照我国的法律程序,对该公民依法追究刑事责任;或者如果该公民的罪行被我国决定为不予引渡的,我国司法机关也应该按照相关国际公约,对该公民依法追诉。[①]

司法实践中,死刑犯及政治犯不引渡是实施引渡的另一大难题,在缔结双边条约时,对于政治犯的处理,避免政治犯不引渡的条款再次成为阻却追捕跨国逃犯的理由。在这个问题的处理上,可以借鉴死刑不引渡的处理模式,我国与其他国家通过缔结相关的双边条约很好地处理了死刑犯拒绝引渡的问题。由于多数国家以"被引渡人在引渡回国之后可能被请求国处以死刑"为理由不予以引渡我国的犯罪嫌疑人,所以我国在与澳大利亚、法国、西班牙在签订引渡条约时,引渡条约中明确了"死刑犯不引渡原则"[②],我国开展引渡方面的国际合作实施起来就容易很多。类比引渡,我国应该明确规定政治犯的主要种类极其定义,并将该原则的适用范围详细列举在与其他国家的双边条约中。

引渡一般被视为国际刑事司法协助的重要组成部分,而驱逐出境则被视为国际警务执法合作的一种重要形式。基于诉讼经济原则和有效合作原则,国际刑警组织大力提倡各成员应实施简易引渡,即相互利用驱逐出境的方式,达到遣返犯罪嫌疑人或罪犯的目的。驱逐出境被认为是国际警务执法合作的重要方式,驱逐出境是指一方当事国政府将违反本国法律的外国人强行遣送出境,来实现将犯罪分

---

① 黄风."或引渡或起诉"法律问题研究.中国法学,2013(3):180-191.
② 赵秉志,彭新林.我国死刑适用若干重大现实问题研讨——以李昌奎案及其争议为主要视角.当代法学,2012(3):34.

子的遣返回其本国的目的。在我国的执法实践中也是这样做的,我国没有大规模地与其他国家签署引渡协议,对于在实践中逃入我国境内的外国犯罪分子或者逃往境外的我国的犯罪分子,一般采用驱逐出境的手段来实现各方互相遣返的目的,即是通过双方国家的警察机关等相关的机构,将彼此的犯罪分子移交遣返回对方当事国。由于我国还没有广泛地和外国签订引渡条约,所以在执法实践中,对于外逃的中国籍犯罪嫌疑人或者罪犯,或者潜逃到我国境内的外国籍犯罪嫌疑人或罪犯,大都通过驱逐出境的方式达到相互遣返的目的,即不通过外交途径和司法协助途径,而是由两国警察机关或者移民机构将彼此的犯罪嫌疑人或者罪犯移交给对方。

驱逐出境与引渡是跨国追逃的两种方式。从理论上来说,驱逐出境与引渡是两种独立的法律制度,它们之间不存在什么内在的必然联系,前者是一国政府将违反本国法律的外国人强制遣送出境,后者是一国政府将逃跑的犯罪嫌疑人或罪犯移交给对其拥有刑事管辖权的国家。由于国家间合作关系的发展,特别是国际警务执法合作关系的发展,使得许多国家在移交潜逃的犯罪嫌疑人或罪犯方面,开展越来越广泛的合作,寻找更简易的合作方式。从近年来的国际司法实践看,驱逐出境已经成为引渡的一种替代方法,它是一种非正式的引渡方式,是一种条约外的引渡,又称变相引渡。

4.3.5　其他的国际侦查措施

这里主要讨论的是控制下交付和追缴犯罪收益这两种国际侦查措施。

"控制下交付"英文为"controlled delivery"系指在"有关侦查当局的严密监视下,容许药物运输途经他国",[①]此处"药物"指毒品。控制下交付是在惩治国际性犯罪的过程中创造性地应用特殊侦查措施,创设了国际侦查的新方式,打破了传统的侦查协作方式。控制下交付尤其在国际警务执法合作在惩治毒品犯罪方面卓有成效,它可以理解为在一方国家的警察机关或者多方国家的警察机关的指挥下,对进行跨国走私毒品的犯罪分子以及毒品交易场所进行秘密控制或者严格监督。在此过程中,允许国际运输的货物中非法夹带或者隐匿毒品运出、通过或者运入国

---

① 早在1985年联合国麻委会向各国外相提出了一份有关"推广个别的及集体的对策以防止药物滥用"的报告书,该报告书明确表示"控制下交付"内涵。转引自邓立军.新刑事诉讼法视野下的控制下交付研究.中国人民公安大学学报,2014(1):34.

境,并且最终达到控制贩毒集团的交货场所,以求彻底的查清跨国毒品犯罪活动,并将涉毒犯罪分子缉拿归案。这种国际侦查措施打破了国家之间的地域界限,使各国的警察机关可以携手开展联合侦查、联合办案。从定义可以看出,控制下交付是把跨越国境的贩毒活动完全纳入到国家警察机关的视域内,全程跟踪,直到人赃俱获的高级侦查措施。由于跨国毒品犯罪通常是由国际性犯罪集团控制的,所以如果在最初发现跨国犯罪的本国境内,警察机关立即将其抓捕归案,没收所持有的毒品,那么就会导致其他的共同犯罪成员的漏网,不能实现一网打尽整个贩毒集团的目的。因此许多国家积极展开控制下交付这样的国际侦查协助手段,应对这种日渐集团化、国际化的毒品犯罪。

　　控制下交付这种侦查措施可以说是一种欲擒故纵的侦查手段,越来越多地被世界各国运用于跨国毒品案件的侦查活动中。我国的广东和上海的警察机关已经多次成功地运用了此项侦查措施,打击了多起跨国毒品犯罪。同时,联合国大会也通过了《联合国禁止非法贩运麻醉药品和精神药物公约》,对这一侦查措施用专门条款进行规定。《联合国禁止非法贩运麻醉药品和精神药物公约》在第一条就规定,"控制下交付"是一种抓捕技术,即在一国或者多国的主管当局的监督之下允许货物中非法或者可疑的精神药物、麻醉药品。本公约表一和表二所列物质或者它们的替代物质运出或者运入其领土以期查明涉及按本公约第三条第一款确定的犯罪的人。同时该公约也对控制下交付的实施方式、实施条件、实施程序等也作了相关的规定。按照公约的规定,各个国家警察机关在展开控制下交付的侦查措施时,应该具备以下条件:第一是已经达成实施协议。公约第十一条第一款规定,各个国家在本国法律允许的前提下,缔约当事国依据相互达成的协议,在可能的领域内实施该项侦查措施。往往达成的协议会涉及三方当事国,即包括毒品过境国、毒品输入国、毒品运输国。三方当事国经协商出采取可能性措施范围,比如准确及时地提供详细的资料,提供相应的法律协助等。第二是逐案实施侦查协助。公约中规定,"使用控制下交付的决定应该是在逐案的基础上进行,并可在必要的时候考虑财务安排和关于有关缔约国行使管辖权的谅解",因为,控制下交付属于一种有针对性的侦查措施,并非所有的案件都适用的。一般来说,当警察机关发现了跨国贩运毒品的犯罪行为时,在决定是否采取没收毒品还是控制下交付的方式,主要考虑两点:一是案件自身有无应用控制下交付的必要性,二是涉及的相关当事国能否合作及相关国家的法律是否易于建立联络系统。所以控制下交付要实行"一案一决"的原则,采取个案合作的方法。第三是毒品监控实施方法。根据公约的规定的对毒品的控制下交付的办法有两种:一种是将毒品部分或者完全取出或者替代后运送,并且进行全程监控防止被人换包,以保证毒品运送到目的地,保障侦查工作的顺利进行。但是在实践中具体实施的过程,是采取替代或者取出后继续运出还是采取原封不动的方法,都需要相关国家的警察机关最初作出相应的决定和安排。比如我国 1989 年与美国警察机关进行控制下交付的合作时,就是将货物原封不动地运往美国的相关收货人手中。而对比之下,同年发生的与加拿大警方联合实施的控制下交付,则是由我国警察机关将海洛因部分取出运送到多伦多市,最终成功地抓获取货人等。控制下交付的这种国际侦查措施的应用,使公安机关可以查明跨国毒品犯罪的源头,发现幕后指使者和毒品犯罪的主要策划者,是一种极具有震慑力的国际侦查措施。① 我国 2012 年新《刑事诉讼法》第 151 条第 2 款也有"控制下交付"的规定:"对涉及给付毒品等违禁品或者财物的犯罪活动,公安机关根据侦查犯罪的需要,可以依照规定实施控制下交付。"

  追缴犯罪收益,是国际警务合作的新途径和新领域,是指侦查国际性犯罪过程中,国家的警察或者司法机关对犯罪分子的国际间的非法收入采取冻结,联合追查以及没收等一系列的侦查强制措施。在国际犯罪中转移犯罪收益,不仅是刑事惩罚的证据,也是刑事犯罪的一种手段,所以追缴犯罪收益是取得国际间犯罪证据的技术合作手段。② 追缴犯罪收益,侦查目的具体明确,同时又是战略措施,可以使犯罪分子丧失继续犯罪的资本,减弱犯罪组织的力量。追缴犯罪所得是收缴和发现国际间转移的犯罪所得的侦查手段,也是针对犯罪分子转移跨国境资金的违法行为所制定的一种国际侦查追回措施,简而言之,它是专门针对洗钱犯罪的侦查手段。追缴犯罪收益是需要不同国家的侦查机关的联合协助的,因为它需要实现在不同国家之间的扣押、追查、没收犯罪所得的综合运作。各个国家的警察机构实施行动时的法律依据是国际社会的各种条约和准则。联合国预防犯罪委员会也通过了关于追缴犯罪收益的国际司法协助条约,以期将追缴犯罪收益的合作机制的范围推广的更加广泛。从以上的论述可以看出,追缴犯罪收益这个侦查手段的作用在于:一是以查明犯罪分子的犯罪活动为证据,二是切断犯罪分子再次作案的资金

---

① 邓立军.新刑事诉讼法视野下的控制下交付研究.中国人民公安大学学报,2014(1):32-42.
② 黄风.资产追回问题比较研究.北京:北京师范大学出版社,2010:141.

链,三是稳定国家金融经济秩序,保证国际社会正常的经济发展,四是赋予了更多的权力给司法办案人员。① 联合国公约中规定的追缴犯罪收益的适用范围最初仅仅适用于毒品犯罪,各国的立法机关正在拓展其适用范围,不再局限于毒品犯罪,在各国的法律中增加了没收资产的条款,即对于涉及经济犯罪问题都要采取没收犯罪资产的措施,以保证使被转移的国家财产能够顺利被收缴、冻结、追查或者被没收。我国的《刑法》第 64 条也规定,犯罪分子违法所得的一切财物,应予以追缴或者责令退赔,这里所说的"应当予以追缴"指的就是国际法上所说的犯罪收益,即为赃款赃物,也就是俗称的追赃。

按照《联合国反腐败公约》的规定,追缴犯罪收益中涉及的没收包括两种,一是有条件的没收,二是无条件的没收,没收的对象包括犯罪所得的收益以及犯罪的工具。对于毒品犯罪多数实行的没收是无条件的。依公约规定,一国侦查机关在追缴犯罪收益需要另一国给予协助时,请求国应该遵循如下的程序:一是应该告知被请求国家犯罪收益可能置于其管辖范围,二是在请求书中列明罚没财产的清单、法律依据及相关必要的说明,三是向被请求国展示财产没收令的副本文件。被请求国在接到追缴犯罪收益的请求之后,应及时采取如下的配合方式:第一,接到追缴犯罪收益的请求后,进行法律审查无误后,开展调查工作,一般是要先要求金融机构提供必要的信息,包含个人的账户情况以及出现可疑或者异常的交易情况,以掌握全面的线索,便于资产的顺利追回。第二是一旦发现了请求国请求的犯罪资产,被请求国应该采取扣押、冻结等强制措施,以杜绝犯罪资产转移处置和交易。第三是执行请求国司法机关作出的最终没收命令,第四是按照双方的协议将没收的犯罪资产转移给请求国处理。

4.4 境外追逃追赃国际警务合作流程

对于作案后逃往境外或者将赃款赃物转移至境外的案件,办案部门除了要全面搜集外逃犯罪嫌疑人的基本信息,办理相关手续,采取上网追逃、边控、技术侦查、发布红色通报的缉控措施外,最主要的程序就是通过国际警务合作,查找犯罪嫌疑人和转移境外的赃款赃物。②

---

① 黄风.关于追缴犯罪所得的国际司法合作问题研究.政治与法律,2002(5):11-21.
② Jean-Pierre Brun, Larissa Gray, et al. Asset Recovery Handbook—A Guide for Practitioners. https://openknowledge.worldbank.org/handle/10986/2264,2015 年 5 月 16 日访问.

图 4.1　境外追逃追赃国际警务合作流程图①

境外追逃追赃国际警务合作必须遵循一定的程序和法律规范,这些程序和规范不仅体现在实体制度的设计上,更重要的是程序性规定。境外追逃追赃国际警务合作按照下列程序进行:

4.4.1　请求

追捕外逃人员、追缴违法所得对于腐败犯罪所得流出国属于主动行为;而对违法所得的资金流入国来说,追回逃犯及追缴犯罪嫌疑人违法犯罪所得是一种被动行为。在通常的国际惯例中,如果不经过资金流出国主动向资金流入国发出请求,资金流入国一般不会主动提供司法协助的。在对待请求协助时,请求国要采用谨慎的态度去对待司法协助请求,主要包括形式与内容两方面:

一方面从形式要求上,协助请求是一种司法协助的正式请求,同时也是境外追逃追赃国际警务合作的必要条件,通常以请求书的形式提出。各国对请求书的形式要求虽然各不相同,但对其均有严格的规定。例如美国对司法协助的严格要求,不仅包括定罪量刑的实体法律、追诉时效、刑罚时效的程序法律,还包括确认逃犯身份和确定逃犯躲避地点的相关信息、案件事实陈述、逮捕令原件及证据。请求书中的文字适用是提出协助请求时必须慎重考虑的问题。② 依国际惯例,请求书应采用被请求国和请求国两国语言文字、或以双方能接受的第三国语言文字,并以书

---

① 流程图说明如下:(1)搜集信息。根据案件需要,通过技术手段,搜集必要的自然信息和案件信息,应特别注意信息的准确性和完整性。办理相关法律手续。严格根据本国的法律规定,对犯罪嫌疑人进行法律定性。这是开展国际警务合作的基础条件。(2)缉控措施。采取技术手段对犯罪嫌疑人进行缉控,并力争在国内实现目的。发现犯罪嫌疑人已经出逃其他国家或者地区的,即启动国际警务合作机制度。(3)查找和辨认犯罪嫌疑人。依据国际公约或双边条约等,向境外警察机关或主管机关提出请求,同时提供出境时间、所乘航班号、所到目的地、所持证件号码、照片、体貌特征等详细线索以及相关法律文书。(4)查找、冻结赃款赃物。提出查找、冻结赃款赃物请求,同时提供犯罪嫌疑人由境内向境外转移赃款所使用的银行账户、转账记录,以及该款项为犯罪所得的证据。

② 裴兆斌.追缴腐败犯罪所得国际司法协助研究.大连:大连海事大学博士学位论文,2011.

面形式提出。

另一方面从内容上,请求是司法协助程序启动的前奏。从各国的国内规定和《联合国反腐败公约》可以归纳出关于司法协助的请求内容,具体包括:请求的主体、对象、内容、范围等。司法协助的主体分为应然和实然两种主体,应然主体是指法律明确授权的司法机关,实然主体是指提起司法协助的机关。在国际惯例中,司法协助请求的主体主要由应然主体提出。具体的请求权限由国际公约或国内法进行规定。提出请求的方式有两种:如果两个国家之间不存在关于司法协助的双边条约,则只能通过外交途径提出司法协助请求;如果两个国家间存在双边条约或者是都属于加入的国际条约的成员国,在针对司法协助该条款没有保留,则需要按条约规定提出司法协助请求。司法协助请求书的内容还应该包括事实的概述、特定程序细节和请求协助事项的说明、请求程序中的事由和性质、取证和搜集资料的目的等。

4.4.2　受理及审查

请求书由请求国发出后,被请国收到请求书时,被请求国会根据相关条约或者协议作出是否接受该项请求的决定。然后还会对该项请求的主体、依据和内容进行逐一审查。

对国际司法协助请求的主体进行审查。当追逃追赃国际司法协助的请求书被被请求国接收后,被请求国的司法机关对请求的内容和形式进行细致的审查,该项请求能否被通过和执行由该司法机关决定。《公约》中有明确规定,各缔约国均应当指定专属机关,由该指定机关负责追逃追赃活动中有关请求书的具体事宜。各国负责审查请求的机关大体分为三种:一、司法机关,如最高法院;二、主管司法的中央机关负责审查,主要为司法部;三、双重审查制,即由司法机关和行政机关共同审查。对于那些重大案件,需要由外交机构介入,由各国的外交部协助进行审查。境外追逃追赃国际警务合作及国际司法协助请求审查的依据是国际条约或国内法。国际条约包括本国缔结或参加的双边条约或多边公约,国内法包括各项涉及该请求的法律法规。从两个方面审查,即实质性审查和程序性审查。实质性审查包括是否对国家主权、安全、法律制度、国家利益造成危害,程序性审查包括是否符合国际惯例或是否通过合法途径办理必要手续等。

4.4.3 接受、退回、推迟或者拒绝

请求国提出的追缴腐败犯罪所得请求,被请求国会依据不同情况给予不同的决定,包括接受请求、退回补充请求、推迟协助和拒绝请求。(1)被请求国接受司法协助请求后,需要通知请求国,在通知中必须明确执行协助请求的日期、地点和方式。(2)退回补充请求,当司法协助请求书存在一定的瑕疵时,可以退回请求国,并要求请求国予以改正。(3)推迟协助履行,发生在被请求国审查后,如认为立刻执行会有碍于正在进行的司法活动,可推迟执行。(4)拒绝请求的情况:一是因请求违反条约规定而被拒绝;二是如果请求有悖于被请求国的公共秩序公共利益,被请求国可以拒绝;三是如果不遵循双重犯罪原则,请求可以被拒绝;四是某些犯罪类型被拒绝,在国际惯例中,有关国家通常对某些政治犯罪、财税犯罪或军事犯罪的司法协助请求予以拒绝;五是请求违反"一事不再理"原则时可以被拒绝。

4.4.4 执行

公约规定,请求国的请求经审查并通过后,被请求国予以执行,并依据被请求缔约国的国内法执行。在执行外国刑事判决中,如果请求国判决的刑罚是被请求国的刑法中所没有的,就只能将其转换成被请求国法律所规定的最相类似的刑罚。被请求国可以尽可能尊重和满足请求国的要求,按照请求国提出的方式来执行请求,但该种方式必须在被请求国法律允许的范围之内,如果违背被请求国的法律,被请求国可以改变执行方式或拒绝执行。

4.5 境外追逃追赃国际警务合作机制的发展趋势

境外追逃追赃国际警务合作机制是建立在国际刑警组织平台上的,在国际刑警组织的统一领导和协调下,各成员国不仅可以开展双边和多边合作,还能在国际犯罪信息上进行共享。我国自1984年成为国际刑警组织的成员国以来,参加了国际刑警组织框架内开展多项活动,在打击走私和跨国毒品犯罪中与世界各国警察组织开展联合侦查,办理重大刑事案件达万件。通过在国际刑警组织框架内发布红色通缉令,将逮捕跨国犯罪境外逃犯的权力赋予给了其他成员国警方以及国际刑警组织。对于这些成员国来说,红色通缉令使其具有了逮捕、拘留犯罪嫌疑人的法律依据,这种红色通缉令构成的国际通缉制度,织成了一个世界性的追捕跨国犯

罪的网络。各个成员国通过国际刑警组织构成的情报分析网络，得到国际刑警组织和其他成员国传递的情报信息，这种有效的情报沟通和情报侦查机制是打击国际性犯罪的重要手段。此外，通过国际刑警组织开展引渡程序，其他成员国予以配合，使得引渡的实施起来手续简便，提高了破案效率。或在国际刑警组织协调安排下，采取引渡的替代措施，使执行押解罪犯、出入境等工作顺利实施，保证引渡工作的顺利开展。虽然我国在国际刑警组织框架内开展跨国追逃追赃国际警务合作取得了很大的成绩，但是目前境外追逃追赃国际警务合作的范围并不广泛，在开展境外追逃追赃国际警务合作的工作时，侦查方式可以更灵活多样，境外追逃追赃国际警务合作的模式有待于提高，为了更高效地开展境外追逃追赃国际警务合作的工作，应该增加国际刑警组织框架内的警察国际化培训，提高警察技能和办案水平以及侦破案件的能力，通过扩大合作范围，增加合作模式和侦查方式，开展国际化的警察培训，来综合提高境外追逃追赃国际警务合作的效率，实现特点显著的警察执法一体化机制。

4.5.1 合作范围将不断扩大

境外追逃追赃国际警务合作最初的合作范围仅局限于引渡，即一国将犯罪嫌疑人移交给其他有管辖权的国家予以处理，随着时代的变迁和跨国犯罪活动的多样化，境外追逃追赃国际警务合作的范围亦是逐渐扩大的趋势，目前已经发展到了多种途径的国际间的警察业务合作，既有区域性合作又有全球化性合作，既有双边合作又有多边合作。合作方式主要包括代为调查取证、代为搜查扣押，进行现场勘查和专家鉴定、查找和辨认相关人员、移交物证、书证、移交赃款赃物等合作事务的刑事司法协助活动，属于一种"委托"或者"代为"的性质。在我国的涉外警务活动中，国际警务执法合作机制还有待于完善，要以国际刑警组织为中心，在全球范围内构建一个预防和控制国际性刑事犯罪的网络系统，从而有效地整治和预防国际犯罪。面对着如此严峻的跨国犯罪的现状，广泛开展刑事执法合作具有迫切性，加强与国际刑警组织的联系交流，建立与各个成员国的执法互助合作极为重要。前文已论述，我国已经在国际刑警组织框架内与其他各个国家开展了境外追逃追赃的国际警务合作机制，在打击预防惩治跨国刑事案件的过程中取得了颇有成效的成果。我国还积极地采取与其他国家签订刑事司法合作协议建立合作关系，共同采取警察执法合作行动，建立国际警务执法合作机制，有效打击国际性犯罪的。据相关统计,我国通过与其他国家签署这种刑事司法协作协议的方式,平均每年依靠此种途径解决的刑事司法协助案件已经超过百件。

在国际警务合作的过程中,引渡是警务合作和国际刑事司法合作的重要形式之一,中国与西方国家针对引渡问题签署引渡协议,各个国家司法制度的不同,欧美等一些西方国家对引渡制度中的人权保障尤为重视,坚持死刑犯不引渡等原则,造成了与我国开展引渡的巨大障碍。[①] 截至2014年7月底,与中国签订双边引渡条约的国家有39个,除此之外,我国也积极签署了《联合国打击跨国有组织犯罪公约》、《联合国反腐败公约》等多边公约,在这些条约中都包含了相关的引渡条款。通过这些国际引渡条约,我国已经成功将部分外逃的犯罪分子引渡回境内。譬如,2002年我国将陈满雄、陈秋圆二人从泰国引渡回国,这两人挪用公款数额高达7.1亿元;2009年我国将涉嫌特大金融诈骗案的沈磊从阿尔巴尼亚引渡回国,其涉案金额近1亿元人民币。然而,国际公约和合作条约对缔约国的效力有限,在追逃追赃工作实践中,还要考虑各缔约国的法律、政治、社会等各方面因素。

通过外交途径或者国际刑警组织建立新的协助方式,简易引渡制度的建立就是一种有效的解决方法。由于引渡制度先天易受政治因素干扰的弊端,导致其不能成为国际警务执法合作的主要手段,[②]因此,在国际刑警组织的系统内进行情报信息的侦查,拓展双边与多边合作,扩大我国公安机关与他国警察机关警务合作的范围,构建简易引渡等多种合作方式,采取多种方式的国际侦查协助手段,与各个国家建立一个范围广、领域宽的国际警务执法合作机制,更好地展开境外追逃追赃的警务合作工作。各个成员国之间针对案件的侦查工作展开的合作,在各国的法律制度的框架内,互相交换犯罪情报,开展联合侦查、协助办案,开展通讯联络工作,公民紧急求助的援助,法律文书的送达,协助调查取证,缉拿、遣返通缉侵入本国境内的他国犯罪嫌疑人,从实践角度来看,我国与周边邻国开展的刑事司法协助已经取得一定的效果。

4.5.2 合作模式呈多样化趋势

为了最大限度地减少跨国性犯罪,尤其是经济犯罪对我国的国家利益和人民

---

① J. R. Spencer. Extradition, the European Arrest Warrant and Human Rights. Cambridge Law Journal, 2013, 72(2): 250 - 253.

② 黄风. 国际引渡合作规则的新发展. 比较法研究,2006(3):24.

财产造成的损失,减少跨国性犯罪给我国经济社会安全造成的危害,境外追逃追赃国际警务合作的合作模式应该多样化,而不应仅仅局限于传统的合作模式,在双方没有建立引渡条约的情况下,我国的公安机关应该利用一切合法的合作模式来更好地开展国际警务合作工作。在追缴赃款方面,公安机关应该在得知赃款的流向之后,尽快联系国家公安部,及时采取冻结、扣押、查封等措施,尽量挽回国家的经济损失。公安机关应该采取多样化的追逃追赃模式。主要分为以下几种模式,分别对其展开论述:

一是公安机关告知境外警察机关犯罪嫌疑人的罪名和赃款流向,并证明犯罪嫌疑人所在国对该赃款的所有权,并直接请求境外国家警方予以协助和返还赃款。此种追赃的实现不要求犯罪分子返回境内为前提,即使犯罪分子尚未被遣返回本国,仍然可以请求境外执法合作将赃款追回,当然也可以实现犯罪分子和赃款的一并遣返和追回。这种方式使追赃工作易于实现,它源于各国警方之间的密切沟通和直接协助,是一种较为方便的合作方式。我国公安机关与许多国家的警察机关签署了打击跨国犯罪的合作条约以及备忘录,覆盖面广,利用这些条约和协议,我国公安机关可以很好地开展境外追赃工作。典型案例是成功追诉外逃贪官中澳警务合作第一案——李继祥案,经澳大利亚警方协助调查,外逃 8 年的李继祥因洗钱罪被澳大利亚法院判决入狱 26 年,虽然李继祥没有被遣返,但是该案件也起到一定的警示作用。澳方法院将其犯罪所得依据澳大利亚《犯罪收益法》判决没收追缴,追缴的财产经澳大利亚有关部门批准返还给中国政府,约 3 000 余万元国有资产被追回。

二是缔结司法协助条约的两国之间司法部门彼此协作追缴赃款赃物,此时公安机关需要按照司法协助协议的严格规定递交司法协助请求书,请求书的内容需列明事项除了包括必要事项之外,还需明确列举出以下的事项:(1) 赃款赃物可能位于被请求方境内的证明材料;(2) 赃款赃物的详细描述和说明;(3) 我国关于允许跨境搜查、扣押、移交犯罪所得赃款赃物的法律依据。例如,沈磊一案中,犯罪嫌疑人沈磊逃往阿尔巴尼亚,在该国机场被警方截获。此前,中国和阿尔巴尼亚签署有引渡条约,随即中国警方正式向阿尔巴尼亚提出引渡请求。经阿尔巴尼亚法院判决并完成双方引渡条约规定的所有司法程序,阿尔巴尼亚司法部决定将沈磊引渡回中国。这主要是因为依据中国与阿尔巴尼亚所签署关于引渡条约的存在。

三是移民法遣返,移民法遣返是指一国通过遣返非法移民、驱逐出境等方式将外国人遣送至对其进行刑事追诉的国家。在没有签署引渡条约的情况下,移民法遣返是打击外逃罪犯的一种有效方式之一。犯罪嫌疑人潜逃国与我国没有签署引渡条约,办案部门可以通过查明犯罪嫌疑人在国内的犯罪事实,本人持无效、过期证件出逃或以假身份、假投资等欺诈手段向国外移民等情况,通报犯罪嫌疑人所在国的移民管理机关,促使其采取遣返、驱逐出境等方式移交犯罪嫌疑人。从这一点上看,移民法遣返与引渡存在很大的差异,移民法遣返不以国际合作为前提条件,为维护本国的社会秩序和国家安全,一国的移民管理部门可以根据犯罪嫌疑人的犯罪事实作出遣返决定。例如,厦门远华特大走私案赖昌星历12年之久终于被成功遣返,就是采用的这一路径。

四是被害人按照国际惯例和国际法,在境外国家直接起诉,启动民事诉讼程序。公安机关对赃款赃物进行查封、冻结和扣缴之后,在债权债务关系明确的情形下,被害人可以在涉案的境外地区或者国家向当地拥有管辖权的法院提起民事诉讼,根据诉讼规定一般在诉讼过程中被害人需要委托当地的律师进行协助,来追回相应的财物,被害人会为此支付相应的高额的律师费用及诉讼费用。我国的公安机关在被害人境外起诉时也应该予以充分的支持和配合。主要包括:(1)帮助被害人与当地的律师进行沟通,被害人作为普通公民对涉案的境外国家的情况包括相关的法律制度和诉讼程序一般都不了解,公安机关此时应该发挥积极的协助作用,利用经常与境外执法合作,密切联系的优势,给被害人提供帮助,帮其聘请到拥有民事诉讼经验的律师帮其应诉;(2)为其聘请的律师提供相关的涉案材料和法律文书,做好相应的诉讼上的配合工作。当被聘任的律师要求公安机关协助调查相应的案件情况时,应该在其职权范围内予以配合,促使整个民事诉讼活动顺利进行;(3)对于一些国家规定了要求公安机关办案人员及相关的工作人员出庭作证时,应该予以积极的配合,并做好准备工作。典型案例是北京市人民检察院办理的李化学案,为了避免国有资金继续流失,检察机关建议以受害单位,也就是李化学所在的单位北京城乡建设集团的名义在澳大利亚提起民事诉讼,最终通过民事诉讼程序,澳大利亚法院作出判决北京城乡建设集团胜诉,李化学在澳大利亚拥有的5套高档住宅,折合价值887万澳元最终被追回。

五是公安机关通过与犯罪嫌疑人沟通交流实行劝返,做其思想工作,充分发挥"宽严相济"刑事政策的感召力,对外逃人员开展攻心战,劝服其自愿回国投案。对于已经逮捕回国犯罪嫌疑人,可通过他本人签订授权委托书的方式委托境外他国的执法机关或者其亲戚朋友,或通过其本人电话方式委托境外的关系密切的人员代为将其转移相应的款项转回国内。例如云南省交通厅原副厅长胡星,在接受中国追逃小组的劝说后,自愿从新加坡回国受审,结果被从轻判处无期徒刑。这样成功劝返的案例还有很多,例如北京市公安局网监处原处长于兵也是成功地从南非被劝反的。2014公安部境外追逃追赃"猎狐行动"成功劝返390名逃犯回国。2014年10月10日,公安部又发布《对于敦促在逃境外经济犯罪人员投案自首的通告》,在390名被劝返的逃犯中,有332人属于自首。

六是异地追诉,即由我国主管机关向逃犯躲藏地国家司法机关提供该逃犯在该国所触犯的法律的犯罪证据,由该国法律对其进行缉捕和追诉。由对方执法机关在境外开展刑事诉讼程序,具体流程首先是由我国公安机关通过国际刑警组织发放全球红色通缉令。红色通缉令是追逃追赃最有力的手段之一,是国际刑警组织在侦查犯罪分子时所使用的一种国际通报,"红色通缉令"是最高级别的通缉令。国际刑警组织成员国在接到红色通报时,有权对隐匿在本国的犯罪分子实施拘捕,并按照本国所签订的引渡条约实行引渡。在过去的二十多年中,我国不仅接收到国际刑警组织的多个红色通缉令,也发出过本国的"红色通缉令",这些通缉令的主要对象是经济犯罪、职务犯罪的犯罪嫌疑人。比如余振东案,余振东曾是中国银行广东分行开平支行行长,2001年案发后潜逃到美国的,我国相关部门采取的就是异地追诉的方式,通过提供相关账户及交易信息等方式,最终在中国司法机关的配合下余振东以非法入境、非法移民及洗钱等罪名在当地被刑事追诉。最终余振东同美国刑事检控机关达成辩诉交易,承认犯罪,并表示自愿接受遣返。

近些年来,我国边境省份的公安机关通过加强与毗邻国家司法机关或执法机关的联系,签订了刑事司法协助协议,有助于及时、有效地打击外逃犯罪分子,维护本国司法秩序的公正与稳定。

4.5.3 侦查方式将不断增加

在境外追逃追赃的国际警务合作当中,采取的侦查方式是多样化的,前文也有相关的论述。目前跨国犯罪越来越具有隐蔽性,犯罪嫌疑人的反侦查能力也在不断提高,犯罪手段日新月异,而现有的侦查方式相对单一,侦查技术水平相对落后。针对这种状况,公安机关应该积极努力改进原有的侦查方式,丰富侦查措施。侦查方式的多样化可以使境外追逃追赃国际警务合作的开展更加顺利,提高破案效率,

对于跨国性犯罪的打击和惩治都具有十分重要的意义。结合国内外的实践经验,我国公安机关在调查取证中可采取以下侦查方式:

4.5.3.1 控制下交付

控制下交付,或称为监视下运送转移,这一侦查方式早在《联合国禁止非法贩运麻醉品和精神药物公约》中有具体的描述,"在有关缔约国同意之下,可以拦截已同意对之实施控制下交付的非法交运货物,并允许将麻醉品或者精神药物原封不动的继续运送或者在其完全或者部分取出或者替代后继续运送。"从这一规定可以看出,起初对控制下交付的规定仅局限于毒品犯罪以及与麻醉药品相关的犯罪,然而随着犯罪案件的复杂化和多样化,控制下交付已经不再局限于传统的罪行,联合国的有关公约已经将此种侦查方式扩充到腐败犯罪、跨国有组织犯罪、洗钱犯罪等更大的案件范围。①

由于控制下交付被认为具有诱导性的特点,所以对控制下交付应该予以一定的限制,应该在一定的原则和适用条件下进行:一是坚持法律事实充分的原则,即运用控制下交付的侦查方式的时候,若对所针对的犯罪行为和犯罪对象有合理理由怀疑之时,或者在没有充分理由证实的情况下不能随意采取此种侦查方式,侦查机关采取控制下交付的情况就是他们怀疑犯罪嫌疑人已经或者将要采取某种犯罪行为,并非基于犯罪嫌疑人的其他问题去诱导犯罪,唯一的目的是为了获取最直接的犯罪的证据材料。二是坚持最后手段原则,即没有其他方法可供选择,且当犯罪手段具有高度复杂性和隐秘性,犯罪形态呈现有组织性,运用常规的侦查方式难以达到查清事实,不能顺利地侦破案件时候,考虑到现实的必要性和合理性,只有采取控制下交付的手段才可以顺利追缉犯罪嫌疑人,搜集到必要的证据。在具体运用该侦查方式时,应该采取最小侵害的原则进行证据的搜集和调查,不可超越必要限度。三是坚持重罪适用原则,就是说控制下交付措施针对的罪行是严重的刑事犯罪,因严重犯罪案件采取常规的侦查方式难以取得证据,一般性案件根据比例原则不宜适用,这类严重犯罪案件具体包括恐怖组织犯罪、黑社会性质犯罪、毒品犯罪、走私犯罪、危害国家安全犯罪等严重危害公共安全的犯罪案件。四是为了避免控制下交付的侵权风险扩大化,应该坚持审查监督原则,确保该侦查方式在监督控

---

① P. D. Cutting. The Technique of Controlled Delivery as a Weapon in Dealing with Illicit Traffic in Narcotic Drugs and Psychotropic Substances. Bulletin on Narcotics, 1983.

制下运行,采取的侦查方式符合合理、合法原则。应该通过有效合法的监督方式来制约侦查机关的行动和措施,避免为了打击犯罪而自导自演制造犯罪的不良现象的出现。五是坚持程序法定原则,控制下交付这种侦查方式的适用程序以及适用主体必须按照法律的明文规定,侦查机关必须严格执行。首先是控制下交付的申请需要由具有法定侦查权的侦查机关以书面方式提出,申请书中需列明采取控制下交付措施的方式、内容、范围、理由、实施方式、负责指挥的侦查人员、监控的范围和期限,以及犯罪嫌疑人的涉案证据材料等,其次是该种侦查方式的审查需要有司法机关的工作人员颁布实行许可令。[①]

4.5.3.2 电子监听监视

电子监听监视是针对目前的规模较大、领域较广的高科技跨国犯罪应运而生的。传统的跟踪监听是凭借隐秘条件接近目标,通过自然感官窃听谈话者的谈话内容,与传统的跟踪监听不一样,电子监听监视是利用现代高科技技术手段来达到监听的目的,这种高科技的侦查方式主要采用电子或者视频的监听和监视的设备进行监听检测并且获得有用的犯罪证据材料。

电子监听监视的特点如下:一是秘密性,即在被监听监视人不知情的情况下监听监视的。二是强制性,电子监听监视不以当事人的意志为转移,类似搜查扣押等侦查方式,属于一种法律上的强制性手段,无需得到对方的同意。三是技术性,实施监听监视需要依靠专门和专业的设备设施,这是其显著的性质和特征。四是合法性,监听监视必须严格依据相关的刑事法律程序进行,特别是遵守被请求国的法律所规定的电子监听监视的适用条件和具体程序,不得违背相关法律程序的原则和要求,否则就是侵犯人权的行为。[②] 因此电子监听监视需要被合理地规制,严格禁止滥用该种侦查方式,以保护公民的正当权益。

在境外追逃追赃国际警务合作中,一国的主管机关可以依据另一国的请求,对位于本国境内的犯罪嫌疑人进行电子监听监视,进而为请求方提供监听或监视的记录和结果。其表现方式有两种:被请求方直接将摄取的图像或者截获的信息信号通过高科技手段传输给对方;被请求方也可以先行录制摄取的图像或者截获的信息信号,将自己录制之后的录像资料或者录音记录提供给对方。

[①] 吴真文,黄辉军. 完善我国技术侦查措施的立法思考. 湖南社会科学,2014(2):33.
[②] 唐磊,赵爱华. 论刑事司法中的秘密侦查措施. 社会科学研究,2004(1):41.

由于电子监听监视这种侦查方式是一把双刃剑,每个国家在适用的时候都比较谨慎,限定了严格的适用条件,制定了比较完善的适用制度。各国对于电子监听监视,有如下的适用要求和规则:一是要严格限定其案件的适用范围。各国通常都在法律中明确规定针对这种侦查方式适用的范围,通常采取罪名列举法、罪行轻重比较法、罪名列举和罪行轻重并列法。一般认为,贿赂犯罪的犯罪嫌疑人可以作为电子监听监视的对象。二是坚持必要性原则。鉴于电子监听监视可能涉及侵犯公民隐私权,除了我国澳门和俄罗斯之外,世界上大多数国家和地区都要求该种侦查方式应该坚持谨慎原则,即对某一特殊重大案件以普通的侦查方式难以侦破,电子监听监视手段才会被适用。一些国家对该种侦查方式的适用要求极为严格,只有具备一定的证据和合理的理由才可以采取此种侦查方式。例如日本要求的"充分的理由"原则,美国的"可成立的理由",[1]但是为了保护人权,大多数国家规定对犯罪嫌疑人与其律师之间的谈话是不得监听的。三是严格规定审批手续及期限,电子监听监视这种侦查方式的采用需要由有关机关书面进行批准,而不是由侦查机关自己决定。如法国采取法官实现核准制度,法官批准之后,侦查机关才可以进行监听监视;德国和意大利采用的是授予检察官对电子监听监视的临时批准权;美国是允许紧急情况之下,侦查机关先行采取电子监听监视措施,之后再申请法官核准。电子监听监视的许可令状应该明确规定监听监视的实施期限以及相关的期限届满后延长的申请程序。四是非法监听监视具有不良的法律后果。合法的监听监视获取的证据可予以采纳,而未经合法授权,违法监听监视取得的证据不具备证据证明能力,应该作为非法证据予以排除。[2]

我国侦查机关需要借鉴各国对于电子监听监视这一侦查方式的合理规定,有效地运用到开展境外追逃追赃的国际警务合作机制中。目前世界范围内有三种立法模式:一是诉讼法律模式。这种法律模式是将电子监听监视规定在相应的刑事诉讼法律之中,如法国、德国、俄罗斯、意大利等,这些国家对于电子监听监视的规定只是在立法技术上有些区别,其不同之处是每个国家将电子监视监听放在不同的章节加以规定,其相同之处是上述各个国家都将电子监视监听作为一种获得证据的强制性的侦查方式予以规制。二是专门立法模式。采取这种立法模式的国家

---

[1] 何家弘,刘品新.证据法学.北京:法律出版社,2004.
[2] 邓立军.非法监听与证据排除.武汉大学学报(哲学社会科学版),2008(3):29.

和地区有日本、英国以及我国的台湾地区,这些国家和地区是采取以单行法的形式对电子监视监听进行统一的规制,明确规定了电子监视监听的适用范围、适用程序、适用条件以及在适用的过程中人权保障的问题。三是综合法律立法模式。这种立法模式是指在各个国家惩治预防刑事犯罪的综合性法律中纳入电子监视监听的这一侦查方式,这种立法的代表国家有加拿大和美国。加拿大在其刑法典的第六章"侵犯隐私权"章节对监听监视作出规定,美国在其国内的《综合犯罪控制与街道安全法》中规定了监听监视的侦查方式。[①]

4.5.3.3 特工侦查

在境外追逃追赃国际警务合作的工作中,这种侦查方式是由一国的执法机关人员隐瞒真实身份或者以虚假身份去调查和搜集相关的犯罪证据材料。在国际警务合作的实践工作中,被请求方可以为请求方的司法机关在开展特工侦查行动方面提供帮助和积极配合。从国内外的警务执法合作的实践工作来考察,特工侦查主要包括卧底侦查、线人侦查和诱惑侦查等。

卧底侦查是指请求方执法机关工作人员以其他身份来掩盖自己的真实身份,冒充犯罪分子内部人员打入犯罪集团内部进行调查,了解犯罪团伙内部详情和犯罪事实,搜集和调取犯罪情报信息,以达到侦破案件的目的。这里需要注意的是,卧底侦查的执法人员仅限于侦查人员,一方面是因为该种侦查方式针对的是危险性极大的集团性犯罪和跨国有组织犯罪等重大的刑事犯罪案件,另一方面是因为在卧底侦查的过程中,需要对与其密切接触的犯罪嫌疑人实施一些法律上的措施和手段,只有经过专业训练的侦查人员才可以准确把握这个限度。

在线人侦查中,线人是指能够清楚犯罪组织或是主要成员之一,掌握一定犯罪情报,可以被警方控制使用,主动向执法机构提供他所了解的犯罪情报信息和情报线索的人,他在向执法机构提供相关犯罪情报之后可以获得一定的酬劳(或达成诉讼交易)。[②] 由于线人仅仅是犯罪情报信息的提供者,所以线人的资格不同于卧底侦查的主体,线人是侦查人员之外的人员,是愿意将了解和掌握的犯罪情况提供给侦查机关的情报提供者,但是线人需要听从侦查机关的指挥和安排。线人制度在

[①] [美]华尔兹(Jon R. Waltz).刑事证据大全.何家弘,等,译.北京:中国人民公安大学出版社,1993:221.

[②] 张玉镶,文盛堂.当代侦查学.北京:中国检察出版社,1998:281.

我国可以说是源远流长,自春秋时期开始就有"告奸"的说法,线人制度一直持续到国民党统治时期。跟我国情况类似,国外的线人制度也是贯穿在整个历史长河中的。犯罪分子会利用先进的科技手段进行犯罪活动,对于一些隐秘性强犯罪,侦查活动往往不能顺利进行。为了促进侦查活动的有效进行,线人制度不但是合理的,也是必要的。线人制度的合法性已经被越来越多的国家所承认,对其作出进一步规范和发展,例如美国通过法院判例和各个州的警察局的规章对线人制度进行全面的规范,内容包括可以担任线人的范围、线人的种类、线人的工作程序、线人提供的线索的真伪性的审查措施、线人是否出庭应诉等制度。

诱惑侦查,这种侦查方式是针对那些隐蔽性强、科技含量高的跨国有组织犯罪的案件,在难以取得有效证据的情况下,侦查人员通过隐瞒真实身份,诱惑犯罪嫌疑人实施犯罪活动,当犯罪事实发生或者出现犯罪结果的时候,侦查人员一举抓获犯罪嫌疑人。诱惑侦查这种特殊的侦查方式也是由来已久,诱惑侦查始于法国路易十四时期,二战后犯罪组织化的特征显著,诱惑侦查被广泛使用。随后,美国将该侦查方式应用在毒品和卖淫犯罪的案件侦查中,之后其适用范围又扩大到恐怖主义犯罪、贿赂犯罪、职务犯罪及有组织性的跨国犯罪侦查中。日本是在二战后将诱惑侦查的侦查方式应用到贩毒和非法交易武器等犯罪中。大多数国家都有着相类似的规定,即允许将诱惑侦查应用到刑事诉讼的程序中。[①]

4.5.4　警察国际化培训将不断增多

在开展境外追逃追赃国际警务合作中,特别是在当前跨国有组织犯罪、毒品犯罪、恐怖主义犯罪、贩卖人口等国际性犯罪日渐猖獗的情形下,警务合作和交流进程具有紧迫性,合作范围不断扩大,对执法能力和警务技能的要求不断提高。面对这样的现状,开展警察的国际化培训工作尤为必要,各国开展警察国际化的交流和培训,有助于警察系统整体素质、专业知识和技能的提高,有助于培养出具有较高的外语交流能力、广阔的国际视野、熟知外国的司法制度和相关的法律规范的国际警务专门人才。在警察国际化培训当中,各国可以实现优势互补和资源共享,探索出科学有效的教学机制,设计出合理的国际警务合作培养的体系和模式,提高各国的警察系统的综合素质和技能,以适应国际警务合作工作顺利进行的要求。

---

① 肖莉.浅议诱惑侦查.哈尔滨学院学报,2008(3):28.

警察国际化培训的有效进行应做到以下几点：首先，要明确培养目标。在设计国际化警察培训的培养目标时，要以警务工作实际需要和警察队伍的建设为出发点，立足于国内警察机关工作的实际需要合理设计培养目标。国际警务合作工作的环境、任务以及对象具有特殊性，在控制和惩治跨国性犯罪工作中这种特殊性尤为明显。针对查办我国公民境外犯罪案件或外国人在我国境内的犯罪案件，在开展国际性警务执法合作过程中，我国警务人员的技能知识和各方面素质的需要进一步提升。因此，我国警察国际化培训的培养目标应该定性为：政治立场坚定，拥护党的方针政策，掌握一定的外语应用能力（主要英语），具备较高的国际视野，能够全面地掌握刑事犯罪侦查和治安管理及相关的公安专业基础知识和本领，了解外国的相关的司法制度和刑事法律制度，具备国际警务合作的基本知识和能力，培养一批适合开展国际警务合作工作的复合型、国际性、应用型的专业性强的高级人才。

其次，应该合理地构建警察国际化培训的课程架构。在课程体系的设置上应该紧紧切合培养目标和实践需要，警察部门以各自公安专业课为主干课程，构建外语课程、法律知识课程、涉外公安专业知识和案件执法、国际警务合作部分这四大模块的平台体系。在外语课程部分，教学内容、形式和方法必须符合国内外国际警务化专门人才培训的要求，突破传统的模式，在不同的阶段设置不同的教学目标和要求，因材施教，实现按需教学，针对不同的情况设计不同的教学方法和教学模式，有效利用教学资源，在较短的时间内提高学生的外语听说读写的综合能力，使他们可以将外语应用到涉外案件执法的过程中，外语能力的提升也是国际警务合作顺利开展的前提和保障。在法律知识部分，课程的设置应该增加一些外国司法制度和境内外的刑事法律制度，这是为了配合国际警务合作的顺利开展，培养专业化和专门性人才的需要和前提。因此课程应该选择我国与所合作的外国国家的刑事法律制度，以及基础法学课程（包括法理学、刑事法学、国际法学、外国司法制度等）。在涉外公安专业知识和案件执法部分，按照目前跨国刑事犯罪的情况、国际警务执法合作的现实要求以及涉外治安的特点，在专业课程的设置中，侦查学和治安学必须居于主要地位，课程模块的设置除了包括一些传统的侦查专业主干课程（预审学、侦查措施、刑事案件侦查、犯罪现场勘查、人口管理、治安秩序管理、治安案件查处、治安管理等）以外，还应该结合国际化警务合作对专门人才的需求以及配合国际间犯罪案件侦查的要求，设置涉外案件侦查、外国人管理、出入境管理等培养专业性的课程。在警务合作模块,课程设置的目的在于交流国家和地区之间的警务合作的优秀成果和拓展警察的国际视野,可以设置国际犯罪侦查、中外刑事司法协助等课程。警察国际化培训有利于培养具有国际视野和国际意识的专业人才,以适应不断变化发展的国际警务合作工作的新要求。我国自从开展警察国际化培训以来,培养了一批批先进的中外双学士警务专业人才,不仅为我国的公安机关注入了新鲜的血液,而且也更好地适应了国际警务合作的发展。这些专业警员具有扎实的国际警务专业水准、较好的外语能力、较高的办案技能,得到了各个国家和地区的公安机关的认可,一般会被录用到出入境部门或者承担技术性高的部门进行侦查工作。

最后,为了有效地开展警察的国际化培训,需要建立和健全国际化警务专业人才中外合作培养的工作体制。具体说来:第一,要建立中外双方合作的协调制度。在开展警察国际化培训活动中,会出现中外双方由于客观条件的差异导致的教学体制的不一致。为了解决这种差异问题,需要双方在交流过程中,加强彼此的联系与协调。从实践中来看,双方为了明确彼此的职责和权利,需要建立一个专门的机构来进行有效地监控课程设置的考核以及各种项目的运行协调。此外,双方可以定期召开会议对合作教学过程中出现的各种问题加以协商解决,不断地完善合作项目和相关的课程的安排。第二,应该在公安院校内部建立专门机构统一领导。尽管警察国际化培训目前涉及人数有限,规模也不是很大,但是国际化培训过程中涉及的培训模式、内容以及形式与其他培养模式有本质的区别,并且其学历认证包括国外教学要求,所以公安院校内部应该建立一种专门的工作机构,由这一跨部门的专门机构来负责统一协调的职能。第三,确立学员选拔与淘汰机制,为了保证警察国际化培养的人员具有高素质、高教学质量的需要,警察国际化培训的学员应该按照"小规模、少人数、优基础"的原则选拔学员,小规模授课以保证培养质量,由学校组织选拔工作,学员自愿报名,确定入选后双方签订协议。对学员实行定期末位淘汰的机制,定期考核,考核内容包括专业技能和外语水平,对于考核不合格学员予以淘汰,以此来督促学员学习的自觉性和主动性,保证学员的培养质量。在国际化警察培训教师团队的建设和教学条件的投入方面,应该加强软硬件全面的投入,以适应国际化警察培训的需求。在外语教学方面,需要聘任在本国具有国外学习经历听说水平较高的专业教师或专门的外籍人教学人员,专门负责外语教学的培训任务,对学员进行强化培训。在教学硬件方面,应该配备先进的教室和教学设施。第四,建立学员管理与带队制度。警察国际化培训是在公安院校开展的中外合作培养模式的培训,应该在严格警务化管理体制下,结合国际化培训方式的特征,对学员的管理体制进行创新。在国内培训阶段实行警务化严格管理,即学员在国内求学阶段,尽管单独分班和教学,但是仍然和国内公安院校的学生一样进行警务化管理。在被选入中外合作培训管理班之后,在警员出国之前国内公安院校对其进行统一的出国前培训,并且安排具有较高的管理能力和外语应用水平的教师出国带队,做好学员的国外管理工作。在国外学习期间同样实行统一管理制度,带队教师要按照规定对学员的学业情况、学习进展、行为规范和外事组织及纪律进行严格的考核,对这些情况要客观地进行定期或者不定期的汇报,带队教师实行"三同时"模式——与学员同时出国回国、与学员同一地点居住和生活、与学员同步学习,以保证和促进国际警务合作化培训工作的顺利进行。

4.5.5 警察执法一体化将日益显著

在面对犯罪模式越来越复杂化和多样化、新型犯罪日益增多的现状,每个国家都很难独自完成打击跨国性犯罪的任务,更难以摆脱国际性犯罪和跨国性犯罪的侵袭。在犯罪的惩治和预防领域,世界各国互相依靠的程度在不断加强。在开展境外追逃追赃的工作中,共同打击国际性犯罪,加强国际警务合作,深化警察执法一体化已经势在必行。世界各主权国家也逐渐加强本区域内的安全事务的协调,区域性一体化的合作日益密切。一体化的加强同时也促进了国际刑警组织的机构建设和发展进程。今后,国际警务一体化的合作趋势将是:依据执法需求的不同,针对执法目的差异性以及所关注领域的区别,开展有针对性的国际警务合作模式。

为了应对复杂多变的国际化的刑事犯罪,世界各国的执法机关之间需要加强犯罪信息与犯罪情报的收集工作的互助合作机制,深化沟通和协作机制。各国应与周边国家及相关的地区建立双边互信合作机制,开展联合侦查,加强执法合作的交流,借鉴和吸取各个国家和地区的实践经验,发挥国际刑警组织在境外追逃追赃中的重要作用。境外追逃追赃的工作在国际警务执法合作的基础上发展警察执法一体化的趋势,扩大国际刑警组织打击的刑事案件的范围,转变和创新打击境外追逃追赃的模式,发展国际刑警组织合作的新途径,切实提高国际刑警组织的侦查能力和侦查水准,更好地实现国际警务合作。面对复杂多变的国际社会环境,国际警务合作机制可以有效地预防和惩治跨国性犯罪,切实地实现警察执法一体化。

第 5 章　境外追逃追赃国际警务合作的现实困境与对策

　　我国当前追逃追赃国际警务合作步履艰难,追逃难、追赃更难的僵局亟须打破,面对跨境追逃出现问题的时候,当事国首先需要通过政治或外交对话,之后由相关部门就具体问题进行磋商,寻找合作解决的办法。这样的警务合作是一种问题驱动型的合作模式,即所谓"头痛医头、脚痛医脚",始终缺乏一个具有普遍性的合作机制,因而,建立一个常态化的国际警务合作工程非常必要。

5.1　境外追逃追赃国际警务合作的现实困境

5.1.1　跨国犯罪的数据和情报交换渠道不畅

　　各国联合侦查打击跨国犯罪的重要内容是相互之间交流在侦查过程中所获得的数据和情报,并及时准确地掌握犯罪的信息以高效打击跨国犯罪。换言之,国际警务合作工作任务主要是依赖于数据和情报之间的交换,各国警察机关可以根据对犯罪数据和情报的分析,合理有效地配置警务资源,对犯罪活动进行有效的打击和控制,进而提高刑事犯罪案件的侦破效率。通过数据和情报的交换,各成员国警察机关不仅能够全面地掌握犯罪的数据和情报,并且可以得到关于打击犯罪的信息源,还能获得相关案件的侦破线索和证据材料,从而使警察机关能够更快地侦破案件,将犯罪对国家和社会的消极影响降到最低限度。在境外追逃追赃国际警务合作的过程中,国际警务合作交流情报信息在合作过程中尤为重要。各国警察机关准确掌握犯罪数据和情报信息在侦破案件中具有很重要的作用,是建立各种警务合作的基础环节。在国际警务合作中各成员国的警察机关之间应及时、准确地进行数据和情报的传递与交换,这样一方面可以使本国的警察机关能得到更多合作国在犯罪信息搜集方面的帮助,另一方面还可以得到有效及时的数据和情报,进一步拓展本国的情报网络,从而在整体上有效地控制和打击各类跨国犯罪。在国际警务合作中,及时、充分地掌握犯罪数据和情报的要求贯穿于侦查案件的各个环节之中。各国之间数据和情报的交换不仅有助于各国维护本国司法利益的同时,更有利于全球范围内针对跨国犯罪的打击和预防,促进全世界范围内的和平稳定。

从境外追逃追赃国际警务合作的实践来看,各成员国之间主要交换的数据和情报主要包括以下四类:(1)犯罪嫌疑人的个人信息,即包括犯罪嫌疑人的外貌特征、家庭成员状况、职业、主要的社会关系、是否有犯罪记录等。(2)本案的基本情况,即包括犯罪嫌疑人作案动机、手段、工具、作案的时间、地点、犯罪对象等情况。(3)本国警察机关已经掌握的犯罪证据,包括证人证言、证物等。(4)本国警察机关针对本案已采取的强制措施,包括对犯罪嫌疑人的通缉、抓捕,对其个人财产的冻结、没收,对犯罪所得的查封、冻结等。

中国自加入国际刑警组织以来,积极地参与各项国际警务合作活动,开展同各成员国之间的数据和情报信息的交流交换。我国在同大多数国家进行国际警务合作时大多都拥有便捷的途径,但因受到政治、国情等其他方面的影响,在同一些国家和地区之间的警务合作也遇到较多的阻碍。即使是在同一些合作较为顺利的国家进行警务合作时也会遇到一些困难,需要各国通过友好协商的方式进行良好的沟通来解决。这些阻碍国际警务合作的因素主要有:

第一,由于各国开展警务合作的程度不同,各国数据与情报交换的主体也不同,所采用的交换途径也没有统一的模式,这样就影响了各国之间数据与情报交换的顺畅性。各国即使是经济、政治、法律等各方面发展程度相似,国际警务合作数据与情报的交流也会受到一定的限制。各国在进行国际警务合作时,一般都是在各国的警察机关内部开展活动,当涉及其他部门时就会出现沟通障碍,然而数据与情报只有在经过各部门的综合分析后才能得到有效的运用。这种数据与情报单一层面的交流,难以使合作各国达到对犯罪信息的全面掌握,从而对数据与情报的有效利用产生不利的影响。另一方面由于参加国际警务合作各国的国内法对警察机构规定各不相同,例如对警察机关内部机构的设置、警察机关的权限、警察机关内部机构的职能划分都会有差别,这也会导致因合作各方的主体不一致而造成数据和情报交换的不畅通,容易贻误抓捕犯罪嫌疑人、追讨赃款赃物的最佳时机。

第二,各国开展国际警务合作活动时,需要交换的数据和情报的内容相对比较零散,很难组成证据链,实现信息的有效性。各国在开展国际警务合作过程中,通常适用情报信息随案件一起移送的工作模式,一般情况下是一国发生犯罪案件后,需要他国的警察机关予以配合时,由案发国的警察机关向其请求协助的国家提出请求,一并提供该犯罪案件的基本案件情况、犯罪嫌疑人个人情况、案件侦破的进展情况等各种数据和情报信息。针对侦破跨国犯罪案件,各国相互交流的数据情报信息就起到了重要的作用,但不容忽略的是,因为对数据和情报内容缺乏有效的系统规范,导致这些数据和情报很难发挥其应有的作用。

第三,虽然目前国际警务合作活动已经在世界范围内得到了一定的发展,数据和情报的交换机制也有了一定的发展,并已成为国际警务合作的一项重要内容,但是由于至今还没有形成一个关于数据和情报的交换的国际警务合作信息共享平台,往往仅局限于合作各方之间的单独合作,相关信息第三国很难获得,阻碍了相关数据和情报的广泛运用。即使是有相对较多的国家参加数据和情报的交换,也往往都是针对某一特定案件进行的合作,并不能有效地形成一个统一的情报系统,因而难以在国际范围内建立数据和情报交换的长久稳定的合作机制,数据和情报得不到广泛的应用,进而不能有效预防和打击国际犯罪活动。

第四,数据信息与情报的交流不通畅与各国内部数据和情报系统存在很大的差距也有很大关系,这些差距对国际警务合作体系中数据和情报体系的建立有一定影响。因各国的法律规定不同,国内警察机关情报工作的开展也存在一定的差别。在我国,一直是以侦查活动作为警务活动的主导,只有在有具体案件发生时才会有针对性地做相关情报搜集工作,也就是说,情报的搜集工作一般都是在犯罪活动发生后进行的,在侦查活动中还有许多环节需要建立和完善。美国等一些国家和地区相较于我国而言,数据和情报机制建立的时间相对较早,在数据和情报的搜集、整理、分析、运用等方面都取得了很大的成果,情报机制的建立也相对较完善。各国情报机制发展程度的不同也在一定程度上影响了各国参加国际警务合作时数据和情报交换工作的开展。

第五,数据和情报的搜集、分析、处理等都需要专业人员来完成才能保证其有效地运用于侦破案件的过程中,而各国科学技术的发展水平不同,各项专业人员的结构层次也不同,这也成为国际警务合作过程中数据和情报交流的困难的一方面原因。随着世界范围内科学技术的不断进步,犯罪分子在通过不断地运用科技手段来达到犯罪目的,这也增加了各国的警察机关侦破案件的难度。各国警察机关要更新侦查手段,提高侦查技术,在办案过程中,积极引进高科技侦查技术措施,在日常侦查办案的过程中引入科技元素,增加侦查手段的科技化程度;在增强办案工具、提高办案手段的同时,更不能缺少具备高科技知识的专业人才的引进与培养。在数据和情报的交换方面,各国的警察机关也需要专门的高科技人才,这些人员不仅要熟练掌握计算机、网络等硬件工具,还需要对数据和情报能作出正确的综合分析。参与国际警务合作中的国家,在对数据和情报交换机制的认知方面存在着很大的差异,有些国家不能充分认识数据和情报信息对警务工作的重要性,对人员的培养要求不严格,不能对情报进行综合、全面的分析和判断,而这些都将成为限制各国开展国际警务合作的阻碍。除掌握专业方面的技术之外,参与国际警务合作的各国工作人员还需要对他国的政治、经济、文化等各方面的情况都要有一定程度的了解,这样有利于顺利进行国际警务合作,减小各国警察机关之间因各方面差异不同而造成的摩擦,进而减少各国在国际警务合作中数据和情报交换不顺畅的情况的发生概率。

5.1.2 境外取证国际警务合作困难

搜集证据是刑事犯罪在追诉过程中的重要环节,证据是能够客观真实地证明事实情况的基本依据。境外追逃追赃是在一国享有管辖权的领域外对犯罪嫌疑人进行追捕、对犯罪所得进行追缴的警务活动,因其侦查活动有一部分是要在域外开展,所以需要犯罪嫌疑人及犯罪所得流入国的协助才能顺利进行。在证据的搜集方面,犯罪嫌疑人及犯罪所得的流出国如果想对犯罪事实、犯罪嫌疑人及犯罪所得的流向进行全面的掌握,就需要广泛搜集涉案证据,由于搜集这些证据时可能要涉及不同的国家的法律和机构,所以犯罪嫌疑人所在国及犯罪所得的流出国就需要请求其他国家的相关部门予以相应的帮助,向犯罪嫌疑人及犯罪所得的流入国派出警务人员进行域外取证或者委托证据所在国帮助进行调查取证。

委托调查取证是传统国际警务合作的惯用方法,由于对案件的调查取证往往被认为涉及一个主权国家的刑事管辖权问题,所以大多数国家会选择向犯罪分子及犯罪所得的流入国发出请求,请求在其境内对犯罪分子及犯罪所得进行侦查、抓捕、搜集相关证据。被请求国在接到请求后,应按照国际条约或者多边条约的约定,由本国的有关部门按照本国的刑事诉讼法进行调查取证。其具体内容包括:(1)按照请求国的请求进行调查取证,把将要在何时、何地进行调查取证等执行调查取证的相关信息及时反馈给请求国,方便请求国了解调查取证活动的进展情况。

(2) 在调查取证活动执行完毕后,被请求国可以按双方约定的途径向请求国移交其调查取证时所需的记录、文件等书面材料的副本,但是如果请求国明确表示要求其提供此类书面材料原件的,被请求国也应尽可能地满足其要求。被请求国应将通过搜查、扣押等方式取得的各种书证、物证等证据材料及时移交给请求国,但是这类证据材料的移交不得侵犯他国的合法权益。如果应请求国请求所获得的证据材料中存在着被请求国管辖内其他未决犯罪案件所必需的证据材料时,被请求国可以在及时通知请求国并向请求国说明原因的情况下暂缓提供该项证据材料。(3) 请求国应在完成本国诉讼活动后及时地向被请求国归还其移交的证据材料及各类司法文书的原件,如果被请求国自愿放弃该项权利的便不再考虑。(4) 请求国所接受的由被请求国移交过来的证据材料只能用于该具体案件,被请求国也可要求请求国对其所提供的证据材料及其来源进行保密,或者仅在双方协商好的范围内予以公开。

但委托调查取证存在着一定的缺陷。因为调查取证的被委托方没有对案件进行细致的了解,对犯罪事实、犯罪嫌疑人的个人情况等问题都没有具体掌握,在进行调查取证的过程中就会遇到很多困难。为了弥补传统上委托他国进行调查取证的一系列缺陷,更多的国家选择通过和他国签订国际条约,根据互利互惠的原则,就某一具体案件,在得到被请求国允许的情况下,可以由请求国派警务人员进入被请求国领域内直接进行调查取证。这种直接派工作人员到域外进行调查取证的证据搜集模式在一定程度上克服了传统上委托他国调查取证的缺陷,有利于提高各国打击跨国犯罪的效率。

随着跨国犯罪的日益增多,域外调查取证已成为一种普遍现象,世界各国都积极加强与他国的国际警务合作,相互协调配合,共同打击跨国犯罪。但是由于跨境取证涉及他国国家主权,容易侵犯他国的刑事管辖权,所以各国在进行域外取证的过程中都遵循严格的程序,因政治、经济、文化、宗教等因素仍然会对一国到他国进行域外取证造成一些限制。

首先,关于域外取证,大多数国家由法官直接向他国法院发出的域外取证的请求,以防止对本国司法主权的侵犯,被请求国接受请求后,委托国可在被请求国国家领域内进行协助取证。上述方式已经得到世界大多数国家的普遍认可。然而,对于直接派相关人员至他国境内进行调查取证的方式,目前一些国家还存在着不同的认识,有些国家还专门出台相应的国内法,用于限制他国采取直接派员到域外取证的方式,这样不但阻碍了多种取证方式的应用,也缩小了跨国派员取证的适用范围,降低了跨国打击犯罪的效率。一些英美国家认为,域外取证直接侵犯了公民的隐私权,是对基本人权的挑战。个人的人身、财产在一些国家被认为是公民隐私权的一部分,不得随意侵犯;而另一些国家则认为,只有涉及人身的信息才构成隐私权的组成部分。对公民隐私权的不同认识也是限制域外调查取证的一个重要原因之一。

其次,对于涉及跨国取证方面的国际公约等条约的适用,不同的国家也采用不同的适用方法。如一些国家采用比国际公约更有效的取证方式,就不再运用公约规定的途径进行取证,公约的运用不具有排他性,这种做法是通过对个案的具体分析,利用最有效便捷的途径实现证据的跨境搜集。而另一些国家则认为,签订的国际公约是应该优先适用的,只要跨境搜集证据的程序、条件等符合公约的目的就应当按照公约的规定进行,这是基于维护国家司法主权的观点提出的,但是这种做法相较于上一种在程序上较为繁琐,所花费的时间、精力、费用等都相对较多,不利于提高证据搜集的效率。在境外追逃追赃国际警务合作的过程中,各国对于国际条约适用的条件的不同看法,也会在一定程度上增加跨境调查取证的难度,不利于证据搜集国际合作的开展。而且一些国家的国内法对于他国在其境内搜集证据的警务合作没有相关的法律规定,不能使条约的内容很好地贯彻于国内法,在与他国进行合作时,会导致双方在法律的适用问题上产生一些阻碍。即使一国的国内法中规定了关于他国在其境内搜集证据的具体事宜,但如果合作的双方对此规定存在着不同理解,也很难顺利达成跨国取证合作[1]。

再次,各国间跨国搜集证据的国际警务合作受限于各国签订、加入的国际公约,此外,还受到各国间政治、社会等不确定因素的影响。当今世界形势趋于稳定,但每个国家都是从本国的国家利益出发,在一些世界性问题上还是会有很多的分歧,而这些分歧的产生必将影响各国在参与国际警务合作过程中各项合作工作的展开,尤其是在跨国搜集证据方面,各国间进行各种跨境搜集证据的方式都要建立在尊重各国司法主权的基础之上,各国政治、经济、文化等其他因素也阻碍跨境取证警务合作的顺利进行。一国的国内形势也会影响到跨境证据搜集的开展,虽然目前世界范围内总体局势以和平稳定为主,但也存在个别国家内政治派别间的相

---

[1] 李宜超. 我国国际警务合作的障碍分析与对策. 湖南警察学院学报,2011(3):18.

互冲突,导致其国内形势不稳定,这些都影响到国际警务合作的顺利运行。所以,国际与国内政治格局不稳定,都将直接或间接地影响境外追逃追赃国际警务合作的顺利开展,尤其是在跨国搜集证据这方面会有很大影响。

最后,各国经济、文化的发展状况也会影响各国在证据搜集方面的规划,这类规划主要包括针对国内警察队伍整体素质的培养、证据搜集分析方面专业人员的培养及各种侦查工具特别是针对证据的综合分析方面工具的更新、维护等费用。这些关于人才及设备上的规划及投入会影响一国搜集证据的效率、侦破案件的能力。在国际警务合作中,一国与其他国家在证据搜集方面存在的差异,不利于本国与其他国家进行国际警务合作活动的开展。

5.1.3 跨境追逃引渡之困境

引渡,既是一种国际司法合作,又是一种特殊的刑事诉讼程序。在我国的引渡制度中,由我国的外交部向与我国签署引渡条约的国家发出请求,同时警察承担着十分重要的实施职责。根据我国《引渡法》的规定,警察在引渡程序中的主要职责是:查找被引渡人、执行引渡强制措施、移交被引渡人和有关财物、接收外国准予引渡人和财物。引渡是国际社会同犯罪行为作斗争的一项重要的合作制度,是国家之间为了加强司法合作而相互进行的一种互助活动,是国家之间相互关系友好发展的一种具体体现。

近些年,引渡制度已在世界范围内得到广泛的应用,它以严厉追究犯罪嫌疑人的刑事责任为目的,是对一国刑事主权的维护,也有利于保障国际社会的安全稳定。引渡合作在实践中要受特定性因素和原则的限制,该原则要求引渡对象是确定的、所需要追诉的刑事案件要明确、对引渡人所要执行的刑事制裁要确定相应的处罚原则等。

引渡是一项非常复杂的活动,当一个国家向另一国请求引渡犯罪嫌疑人时,应附送由其本国司法部门随附案件基本情况的介绍、已经取得的证据材料、有关部门签发的逮捕令等,如果存在法院的裁决书也应随案移送。引渡的请求部门根据国际条约的规定通常有四种:(1)由本国的政府外交部门统一负责进行同外国开展的国际司法活动。(2)由本国的司法部门统一对外开展有关国际司法合作的各项活动。(3)在其他国际组织的协助下进行国际司法合作。国际刑警组织成立后,其已成为各国进行国际司法合作最常用的途径之一,各国之间的很多司法合作都是通过国际刑警组织进行沟通协商完成的。(4) 还有些国家是通过彼此的使领馆完成引渡请求的。

针对他国提出的引渡请求,各国在国际条约的基础上,通过在国内法中对引渡请求的审查制度进行规定。国际上对于引渡请求的审查多采用双重审查制,其主要有三种模式:(1) 先由行政机关审查,再由司法机关进行审查,司法机关拥有引渡审查的最终决定权。(2) 先由司法机关审查,司法机关可以不经行政机关同意开展审查活动,并可以针对要求引渡的对象实行强制措施。但是否要将要求引渡的犯罪分子移交给请求国,就要由行政机关依法作出决定。(3) 先由行政机关开启引渡程序,再由司法机关进行引渡的审查,最后再由能够代表国家的行政部门决定是否开展引渡合作。

引渡是否能够得以最终执行,需要考虑诸多因素。根据各国缔结的国际条约及一些国家的国内法规定,引渡合作的完成受到很多条件制约。这些条件中起最主要影响作用的是引渡制度中的一些被各国普遍认可的不引渡原则。

第一,政治犯不引渡便是其中最重要的原则之一。如其所犯罪行在被请求国被认为是与政治相关的犯罪,那么被请求国可以不予引渡。政治犯不引渡原则可以在一定程度上保护政治犯,使一些同本国执政党持有不同观点、立场的人免于遭受侵害。但是现在国际上对政治犯还没有统一明确的定义,各国因政治、文化、法律等各个方面的差异对政治犯的理解也有很大的不同,一些国家基于本国利益的考虑对政治犯的认定也有很大的差异。有些国家认为政治犯完全属于国家的内部事务,他国不得干涉,在政治犯的定义上各国具有很大的任意性,这就很容易造成国家对政治庇护权的滥用,为国际警务合作中引渡制度带来障碍。

第二,不引渡原则的另一个原则为死刑犯不引渡原则。该原则是基于国际人权运动的不断发展,各国对个人权利的保护愈加重视而形成的。生命权是公民的最基本权利,是其享受其他权利的基础。死刑犯不引渡是国际上排斥死刑运动的成果,现在世界上很多国家都对死刑采取了限制。截至 2015 年,以不同方式废除死刑的国家和地区有 140 个,中国不仅保留死刑,而且刑法规定的死刑罪名和实际使用数量位居各国之首[1]。但是对于死刑的存废问题,在国际社会上还是存在着争议,不是所有国家都认可废除死刑的。有些国家受本国传统文化因素等的影响,

---

[1] http://news.qq.com/a/20150630/006688.htm?tu_biz=1.114.1.1,2015 年 10 月 9 日访问。

现在还不宜取消死刑,其国内法对罪责刑作出的相应规定也是有其内在合理性的,对死刑犯的不予引渡会造成应受该国法律制裁的犯罪嫌疑人不能得到应有的国内法律制裁,这样就不利于打击国内犯罪,维护该国的司法尊严及公民的合法权利。我国2011年《刑法修正案(八)》取消13项死刑罪名,主要针对非暴力经济犯罪,2015年《刑法修正案(九)》又取消9项死刑罪名。由此可见,我国的刑法理念也逐步调整,我国刑法在逐渐减少死刑罪名和死刑适用的范围,这将有利于我国引渡实践的发展。

第三,本国公民不引渡原则。该原则是指如果请求国请求被请求国引渡该国公民,被请求国可以拒绝引渡。本国公民不引渡原则在法理上来讲是没有法律依据的,一国的公民在另一国的正常活动的前提就是要遵守对方国家的法律,如果出现违法现象也应受到他国的法律制裁,这种对本国公民的不合理保护就意味着是对犯罪分子的恣意放纵,使犯罪分子不能得到应有的法律制裁。[1]

第四,或起诉或引渡原则。该原则是对上述三个原则的必要补充,是指如果被请求国拒绝引渡犯罪分子时应当将犯罪分子交由本国的司法机关,依照本国的法律追究犯罪分子的刑事责任。该原则可有效降低跨国犯罪分子逃脱法律制裁的可能性,现在已被很多国家所认可。但是或起诉或引渡原则的适用空间过小,其前提是适用双重犯罪原则,如果被请求引渡的犯罪分子所犯罪行在被请求国不构成犯罪,那么被请求国就不能对其追究刑事责任。如果被请求国对被请求引渡的犯罪分子所犯罪行不具有刑事管辖权,那么也不能对其追究刑事责任。这些因素都将影响犯罪分子是否能得到合理的惩罚。

除了不引渡原则会对各国的引渡合作构成障碍外,还有一些因素也阻碍各国间顺利实现引渡合作。主要体现在以下几个方面:首先,政治因素对引渡合作的影响。现在的国际社会在趋势上保持和平稳定,但是各国基于本国国家利益的考虑还是会存在着局部的矛盾和冲突,而各国潜逃出国境的犯罪分子也往往选择逃往同犯罪分子所在国关系不密切国家躲避本国的法律制裁。国家间的警务合作多在各国友好互信的基础上展开的,国家间各层面的矛盾冲突都将影响到国际警务合作的成效。一国犯罪嫌疑人在逃至他国后,两国很难就对犯罪分子的引渡达成协议,这种状况也就导致犯罪分子不能得到其应有的法律制裁,不利于世界范围内对

---

[1] 孔晓溪.加强和完善我国国际警务合作机制的探讨.时代报告(学术版),2012(6X):137.

跨国犯罪的打击,也会在一定程度上诱使其他有该类犯罪动机的人进行犯罪活动。其次,各国法律的不同也势必影响引渡合作的顺畅进行。一些国家的国内立法没有及时完善,和其所签订国际条约存在一定的差距,在国内法中未对引渡的具体程序、实施细节作出明确的规定,还存在着一些同国际条约不一致的规定,这也会导致在实践中国家间引渡合作会遇到很多问题。如果这些国家不能针对国际条约的规定对本国的国内法作出进一步的修正与完善,势必会影响国际引渡合作的预期目标。还有一些国家之间,由于政治等各种因素,双方没有签订相关的国际引渡条约,这就使得两国间引渡犯罪分子没有法律依据可循,无法在世界范围内形成一张打击跨国犯罪的法网。由于每个国家的司法理念不同,对同一犯罪的看法存在着差别,对于某案件是否构成犯罪、构成哪个罪、针对该犯罪应实行什么样的量刑都会存在着观念和法律规定上的差异。在实践中,不同国家对同一案件所作出的不同判断会直接影响引渡的成败。

境外追逃会牵涉外交、国家利益,相对于国内追逃程序更加复杂,而引渡制度经历了多年的发展,在涉及国际司法协助方面,它已经被广泛运用于实践中,并且在理论研究与实践领域均有所发展。引渡制度为各国严厉打击跨国犯罪提供了便利的司法途径,有效延伸了国内法对逃往境外的犯罪嫌疑人刑事制裁外延,在维护国家主权的同时也为国际社会大环境的和平稳定作出了贡献。从请求国的角度来看,引渡制度给其境外缉拿犯罪行为人提供了便利条件,能够使得犯罪发生所在地国的法律对犯罪行为人作出客观公正的审判。这不仅可以维护请求国国内的司法尊严,也可以增强请求国打击跨国犯罪的力度,在一定程度上对犯罪起到震慑作用,减少此类犯罪的发生。对于被请求国来说,协助他国进行对犯罪嫌疑人的引渡,不仅可以增强合作国之间的友好关系,提高本国的国际地位及影响力,还可以从本国境内驱逐有犯罪史的人,促进本国的社会治安环境的良好发展,也可以预防他国逃往本国的犯罪嫌疑人影响本国民众的价值观。从这几个层面可以看出,引渡制度对于合作的各方均有好处,是值得普遍推广的国际警务合作制度,但是引渡合作的开展还受到很多方面的限制,如何克服这些限制,采用灵活的方式解决这些问题,也是当今国际社会普遍关注的问题。

5.1.4 扣押、冻结、没收犯罪所得国际合作困难

随着跨国犯罪的日益猖獗,向境外非法转移赃款赃物的现象也日益增多,怎样

第5章 境外追逃追赃国际警务合作的现实困境与对策

有效追回赃款赃物问题得到世界范围内各国的广泛重视,成为国际社会共同打击跨国犯罪所需面临的一个重大课题。将犯罪嫌疑人非法转移出境的赃款赃物追回,不仅关系到国家利益和社会利益,还关系到一国的司法尊严,通过对赃款赃物的扣押、冻结和直接追缴犯罪所得是国际警务合作的重心之一。财产权作为公民基本权利之一,在世界范围内得到了广泛的尊重及法律上的保护,各国在处理关于公民财产权利相关的各项事务时,都会慎重。而境外追缴犯罪所得又是一项相当复杂的工作,在国际警务合作的过程中,各国需要通过遵守一系列法律规定、严格的程序才能进行该项活动,各项复杂问题的交错使各国在开展境外追缴犯罪所得的过程中面临着巨大的挑战。

面对如此复杂的问题,世界各国为了维护本国的国家主权及国家利益免受损害,在签订的国际条约中均对扣押、移交赃款赃物和直接追缴犯罪所得作出了一些限定条件,具体包括以下两个方面:(1)请求国可以依据国际条约向被请求国提出对流入被请求国境内的赃款赃物采取查封、扣押、没收等强制措施的请求,并提供证据证明该项财物确定在被请求国的境内且证明该项财物即为请求国所请求予以进行强制措施的赃款赃物。被请求国在接到请求国提出请求的书面文件及确认财物的证据后,一旦在其境内发现该项赃款赃物,应立即采取本国法律所规定的强制措施对该项赃款赃物予以扣押、冻结或没收。但是如果被请求国在执行请求国请求内容的过程中发现该项财物并非为请求国所指控的犯罪嫌疑人所有,被请求国可以拒绝向请求国移交该项财物,但必须及时将拒绝移交的理由告知请求国。(2)被请求国应请求国请求向其移交所扣押、冻结或没收的赃款赃物。被请求国向请求国移交赃款赃物时,不得违反本国关于进出口物品和外汇管理等相关法律的规定。除非确有必要,双方政府针对具体案件协商,对本国法律进行一些变通,以促进国际警务合作关于移交赃款赃物活动的进行。[①] 而且被请求国在执行请求的过程中,应主动查明该项财物的所有者,不得因执行他国追缴犯罪所得的请求而损害第三人的合法权益。在查明该项财物所有者,除了用于本国法院审理未经质证的案件证据可以暂缓向请求国移交之外,被请求国应及时地将该项赃款赃物尽快移交给请求国。请求国在收到该项财物后,应尽快将其归还给其所有人,对于其

---

① Patricia Faraldo Caban. Improving the Recovery of Assets Resulting from Organised Crime. European Journal of Crime, Criminal Law and Criminal Justice, 2014(22): 13-32.

中给被害人造成的损失应给予一定的补偿。

在各国参加开展国际警务合作的过程中,境外追赃已成为各国在合力打击跨国犯罪中的一个重要环节,如何能快捷、高效地将犯罪嫌疑人转移到境外的赃款赃物予以追缴,已成为各国参加国际警务合作所需要解决的一个重大难题。

第一,在境外追缴犯罪所得的国际警务合作的过程中,单纯地对已经发现的赃款赃物实施强制措施是不能够在根本上解决问题的,境外追缴赃款赃物的核心问题是如何证明该项财物是由犯罪嫌疑人从事犯罪活动所得,如何证明该项财物是归犯罪嫌疑人所有。只有在排除了第三人对该项财物合法权利的情况下,被请求国才有可能将该项财物移交给请求国。①

第二,在刑事侦查阶段,对于一些国际上普遍承认的违禁品、有证据证明的犯罪工具等比较容易证明为犯罪嫌疑人转移至境外的赃款赃物,但是对于其他类型的财物,特别是存入银行等金融机构的资金,就很难对其进行证明。一些国家以国内法的形式规定,除了法院可以根据已生效的判决对被告人的银行存款进行扣划,其他机关都不具有这项权利,也就是说,国家警察机关具有查询、冻结当事人银行存款的权利而没有扣划的权利。这样的规定就意味着在一国与他国进行境外追赃国际警务合作时,他国向其请求协助对犯罪嫌疑人转移到该国境内的赃款赃物采取查封、扣押、没收等强制措施,该国仅可以对其境内该犯罪嫌疑人的银行账户予以冻结,但无法进行划拨。所以被请求国不能及时将该项赃款赃物没收并移交给请求国,这样就很难实现境外追赃国际合作的有效性。而且一些国家受本国法律的制约,对于犯罪嫌疑人使用转移入境的赃款赃物在其境内购买不动产,无法应请求国的请求对该项不动产采取查封、拍卖等措施,返还其变价款。对于犯罪嫌疑人转化犯罪所得形态的做法,这些国家无法实现境外追赃国际警务合作。

第三,在对第三人权利保护方面,在国际警务合作中,一些国家会要求被请求国对于合作的内加以保密,这就要求被请求国在执行请求国对犯罪嫌疑人犯罪所得的财物采取扣押、冻结、没收等强制措施时,对所要处理的财物向社会作出公示,以免损害第三人对财物的合法所有权的,第三人无法获知其财物受到侵害而及时提出主张权利的请求。第三人不能及时对自己的合法权益提出主张时,将会增大求权难度,当被请求国已经按照国际警务合作的规则向请求国移交了该项财物,那

---

① 张丽娟,严军.论惩治跨国腐败犯罪中联合侦查措施的运用.公安研究,2009(1):44.

么即使第三人事后再提出请求或者被请求国警察机关查明该财物的真正所有人,被请求国再想向请求国索要回该项财物也是非常困难的,不能有效保护善意第三人的合法权利,是境外追赃国际境外合作机制不完善的表现之一。①

第四,在犯罪嫌疑人将犯罪所得非法转移到境外的案件中,大多数的犯罪嫌疑人也会随后潜逃出境,这已成为一种国际普遍现象,但是在一些国家中,犯罪嫌疑人的外逃或失踪将导致该案件的侦查进入停顿状态,无法对犯罪嫌疑人进行追诉。而另一些国家对他国向其请求追缴并返还犯罪所得的请求是以收到该国生效的法律裁决文书作为前置程序的。在这种相互矛盾的情况下,就势必造成一些国家向他国请求移交、返还其犯罪嫌疑人的犯罪所得的目的不能得以实现。还有在境外追赃国际警务合作过程中,请求国请求他国对流入其国境内的犯罪所得采取扣押、冻结、没收等强制措施时,在一般情况下,被请求国都会要求请求国能够向其提供一定的证据材料,以证明其所请求处理的财产确属于在请求国国内的犯罪所得,而这项举证要求往往都是非常严谨的,在任何一证据链上的中断都很可能导致此次向他国请求扣押、返还犯罪所得的请求失败。事实上,这种严格的举证要求在现实生活中很难实现,在经济犯罪中尤其是洗钱犯罪中,犯罪嫌疑人很容易掩盖犯罪所得的真正来源,造成证据链的中断,这样严格的举证要求会在很大程度上增大境外追赃国际警务合作的难度。

5.1.5 预防监测犯罪所得转移不足

金融行动特别行动工作组(Financial Action Task Force on Money Laundering, FATF)评估显示,中国非法资金主要通过四种方式洗钱:(1)通过现金走私进行洗钱,即将侵占的他人资产或者公共财产通过各种途径予以藏匿从而带入国外;(2)借助各类交易手段来实施洗钱犯罪,例如借贷他人资金、网络上的账户支付、现金交易以及以商业手段来进行离岸交易,有时也会借助金融机构这类融资主体来达到洗钱目的;(3)借助商业途径实施洗钱犯罪,一般以削减(增加)进出口贸易产品的定价与骗取他人签订不真实的进出口合同等相关单据的形式进行洗钱;(4)通过地下钱庄进行洗钱。罪犯还通过在境外设立空壳公司通过对资金进行伪装交易和投资,隐瞒资金的真实来源。除以上四种洗钱方式之外,中国的洗钱犯罪

---

① 李青.联合侦查中的证据规则.安徽大学学报,2009(2):17.

的实施范围依然在日益增大,资金密集行业(例如房地产等)出现该类犯罪的频率最高。①

我国《反洗钱法》规范的对象主要是金融机构。根据 2006 年中国人民银行令〔2006〕第 1 号《金融机构反洗钱规定》第 2 条的有关内容,详尽地列举了《反洗钱法》相关规定所制约的在我国领土范围内依法设立的金融机构类型,规定适用于在中华人民共和国境内依法设立的下列金融机构:(一)商业银行、城市信用合作社、农村信用合作社、邮政储汇机构、政策性银行;(二)证券公司、期货经纪公司、基金管理公司;(三)保险公司、保险资产管理公司;(四)信托投资公司、金融资产管理公司、财务公司、金融租赁公司、汽车金融公司、货币经纪公司;(五)中国人民银行确定并公布的其他金融机构。从事汇兑业务、支付清算业务和基金销售业务的机构适用本规定对金融机构反洗钱监督管理的规定。

此外,目前我国关于公职人员财产申报的规定仍以有关部门于 1995 年 5 月 25 日出台的《关于党政机关县(处)级以上领导干部收入申报的规定》一文的内容为参照标准,其中的第二条明确指出了该法律适用主体的范围,"各级党的机关、人大机关、行政机关、政协机关、审判机关、检察机关的县(处)级以上(含县、处级,下同)领导干部须依照本规定申报收入。社会团体、事业单位的县(处)级以上领导干部,以及国有大、中型企业的负责人,适用本规定"。第三条则具体指出了需要予以申报的各类项目,即员工的薪水、通过多种劳务途径所收获的报酬、企事业单位的主管方经承租或者承租某个项目所收获的报酬以及所有的奖金或者福利等。从上述规定中可见,我国反洗钱措施还主要集中在金融领域,对其他领域的洗钱监管力度不够。并且,我国近 20 年的贪官中没有一个是从以上规定中被发现的,规定并没有起到实际监督监管的作用。目前我国只建立了收入申报制度,而未建立财产申报制度,申报主体只涉及县处级以上领导干部,也没有提升到法律层面,不具有法律上的约束力。因此,相关监管措施的跟进势在必行。

5.1.6 国际警务合作的理念僵化和滞后

警务合作机制的理念僵化与滞后是警务合作制度无法实现预期价值的一个重

---

① FATF, First Mutual Evaluation Report on Anti-money Laundering and Combating the Financing of Terrorism of People's Republic of China, retrieved on June 29, 2007.

要原因。开展国际警务合作境外追逃追赃时,除了我国相关的法律规定相对滞后,还存在着对国家主权原则的理解和适用比较狭隘以及合作机制构建比较僵化的问题,导致我国在境外追逃追赃的国际警务合作中时常处于不利局面,甚至拖延了案件的侦破进程和司法诉讼进程。

在国际关系中,国家主权是神圣不可侵犯的。主权的概念最早是法国的 Jeon Bodian 在其名著《论共和国》中首次提出的,他认为除了受自然法和神法的约束外,主权是作为统治地位的君主在其一国领域内不受法律限制的"绝对且永久的权力",不受其他任何约束。① 同时,"国家主权是国家最重要的属性,是国家最重要的权利和权力。国家独立自主地处理对内、对外事务的权力就是国家主权。由于这种权力不从属于任何外来的意志和干预,因此,国家主权在国内是最高的,在国际上是独立的。"② 国家主权作为现代国际法的基石,在国际法中有明确的依据即《联合国宪章》第 2 条规定的第一条原则就是主权原则,即:本组织系基于各会员国主权平等之原则。在现代国际社会中,只要国家作为国际社会的主体,国家主权原则就永远是指导国际合作的最基本、最重要的原则。境外追逃追赃活动实际上是一国执法活动向域外的延伸,在属地管辖原则上与所在国存在冲突,因而,在境外追逃追赃国际警务合作过程中如何平衡主权原则与跨境执法的关系便显得格外重要。我们应当看到,国家主权是一个随着社会、政治、经济、文化及国际交往和合作而不断发展变化的概念,同时将主权权利本身的绝对性和主权权力的行使区分开来。③ 国家主权权力分为对内对外两重属性:对内属性即宪法规定范围内的最高权力和权威,如领土主权、自卫权、独立权和管辖权等基本内核,这种权力和权威被认为是国内最高的、最原始的权力,具有一国范围内的排他性职权;对外属性为国家独立权和平等权,这种属性在国际相互关系中作用明显。同时,主权权力的行使对内应遵循合法原则和自然资源合理利用原则,对外应遵循平等、自愿、互不干涉原则。但是,主权者在行使主权权力时自愿实施的主权委托、限制、让渡的行为以及国际社会对违反国际法义务的国家进行合理地限制乃至制裁,并不构成对该国主权的侵犯。

鸦片战争以后,我国曾沦为西方列强的殖民地和半殖民地,形式上属于拥有自

---

① 劭沙平,余敏友. 国际法问题专论. 武汉:武汉大学出版社,2002:54-68.
② 王浩,黄亚英. 国际法. 西安:陕西人民出版社,2001.
③ 叶乃锋. 全球化背景下的国家主权析论. 河北法学,2006(6):88-93.

己政府的独立国家,而实质上在政治、经济等社会各方面都要受到外国殖民主义的控制和奴役,国家主权备受欺凌。因此1949年新中国成立后充分认识到主权对于一个国家的重要意义,积极捍卫这种至高无上、排他性的权力,将国家主权原则作为合作的前提和根本要求。在当下世界经济一体化、抵御恐怖主义犯罪全球化的社会背景下,处理海盗犯罪、腐败犯罪等问题时绝不能一味地将国家主权原则置于警务合作与司法合作制度之上,而要充分考虑整个世界的和平与安宁、公平与秩序,如果狭隘地认为被转移的犯罪所得系本国的财产,本国对其拥有完全的所有权,或者狭隘地认为逃犯或财物不是本国的,放任罪犯或财物逍遥法外,都是不可取的。

实际上,在遵循相互尊重国家主权原则的前提下,中国在开展境外追逃追赃国际警务合作的思维构建、制度设计、合作方式方面,以及在处理犯罪所得的具体案件操作程序上,都需要在坚持原则的前提下有一定的变通。比如,追逃追赃过程中没收的犯罪所得,无疑是请求国的财产,请求国有权要求全额返还。如果被请求国要求与请求国分享没收的犯罪所得,就有失国家的风范与国际合作精神。在这个问题上请求国和被请求国之间是可以相互协商的,这样的协商并不违反主权神圣不可侵犯的原则,而恰恰是主权原则的体现。因为如前所述,主权原则和主权的行使是两个不同的概念,主权是权利的归属问题,指权力的静止状态,而主权的行使是主权权能实现的动态过程。主权,包括国家司法主权的行使当以国家利益最大化为原则,是建立在"主权可以交易"这一基点之上的,不得机械地固守绝对的不可妥协理念。因为主权是相对的,在一个以国家为主体的"世界法治秩序"中,这种相对的国家主权其实只是一种权利,而权利是可以交换的。[1] 请求国同意与被请求国分享追逃追赃犯罪所得,合作双方可以在相互尊重对方的国家主权的前提下沟通协作,也是请求国在行使自己的国家主权的表现。因此,在世界经济一体化、世界政治多元化的今天,主权行使过程中的利益交易现象必然会越来越频繁,这也就要求在境外追逃追赃警务合作的过程中,中国必须秉持原则性与灵活性相结合的合作精神。

---

[1] 裴兆斌. 追缴腐败犯罪所得国际司法协助研究. 北京:中国人民公安大学出版社,2013:132.

5.2 境外追逃追赃国际警务合作运行机制改革方案

问题驱动下的国际警务合作是我国境外追逃追赃面临的现状,迫使我国亟须建立完善的信息沟通机制、统一的国际性合作机制、全面的犯罪资产监控机制。

5.2.1 依据《联合国反腐败公约》建立信息共享机制

《联合国反腐败公约》第 14 条第 2 款要求各缔约国必须建立金融情报机构,保证全世界范围内的金融情报机构相互合作。所谓金融情报机构,按照艾格蒙集团(Edmonton Group)定义,是指一个国家的负责接收、分析、报告、发现与正被侦查的犯罪所得相关的以及国家法律或法规要求的与反洗钱相关的国家中央机构。此外,《联合国打击跨国有组织犯罪公约》中,第 7 条第 1 款第 2 项指出,所有的签约国应当考虑建立金融情报机构作为搜集、分析和报告可能与洗钱有关的信息的国家中心。金融行动特别工作组(FATF)40 条建议则要求每一个国家都建立金融情报机构,负责搜集或储存报告的信息、分析信息和分享信息三项职能,并要求所有国家的主管当局等能够与其国内国外的合作机构交换信息并开展合作。正是由于洗钱犯罪的跨国性,单依靠国内《反洗钱法》进行处罚,很难实现打击洗钱犯罪的目的。[①] 所以,只有建立有效的国际信息共享机制,才能在不同国家金融情报机构之间形成信息网络交流,确保直接或间接追缴腐败犯罪所得及其收益。

建立稳定的、长期有效的信息沟通渠道或信息共享机制才能将境外追逃追赃警务合作推向深入发展。随着经济全球化的不断发展,各国之间的相互交往也日益频繁,国家之间跨越地理上的界限在越来越多的方面实行全球性合作。各国加入国际性组织,缔结各类公约从而集思广益、共同商讨解决国际性问题已经成为时代发展的主流形势。而境外追缴非法犯罪所得的国际司法合作就是在该种时代背景下产生的,其不仅能够打击跨国犯罪分子、追缴犯罪所得,保护被害国国家和公民的利益,挽回被害国和本国公民的损失,还可以在一定程度上优化各国警察机关的执法能力,增强警察机关与其他机关的协作配合,增强国家间的相互学习与协助。[②] 加强境外追逃追赃国际警务合作的工作还需要从信息、工作机制、组织机构

[①] 李晓欧. 打击跨国洗钱犯罪对策研究——以 FATF 工作任务为观照. 东北师大学报(哲学社会科学版),2014(1):19-24.

[②] 卢国学. 国际刑警组织. 北京:社会科学文献出版社,2003:3.

等各个方面加强合作,提高我国参与境外追逃追赃国际警务合作的效率和成效,提高打击跨国犯罪的力度。

为了规范我国与其他国家的警察机关的国际警务合作活动,我国相关主管部门正在积极寻求与其他国家缔结相关方面的条约,构建高度稳定的合作机制。比如2011年我国和美国签订的《中美联合声明》即为国际警务合作的完善和高级模式的代表之一,两国相关部门在诸多领域开展业务合作和交流,在中美合作联合联络执法小组机制下,高层密切联络,取得了显著的成效。双方在打击国际有组织性犯罪、逮捕和遣返跨国性犯罪嫌疑人、伪造货币犯罪、洗钱犯罪、走私毒品犯罪、侵犯知识产权犯罪、毒品运输犯罪、网络犯罪和反恐执法情报交流方面都进行着一定的互利合作。[①] 此外,中方和美方达成关于反恐信息交流与合作的五个备忘录,这使得中方和美方在没有引渡条约的情况下依然可以开展国际警务执法合作,惩治跨国犯罪活动。

2014年11月4日,中方第一次和法国就境外追缴贪污财产的问题开展了研讨会,双方来参与这一会议的有关部门的代表以及该领域的专家或研究人员总计50余人,他们积极地探索如何建立有效的警务合作机制和使双方相关法律得到良好地协调。《中华人民共和国政府和法兰西共和国政府关于刑事司法协助的协定》于2005年4月18日成功缔结;在2007年3月20日,双方又成功缔结了《中华人民共和国和法兰西共和国引渡条约》;在2007年到2013年这六年间,中国和法国在关于警务合作方面达成近百次合作,均收到了良好的成果。我国与其他国家在开展国际警务执法协助事务之时都可以应用这种模式。

同时,欧盟警务合作机制的运行也值得借鉴。总部设在海牙的欧洲警察署成立于1992年,是欧盟的执法机构,欧洲警察署设有中心信息存储系统。中心信息存储系统是一个大型数据库,包括毒品走私、有组织犯罪数据库以及"儿童色情数据库""非法移民数据库"等,为成员国提供了有利于犯罪调查的各种信息。欧盟成员国共同承担起提供和完善该系统的各类信息,欧洲警察署还专门设立了信息安全交换网络,成员国、欧洲警察署和签约的第三国可以用该系统交换行动或战略信息,并实行统一、标准的信息保护办法。欧盟建立了申根中心信息共享系统,该情报交换数据库包含了各成员国的人员、车辆、物品、丢失证件等信息,存储正在进

---

① 闵剑.对当前国际警务合作方式的探讨.上海公安高等专科学校学报,2005(1):26.

第5章 境外追逃追赃国际警务合作的现实困境与对策

行的或未来可能的犯罪和人员的个人信息,包括姓名、职业、政治观点、指纹、照片、DNA图谱和性取向等等。各成员国的各级警署和边境官员在例行检查工作时可以查看相关人员的信息。[①] 各成员国设有"SIRENE办公室"专门负责数据信息的提供和更新,并且负责跨国监控、紧急追踪和处理欧洲逮捕令的相关文件以及成员国之间的引渡事宜。欧盟中心信息存储系统的建立,加强欧盟成员国之间的合作,提高了警务合作效率和效果。

从欧盟警察署的机制中得到启发,首先,我国可以尝试建立外逃人员数据库,协调各部门信息共享工作,汇总各部门相关信息,完善信息情报软件数据库及时掌控出逃人员的情况,随时更新并保证信息畅通,加强国际警务情报信息合作,向有关部门通报信息,配备一套完整、先进的设施,实现外逃人员资料的快速共享、查询及检索比对系统。其次,相关单位还应建立稳定的沟通联系机制,及时掌握外逃人员的信息和动态,建立出境预警机制和可疑行踪报告机制。最后,公安机关还应与国外出入境部门保持良好的合作关系,甚至出入境纪录联网,运用科技手段完善出入境监控系统。建立和完善持因公护照和因私护照人员出入境监控系统,严格规范护照的审批、签发和管理,海关、边防部门要善于运用指纹鉴定技术、DNA鉴定技术、生物芯片技术和照片对比技术等现代科学技术和手段,还要规范相关的档案记录。[②] 我国公安部门可以通过这样一个完备的信息传输、信息交换、信息检索、信息搜集的网络执法系统,在该系统的帮助之下,与其他成员国及时地传递关于跨国经济犯罪、洗钱犯罪、国际性毒品犯罪的情报信息,从而有力的打击跨国犯罪和国际性犯罪。

此外,借鉴欧洲警察署在欧盟警务合作的成功经验,充分利用国内外的情报资源、信息化研判平台、银联查控平台、通信侦控平台,组织设立一个东盟区域行警务合作中心信息存储系统,即一个大型数据库,包括毒品走私数据库、有组织犯罪数据库、经济犯罪数据库以及"非法移民数据库"等,并实现东盟区域性信息共享。在"大数据"时代,借助"大数据"的信息资源为我国在区域范围内境外追逃追赃提供有利于犯罪调查的各种信息。

[①] 吴新明. 欧盟国际警务执法合作机制及其对完善"两岸四地"警务合作机制的启示. 中国人民公安大学学报,2014(3):151-156.

[②] 赵宇. 浅谈新时期我国公安机关境外追逃问题. 湖南警察学院学报,2011(1):67-68.

5.2.2 加强取证司法合作机制

我国《刑事诉讼法》仅仅在十七条笼统地规定:"根据中华人民共和国缔结或者参加的国际条约,或者按照互惠原则,我国司法机关和国外司法机关可以互相请求刑事司法协助。"这种没有具体实施方法的一般规定,没有明确地指出对于国外的刑事判决如何处置的问题,不利于我国与其他国家进一步加深国际合作。此外,不承认和执行外国刑事判决还违背了一事不再理的原则,有违刑罚人道主义,破坏了追诉犯罪与保障人权的关系;造成本国法律体系的不协调和不统一,与《引渡法》和我国与他国签订的某些刑事双边多边协议的规定不协调;影响了司法实践的操作,尤其是对于累犯的认定。因此,我国应当在不危害我国主权、安全、国家重大利益,并且不违反我国基本原则,充分保障当事人权利的情况下,附条件地对外国刑事判决予以承认与执行,并由法律加以明确。

关于承认与执行外国判决的立法模式,归纳世界各国的立法实践,主要有三种立法模式:一是法典式,即在刑事诉讼法中规定,如意大利1998年《刑事诉讼法典》第11编第4章规定了"外国刑事判决的效力";二是专门立法式,即采用专门的立法规定,如德国的《刑事诉讼法典》中没有规定承认与执行外国刑事判决的条款,而是集中规定在《国际刑事司法协助法》中;三是结合式,即以法典和专门立法相结合的方式规定,如加拿大《刑事法典》第12章关于没收和处置犯罪所得,包括了根据外国请求没收和处置有关犯罪收益的一系列规定。同时,关于承认与执行外国判决的规定,也散见于加拿大其他的专门法律中,如加拿大《关于执行移交被判刑罪犯条约的法案》规定了承认与执行监禁刑的合作制度。

从我国现有的法律来看,我国并没有制定出台专门的《国际刑事司法协助法》,从立法效率来看,不适宜采用专门立法式。另外由于我国较为接近大陆法系的立法特色,也不适宜采纳法典与专门立法相结合的立法模式。因此应当采取法典式的立法模式,通过修正案的形式将承认与执行外国判决的规定纳入我国的刑事诉讼法之中。

5.2.3 构建跨境追捕之特色机制

跨境追捕之特色机制主要是指引渡的替代性措施。引渡的替代性措施是指在各国之间开展引渡合作过程中,遇到的法律障碍或者技术上的困难之时,采用的移民法和刑法替代性手段,最终实现遣返逃犯的目的。结合近几年的国际警务执法合作的实践情况,引渡的替代措施可分为常规性替代手段和非常规性替代手段。前者包括移民法替代措施、刑法替代措施和劝说外逃人员自愿回国等,后者非常规行替代手段,在本文第四章已有论述。

移民法替代措施是指一方当事国通过遣返或者驱逐出境的方式将外国人遣送回其请求引渡的国家,使请求国可以对其进行刑事追诉。这种替代措施不违背请求国的主观意愿,在客观上形成了与引渡相同的法律效果,因而也被称为"事实引渡"。其中,驱逐出境是我国的外交和司法实践中比较普遍的一种国际性强制措施,在对外国人的犯罪行为的处置过程中有比较灵活的运用。①

驱逐出境,又称为逐出国境,是指已经犯罪的外国人在一定期限内强制遣返逐出本国境内的一种处罚措施,许多国家的法律法规和实践中都规定了这种对外国人的制裁方式。驱逐出境制度包含以下三方面含义:(1) 它是一种外交惩罚措施,是对滥用外交豁免权等特权的外交人员的制裁办法;(2) 它是行政处罚措施,是指公安机关或者安全机关对违反法律的外国犯罪分子驱逐出境;(3) 它是刑事制裁措施,是指对外国犯罪分子适用由人民法院判决的刑罚措施。该制度的国际法渊源在于国家主权原则,一个主权国家基于国家安全和利益维护的考虑,没有允许外国人进入境内的义务,又根据一国政府的领土管辖权,可以将违法入境的外国人在任何时候逐出国境,这是国家主权原则在管理外国人方面的具体体现,是领土管辖权的应有之义。出于各国的国际关系和外交关系的考虑,驱逐出境还是应该建立在相关的法律制度框架之内,依照一定的程序而为之。也就是说,驱逐出境应该履行一定的法律程序,同时赋予被驱逐出境者以申诉的权利。否则不管青红皂白的驱逐出境,是一种不友好的行为,势必造成国家间关系的不和谐。例如,1966 年的《公民权利和政治权利国际公约》中即对驱逐出境作出了相应的规定,在缔约国境内合法停留的外国人,非经依法判定,不得予以驱逐出境,并且除事关国家安全必须急速处分者之外,应准其提出不服驱逐出境裁决的理由。

驱逐出境的执行方式依据不同的适用对象进行区分,有两种形态。第一种形态是自动出境,即以宣告的方式令某外国人在指定的时限内离开境内,适用对象为

---

① Zhai Yue. Joint Investigation Mode of International Police Cooperation in Cross-border Pursuit Evasion and Return of Stolen Money or Goods. US-China Law Review (Journal) USA. 2014, 11(6): 733-735.

享有外交特权和领事特权的外交人员。具体程序是公安机关先查清基本犯罪事实,然后向外交部提出处理意见,外交部与该外国的犯罪人员的所属当事国的使馆联系,宣布该违法的外交人员为不受欢迎的人。第二种形态是强制出境,指对外国违法犯罪分子在国内由人民法院及有关司法机关作出判决或者裁决的决定之后,由国家公安机关对其以强制的方式将其驱逐出境。①

驱逐出境是移民法替代措施的重要方式之一,因为在实践中开展引渡可能存在诸多的法律问题,驱逐出境就是很重要的替代措施来达到引渡同样的效果。实践中的具体操作是一方当事国如果在无法通过引渡方式将犯罪分子遣返回国内,通常是通过吊销该犯罪人员的相关证件比如合法旅行证等手段,使其不能继续合法地居留在躲藏地国家,进而逼迫其遣返回本国。例如,对于"远华"特大走私案的犯罪嫌疑人赖昌星,我国主管机关经过不懈的努力,创造条件,终于使加拿大的相关机关按照加拿大的有关移民保护方面的法律将赖昌星遣返回我国。驱逐出境有效地遏制了在境外潜逃的犯罪嫌疑人,即使在两国未签署引渡条约的情况下也能发挥作用。

刑事处罚替代措施是指对于境外在逃的犯罪嫌疑人,如果其触犯了躲藏国的刑法(如其以欺诈手段获取签证等),请求国家搜集好已经掌握的该犯罪嫌疑人的犯罪证据材料之后,提交给该躲藏国的司法机关,支持该国司法机关对该犯罪嫌疑人进行起诉,让其在躲藏国接受判刑并且服刑完毕后被押解回其母国,或者营造环境,逼迫其自动接受母国的遣返。

2004年发生的中国银行特大贪污案余振东案就是采用了刑事处罚替代措施将其遣返回国。余振东原为中国银行开平支行行长,携巨款潜逃到美国境内,但是由于美国在关于引渡的问题上,采取的是"条约在先原则",而中国和美国尚未缔结引渡条约,所以美国主管机关并未主动对余振东启用引渡程序。但是余振东在潜逃到美国的两年半之后,被美国执法机关遣返回我国,这表面上看比较偶然,实际上,在余振东接受遣送前,他在美国的法律程序上是刑事被告人,处于非常不利的地位。因为余振东是采取转移资金这种欺诈的手段才得以进入美国的境内,而这种行为触犯了美国刑法。美国对余振东的重罪指控以及将会对其处以的刑罚是极

---

① 李红光.论引渡的替代措施//黄风,赵林娜.境外追逃追赃与国际司法合作.北京:中国政法大学出版社,2008:120.

第5章 境外追逃追赃国际警务合作的现实困境与对策

其严重的,美国将余振东拘留之后,对其提出的超过五项的刑事指控,每一项都属于重罪,仅其中一项罪名余振东就可能被判为终身监禁,余振东本人在这种特定的环境下自愿作出接受遣返的决定,实现了在对打击犯罪领域中美两方执法机关的合作愿望。通过对余振东的遣返案件的背景和条件的总结,可以得出如下的经验:对于某些携款潜逃的犯罪分子,如果我国与逃犯躲藏地国家没有签署或者加入引渡等相关条约,无法开展引渡合作,则可以通过配合该躲藏地国家的司法机关,以违反移民法犯罪或者洗钱罪等罪行使其在躲藏地国家被拘捕和刑事追诉,改变该犯罪分子在躲藏地国家的法律地位,取消其居留资格,剥夺其经济来源,营造将他遣返回国的环境或者创造其被迫接受遣返的条件。

劝说自愿回国,亦称"劝返"。近些年来,我国的一些刑事办案机关在案件的处理过程中发挥了主观能动性,对外逃的犯罪人员实行攻心战,办案人员有时会借助于相关刑事政策的帮助,说服教育外逃人员,鼓励他们自动归案,被称为"劝返"。"劝返"取得了很好的法律效果和社会效果,也成为中国特色的追逃追赃手段。其实在上述的余振东案件中,中美两国的执法机关在刑事诉讼的过程中,也充分发挥了"劝返"这一方良药的功效。在司法实践中,我国已经成功地利用劝说自愿回国的这一方法,说服了一定数目的犯罪嫌疑人自动归案,接受本国审判。2004年年底,原中国银行哈尔滨河松街支行行长高山,伙同商人李东哲骗取巨额存款后潜逃加拿大,在中加双方历经八年之久的国际警务合作和国际刑事司法协助下,高山于2012年8月回国自首。2013年9月,中行"高山案"在哈尔滨市中级人民法院开庭审理。高山被劝返回国的成功案例,体现出一些外逃人员在"移民法遣返"和"异地追诉"等各种压力之下,极可能接受"劝返",进而提高境外追逃的效率。高山案和赖昌星案有诸多相似之处,但两人出逃时的身份、在加拿大的诉讼程序以及回国的方式都不相同。① 从高山案反思我国的境外追逃工作,可以看到高山回国是多种因素作用的结果,也反映出我国国际刑事司法合作正日趋完善,但仍需要进一步开拓我国与西方发达国家的国际刑事司法合作新领域。

国际通缉,是国际刑警组织各成员国充分利用的一种国际侦查措施。国际通缉主要用于追踪、逮捕并且引渡潜逃的犯罪嫌疑人和罪犯。在全世界范围内实施犯罪嫌疑人通缉制度是国际刑警组织的一项创举,经过几十年的实施与推广,已被各

---

① 张磊.从高山案看我国境外追逃的法律问题.吉林大学社会科学学报,2014,54(1):87-94.

成员国的法律和司法实践所认可,在打击和防范跨国犯罪或国际犯罪方面发挥着巨大作用。据悉,国际刑警组织平均每年发出 860 个红色通缉令,至目前为止,全球范围内共有 5 800 个仍然生效的红色通缉令。国际通缉的形式是签发红色通缉令,在国际法上具有临时拘捕证的效力。例如,《中华人民共和国和泰王国引渡条约》第 9 条第 1 款规定:"在紧急情况下,缔约一方可以请求缔约另一方临时羁押被请求引渡人。此种请求可通过外交途径或国际刑警组织以书面方式提出。"这种国际引渡条约规定的在紧急情况下适用的书面方式,就是红色通缉令。红色通缉令,是国际刑警组织的红色通报。迅捷的国际通报是国际刑警组织在全球范围内进行执法合作的主要手段。国际通报左上角国际刑警组织的警徽标志的颜色被分为 5 种类型。其中,黑色通报是用于识别死亡者的身份的通报,黄色通报是搜集关于失踪人员的信息的通报,绿色通报是用于通报国际性犯罪嫌疑人的活动情况的通报,蓝色通报是要求获取犯罪证据的通报,而红色通报则被国际社会公认为是一种可以进行临时拘留的国际拘捕令。

国际通缉具有法律效力。一般来说,有关国家的司法机关首先对那些应当追究法律责任的在逃人员发出逮捕令,同时向国际刑警组织申请发出红色通报,要求在全球范围内或局部地区进行逮捕和引渡。红色通缉令一经发出,即在国际刑警组织属下的 191 个成员国生效,各成员国共同肩负缉捕在逃人员任务。对于请求国而言,红色通缉令的发出就预示着将本国司法机关对某一特定案件当事人的管辖权临时授予被请求国家的警察机关,即临时委托国际刑警组织的成员国行使对某一犯罪嫌疑人或在逃人员的拘捕权。而对于被请求国即协助国家来说,则意味着接受另一成员国的委托,代行临时管辖权.将红色通缉令视为执行拘捕犯罪嫌疑人或在逃人员的法律依据,推定通缉对象的犯罪行为属实或罪名成立,从而按照本国的法律规定将通缉对象拘捕。

因此,构建跨国追捕之特色遣返机制,处理相互间潜逃的犯罪嫌疑人或罪犯的移交问题,具有极其重要的现实意义。

5.2.4 建立没收所得收益分享机制

扣押、移交赃款赃物和直接追缴犯罪所得合作机制不健全中最关键的一点是在境外追赃的合作机制中没有明确规定费用补偿机制和收益分享机制的内容。在通常情况下,请求国请求被请求国协助其追缴流入其境内的赃款赃物,被请求国应当按请求国要求对该项财物实行强制措施并将执行的所有财物及相关孳息全部返还给请求国,而执行该项财物的费用往往是由被请求国承担。① 但是如果被请求国在执行请求国请求对某项财物实行扣押、冻结、没收等强制措施的过程中,所需要花费的费用较大时,要求被请求国单方面承担此项费用而不进行补偿往往会造成被请求国怠于执行司法合作,或者由于被请求国国内经费的问题而影响赃款赃物追缴的效果。在这种情况下,请求国应当就该笔费用进行一定的补偿,请求国与被请求国之间应通过针对个案的具体协商确定如何补偿被请求国针对该案所需的执行费用。对于收缴的犯罪所得及其孳息,被请求国一般情况下应当及时转交给请求国,但是作为该项财物的流入国,即该项财物现在的所有国,被请求国应到可以在一定的比例或数量范围内向请求国请求分享部分收益,这也是增加被请求国进行国际警务合作积极性的合理做法。如果缺乏费用补偿机制和收益的分享机制,就有可能影响各国进行国际警务合作的积极性,降低各国打击跨国犯罪的力度。

在借助国际警务合作这一途径成功追回被贪污的赃款后,请求国一般会将没收的财产中的一部分给予司法协助的相关国家作为补偿,这在一定程度上对国际警务合作的开展起到了良好的促进作用。国际公约中《联合国打击跨国有组织犯罪公约》与《联合国反腐败公约》均对这种请求国分享成功追回的财产的行为进行了规定。此外,包含美国在内的一些国家还建立了相关的分享制度,对其予以系统化和规范化的规定,而我国在这方面的制度仍然有所缺失,仅仅针对具体案件予以简易的合作,也没有缔结相关的没收赃款、赃物予以分享的协议。

对于被没收资产的处置,分享是国际惯例。美国、欧盟、日本、新加坡等都与其他国家签署了相关协议。在美国,分享被没收资产的比例取决于美国司法机构在执法合作中作出的"贡献",可分为三个档次。有重大协助的分享比例为50%~80%,较大协助的分享比例为40%~50%,提供便利的分享比例通常在40%以下。② 澳大利亚《犯罪收益追缴法》中有明确的"资产分享"的规定,根据该法规,在帮助其他国家成功追缴资产后,澳方有权对被没收的资产实行分享,但是并未像美国那样具体设置了分享比例的机制。我国在该方面的立法进程,正趋于完善化。

---

① 刘剑.中南亚地区建立多边引渡合作制度的可行性.四川警察学院学报,2007(4):17.
② 许琳琳.境外追赃资产的分享机制.滨州学院学报,2013,29(1):79-83.

例如,根据我国禁毒法的有关内容,在协助外国成功追回财产后,中方有权同被协助国分享被没收的资产。值得关注的是,我国于 2013 年 6 月已经和加拿大谈判达成并准备签署"分享和返还被追缴资产协定",该协定是中国就追缴犯罪所得的第一项专门协定,协议生效后将对两国境外追赃合作提供便利条件。纵观当前的发展趋势,我国有必要制定科学合理的资产分享制度。

总体来说,我国应合理地正视资产分享制度对于境外追缴非法财产所得的作用,即使难以追回全部财产,能够在他国的帮助下追回部分财产,也可以在一定程度上挽回国家财产损失和起到一定的警示作用。具体来说,可以借鉴美国的收益分享制度,和他国签订资产分享协议,根据他国在资产追缴中的贡献将协助分为重大协助、较大协助和提供便利,根据贡献确定符合我国情况的资产分享比例,如可以将三者的分享比例分别确定为 40%~60%,30%~40%,30% 以下,通过该制度来对他国协助我国司法机关进行境外追缴工作起到促进作用。

5.2.5 加强国际化金融犯罪监检合作体制

《联合国反腐败公约》第一条声明公约宗旨第一条,"促进和加强各项措施,以便更加高效而有力地预防和打击腐败",预防腐败犯罪可以从源头处遏制犯罪行为的发生,本文针对我国目前预防检测犯罪所得转移不足的问题,提出建设国际化金融犯罪监督检查合作体制,具体如下:

第一,要扩大反洗钱义务主体领域。除《反洗钱法》所规定的各类适用的金融机构主体外,也应该将房地产行业、珠宝行业等涉及巨大交易金额的领域囊括进去。此外,大力宣传公众的反洗钱义务,使其建立起相关的责任意识,从而通过提供情报等途径来协助司法部门对于这类犯罪分子的缉拿工作。

第二,构建有效且全面的资产监管系统。通过各类监管部门(例如司法机关、中国人民银行等)的积极协作和良好交流来保障监管工作顺利且有效地运行,从而对非法占有他人财产的跨国洗钱犯罪及时惩治。通过各部门信息共享、各缔约国间信息情报交换,建立以情报信息为先导的跨国洗钱资金监控配合机制,增加境外追缴贪污财产问题的成功率。

第三,对于《公职人员财产申报法》的构建问题亟待解决。事实上,该项法律的构建早在 1994 年就被纳入我国相关立法部门的规划中,只是目前依然没有制定;随后,国务院监察部与法制局于 1998 年联合拟定了《国家行政人员报告财产和收人的规定草案》。在2015年人大、政协会议上,又有委员提出尽快制定财产申报法议案,就申报人范围、申报内容、申报、公布财产时间、方式和程序、审核和处罚办法和执法机关等内容进行规范,进一步加强公职人员自身资产的透明度,从而有效地避免贪污公款的行为的发生。

5.2.6 以社会工程的研究视角完善国际警务合作机制

警务合作机制的构建宛如一个社会工程,它需要关照各个方面的信息与制度并经过通盘的系统性思考方能获得一种科学合理的方法。警务合作以法律制度为支撑要素,因而在某种意义上也可说是一种法律工程。有学者认为,法律工程研究的旨趣与目的在于依据我们所认识到的事物的"规律"或"道理"以人的价值偏好为原则,以实际的生活与社会效用为目的,运用实际材料,思考、设计和构建理想事物的思想理念。其典型特点有三个,分别是强烈的价值偏好、理想的目标设定和预期的社会效用。[①] 法律工程研究的上述特点也是境外追逃追赃国际警务合作机制构建的基点,为此,本文尝试借鉴"社会工程思维"的思维方式,根据法律工程研究的上述三个特征提出了构建"境外追逃追赃国际警务合作工程"的新理念,立足于我国境外追逃追赃国际警务合作的现实,充分考量我国境外追逃追赃国际警务合作的目的,综合运用有关法律的"规律"及其他思想理论资源,建构理想的追逃追赃国际警务合作法律制度框架及其运作机制,以一定的社会价值、法律价值和政治立场为路径控制根据,以达到理想的法律境界为指向,通过运用有关法律的"道理",综合运用现实材料,以效果为指标,思考和设计该工程运行活动。

境外追逃追赃国际警务合作机制工程是一个复杂庞大的动态运行机制工程,需要借助相关国际组织机构的平台,各国间公安、司法、外交和移民事务管理部门协同合作,合作成功与否取决于各主权国家的国家利益偏好,这一偏好受各国的外交关系、经济利益、军事力量、政治立场、文化和社会等诸多方面的影响。在国际关系融洽的国家间,在满足各自国家利益需要的主观偏好的情况下,可以较为顺利地开展追逃追赃国际警务合作;反之合作国关系不友善时,警务合作难以展开。另外,虽然国际警务合作倡导互利互惠原则,但是有特殊政治经济地位的强国在国际警务合作中往往充当"世界警察"的角色,国际警务合作呈现出明显的不对等性。

[①] 姚建宗.法学研究及其思维方式的思想变革.中国社会科学,2012(1):119-139.

比如,美国在与周边国家的警务合作中,就曾经采取单边行动,引起周边国家的不满,但是由于经济、技术发展的不均衡的因素,造成许多国家在国际警务合作中不得不在资金、技术等方面对美国产生依赖性,从而使美国成为国际警务合作的最大受益者。

现如今,随着中国成为世界上第二大经济体的地位逐步确立,我国开展境外追逃追赃国际警务合作也取得了较为明显的效果。截至2014年7月,我国已经与39个国家签署了引渡条约、107项各类司法协助条约、与83个国家建立了警务合作关系、与31个国家建立了警务合作定期会晤机制、向其他合作国家派驻了62名联络警官,在制度和机制上加强了我国与其他国家在警务合作上的交流与合作。同时,我国公安部在"2014猎狐"、"2015天网"追逃追赃专项行动中,都取得了显著的成果。当前我国应当发挥大国优势,建立与周边国家的友好合作的关系的同时维护与其他大国强国的关系,积极应对世界政治、经济格局变化,有效保障我国在国际警务合作中处于优势地位,实现我国对出逃犯罪嫌疑人的有效司法管辖。

结　　论

本文以人文和社会科学领域的"理论思维"与"工程思维"方法,将境外追逃追赃国际警务合作机制的构建与完善视为一项"法律工程",将工程设计、工程材料要素、工程图纸、工程施工运行作为这一庞大的人造物的研究对象,预设追逃追赃国际警务合作的理想状态,建立一个常态化的良性运行机制。该项法律工程的整体规划取决于设计师的人文情感和法律价值取向,站在我国的立场上,是以境外追逃追赃国际警务合作的法律制度和组织机构框架为工程建设的基础材料,以合作机制的运行脉络为该项工程的纽带,聚焦我国在国际警务合作工程运行中的各种阻力问题,设计出境外追逃追赃国际警务合作机制工程的未来改革方案。

依据我国现有的法律制度和法律框架,目前我国与国外积极开展国际警务合作取得了一定的成就。但是,不可否认的是,我国在境外追逃追赃的国际警务合作过程中仍然存在不少的法律问题。

第一,跨国性犯罪的数据和情报交流机制不够畅通。数据和情报的沟通和交流对于警察机关来说是极为重要的,其不仅可以为打击刑事犯罪行为提供侦查的方向和线索,而且数据和情报本身作为证据材料的属性还能为控制和惩治各类国际性和跨国性犯罪的侦破做好铺垫和准备,这些信息是公安机关得以高效快速地侦破的基础。

第二,境外追逃追赃的证据搜集限制较多。证据的搜集是国际警务合作中至关重要的环节,由于跨国犯罪涉及范围多、领域广,需要掌握的犯罪证据可能存在于不同的国家,这就需要域外取证或者委托取证,请求国向被请求国(犯罪分子的流入国家)作出请求,请求其协助调查搜集相关证据,被请求国家应当按照本国的法律尽可能地满足请求国的委托侦查、搜捕等工作。但是委托取证有着不可避免的缺陷,被请求国对犯罪案件不甚了解,不熟悉犯罪分子的个人情况以及犯罪事实,在委托调查取证中存在着一定的困难。而且跨境取证这个问题本身由于处于别国境内，涉及主权以及一国的刑事管辖权问题，因为各个国家的国情和实际情况的不同，域外取证和委托取证都被认为是个敏感的话题，在实际进行过程中存在许多障碍。

第三，移交赃款赃物、扣押、直接追缴犯罪所得受到一定的限制。在境外追逃追赃工作中，能够成功地追缴回犯罪分子向境外非法转移的赃款赃物是一个重要的问题，直接关系的是财产受害人的切身权利，还意味着一国的司法尊严和国家主权。然而境外追缴资产本身是一个比较复杂的过程，需要遵循一套完整、细致、严密的程序方能开展，所以各个国家在追缴境外资产这个过程中面临着很大的考验，各个国家为了更好地维护自身的主权和利益，均在缔结的国际条约中，对移交赃款赃物、扣押、直接追缴犯罪所得作出了一定的限制，基本原则是所追缴的资产确实与犯罪行为相关，并且不违背本国法律制度。这样的限制确实维护了当事国家的利益，但是给境外追逃追赃的工作带来了一定的难题。

可以看到，追逃追赃的合作模式也在日益多样化。公安机关可以利用一切可以使用的方式来减少跨国性犯罪对我国经济社会安全造成的损失，在追回犯罪资产方面，除了传统的扣押、冻结、查封措施，还可以在我国与其他国家警察机关签署打击跨国犯罪的合作条约的前提下，由公安机关告知被害人直接请求境外警方予以协助追回财产的方式；对于与我国缔结了司法协助条约的国家，可以通过司法部门之间的合作完成追赃工作，也可以在提出引渡申请的同时提出追赃的请求。另外，公安机关也可以通过施加压力的方式对犯罪分子进行诱导或者劝服其自动退赃，由境外执法机关在其境内开展刑事诉讼程序，对犯罪嫌疑人依法追诉以追缴犯罪所得。同时，基于跨国犯罪的隐蔽性和复杂性，为了更好地实现追逃追赃工作，我国公安机关正在积极探索特殊的侦查方式的结合运用，包括控制下交付、电子监听监视手段、特工侦查手段、卧底侦查手段、线人侦查手段、诱惑侦查手段等多种侦查方式，致力于让境外追逃追赃的国际警务合作工作的开展更加高效和快捷，从而提高破案率。

当前，跨区域、跨国犯罪等涉外性犯罪不断给我国带来巨大挑战，这就要求我们进一步完善境外追逃追赃的国际警务合作机制。首先，应建立境外追逃追赃的民事诉讼机制，即财产受害人直接按照财产所在地国家的法律程序，向财产所在地国家提出主张，通过民事诉讼的方式追缴资产。其次，对于目前存在的国际警务合作工作中出现的问题，应该积极地进行相关的立法，构建国内的关于境外追逃追赃的国际警务合作方面的法律制度,《国际刑事司法协助法》的出台将是众望所归。只有详细地规定了司法协助的内容、程序、方式,以及在现有的法律基础上增加一些配合国际警务合作的审查执行等相关的刑事诉讼程序,法律文书的送达方面的内容,才能构建一部与国际警务合作相关的国内法律制度。最后,我国还应积极建立金融情报机构,并借鉴美国等西方国家的成功经验,建立没收犯罪所得与收益分享机制,科学合理地按贡献比例分配犯罪所得与收益。此外,我国还应扩大反洗钱义务主体,以情报信息为先导,全面构建的资产监管系统,积极出台《公职人员财产申报法》等立法,全方位提高境外追逃追赃国际警务合作的效率,实现预防和打击腐败犯罪的双重目的。

同时,恐怖主义犯罪、贩卖毒品犯罪等国际性犯罪也日渐猖獗,所以我国应该不断地深化和更新各个国家警察机关的合作经验和技术交流,开展警察国际化培训,提高和完善警察系统的专业技术水平和综合素质。通过设计明确的警察培养目标,科学合理的课程培训的框架体系,建立和健全国际化警务专门人才中外合作培养的工作机制和体制,加大各方面软硬件的建设,以适应警察国际化培训的要求,力图做到培训模式国际化、培训内容标准化、培训方法科学化、培训手段现代化、培训教官专业化。因此,切实发挥国际刑警组织的核心作用,提高警察执法一体化水平,深化警察执法一体化势在必行,势不可挡。

境外追逃追赃国际警务合作机制工程的设计中,在国际刑警组织、欧洲刑警组织、其他国际性和区域性组织的工程框架下,以国际公约、双边和多边条约及相关国内法律法规为支撑要素,在各国相关部门相互配合的合作模式下,形成一个网状系统,为合作机制工程设计蓝图和脉络。然而,该项合作机制工程的运行实施过程中遇到了信息交流障碍、域外取证合作障碍、没收及预防犯罪所得转移监管不足等问题,本文提出了完善信息共享机制、取证合作机制、没收犯罪所得分享机制、金融犯罪监检合作机制等改革方案,为实现理想化国际警务合作贡献绵薄之力。

附录　联合国反腐败公约(中文本)

本公约缔约国,关注腐败对社会稳定与安全所造成的问题和构成的威胁的严重性,它破坏民主体制和价值观、道德观和正义并危害着可持续发展和法治,并关注腐败同其他形式的犯罪特别是同有组织犯罪和包括洗钱在内的经济犯罪的联系,还关注涉及巨额资产的腐败案件,这类资产可能占国家资源的很大比例,并对这些国家的政治稳定和可持续发展构成威胁,确信腐败已经不再是局部问题,而是一种影响所有社会和经济的跨国现象,因此,开展国际合作预防和控制腐败是至关重要的,并确信需要为有效地预防和打击腐败采取综合性的、多学科的办法,还确信提供技术援助可以在增强国家有效预防和打击腐败的能力方面发挥重要的作用,其中包括通过加强能力和通过机构建设,确信非法获得个人财富特别会对民主体制、国民经济和法治造成损害,决心更加有效地预防、查出和制止非法获得的资产的国际转移,并加强资产追回方面的国际合作,承认在刑事诉讼程序和判决财产权的民事或者行政诉讼程序中遵守正当法律程序的基本原则,铭记预防和根除腐败是所有各国的责任,而且各国应当相互合作,同时应当有公共部门以外的个人和团体的支持和参与,例如民间社会、非政府组织和社区组织的支持和参与,只有这样,这方面的工作才能行之有效,还铭记公共事务和公共财产妥善管理、公平、尽责和法律面前平等各项原则以及维护廉正和提倡拒腐风气的必要性,赞扬预防犯罪和刑事司法委员会和联合国毒品和犯罪问题办事处在预防和打击腐败方面的工作,回顾其他国际和区域组织在这一领域开展的工作,包括非洲联盟、欧洲委员会、海关合作理事会(又称世界海关组织)、欧洲联盟、阿拉伯国家联盟、经济合作与发展组织和美洲国家组织所开展的活动,赞赏地注意到关于预防和打击腐败的各种文书,其中包括:美洲国家组织于1996年3月29日通过的《美洲反腐败公约》、欧洲联盟理事会于1997年5月26日通过的《打击涉及欧洲共同体官员或欧洲联盟成员国官员的腐败行为公约》、经济合作与发展组织于1997年11月21日通过的

《禁止在国际商业交易中贿赂外国公职人员公约》、欧洲委员会部长委员会于1999年1月27日通过的《反腐败刑法公约》、欧洲委员会部长委员会于1999年11月4日通过的《反腐败民法公约》和非洲联盟国家和政府首脑于2003年7月12日通过的《非洲联盟预防和打击腐败公约》，欢迎《联合国打击跨国有组织犯罪公约》于2003年9月29日生效，一致议定如下：

第一章 总则

第一条 宗旨声明

本公约的宗旨是：

（一）促进和加强各项措施，以便更加高效而有力地预防和打击腐败；

（二）促进、便利和支持预防和打击腐败方面的国际合作和技术援助，包括在资产追回方面；

（三）提倡廉正、问责制和对公共事务和公共财产的妥善管理。

第二条 术语的使用

在本公约中：

（一）"公职人员"系指：1. 无论是经任命还是经选举而在缔约国中担任立法、行政、行政管理或者司法职务的任何人员，无论长期或者临时，计酬或者不计酬，也无论该人的资历如何；2. 依照缔约国本国法律的定义和在该缔约国相关法律领域中的适用情况，履行公共职能，包括为公共机构或者公营企业履行公共职能或者提供公共服务的任何其他人员；3. 缔约国本国法律中界定为"公职人员"的任何其他人员。但就本公约第二章所载某些具体措施而言，"公职人员"可以指依照缔约国本国法律的定义和在该缔约国相关法律领域中的适用情况，履行公共职能或者提供公共服务的任何人员；

（二）"外国公职人员"系指外国无论是经任命还是经选举而担任立法、行政、行政管理或者司法职务的任何人员；以及为外国，包括为公共机构或者公营企业行使公共职能的任何人员；

（三）"国际公共组织官员"系指国际公务员或者经此种组织授权代表该组织行事的任何人员；

（四）"财产"系指各种资产，不论是物质的还是非物质的、动产还是不动产、有形的还是无形的，以及证明对这种资产的产权或者权益的法律文件或者文书；

（五）"犯罪所得"系指通过实施犯罪而直接或间接产生或者获得的任何财产；

（六）"冻结"或者"扣押"系指依照法院或者其他主管机关的命令暂时禁止财产转移、转换、处分或者移动或者对财产实行暂时性扣留或者控制；

（七）"没收"，在适用情况下还包括充公，系指根据法院或者其他主管机关的命令对财产实行永久剥夺；

（八）"上游犯罪"系指由其产生的所得可能成为本公约第二十三条所定义的犯罪的对象的任何犯罪；

（九）"控制下交付"系指在主管机关知情并由其监控的情况下允许非法或可疑货物运出、通过或者运入一国或多国领域的做法，其目的在于侦查某项犯罪并查明参与该项犯罪的人员。

第三条 适用范围

一、本公约应当根据其规定适用于对腐败的预防、侦查和起诉以及根据本公约确立的犯罪的所得的冻结、扣押、没收和返还。

二、为执行本公约的目的，除非另有规定，本公约中所列犯罪不一定非要对国家财产造成损害或者侵害。

第四条 保护主权

一、缔约国在履行其根据本公约所承担的义务时，应当恪守各国主权平等和领土完整原则以及不干涉他国内政原则。

二、本公约任何规定概不赋予缔约国在另一国领域内行使管辖权和履行该另一国本国法律规定的专属于该国机关的职能的权利。

第二章 预防措施

第五条 预防性反腐败政策和做法

一、各缔约国均应当根据本国法律制度的基本原则，制定和执行或者坚持有效而协调的反腐败政策，这些政策应当促进社会参与，并体现法治、妥善管理公共事务和公共财产、廉正、透明度和问责制的原则。

二、各缔约国均应当努力制定和促进各种预防腐败的有效做法。

三、各缔约国均应当努力定期评估有关法律文书和行政措施，以确定其能否有效预防和打击腐败。

四、缔约国均应当根据本国法律制度的基本原则，酌情彼此协作并同有关国际组织和区域组织协作，以促进和制定本条所述措施。这种协作可以包括参与各种预防腐败的国际方案和项目。

第六条 预防性反腐败机构

一、各缔约国均应当根据本国法律制度的基本原则，确保设有一个或酌情设有多个机构通过诸如下列措施预防腐败：

（一）实施本公约第五条所述政策，并在适当情况下对这些政策的实施进行监督和协调；

（二）积累和传播预防腐败的知识。

二、各缔约国均应当根据本国法律制度的基本原则，赋予本条第一款所述机构必要的独立性，使其能够有效地履行职能和免受任何不正当的影响。各缔约国均应当提供必要的物资和专职工作人员，并为这些工作人员履行职能提供必要的培训。

三、各缔约国均应当将可以协助其他缔约国制定和实施具体的预防腐败措施的机关的名称和地址通知联合国秘书长。

第七条 公共部门

一、各缔约国均应当根据本国法律制度的基本原则，酌情努力采用、维持和加强公务员和适当情况下其他非选举产生公职人员的招聘、雇用、留用、晋升和退休制度，这种制度：

（一）以效率原则、透明度原则和特长、公正和才能等客观标准原则为基础；

（二）对于担任特别容易发生腐败的公共职位的人员，设有适当的甄选和培训程序以及酌情对这类人员实行轮岗的适当程序；

（三）促进充分的报酬和公平的薪资标准，同时考虑到缔约国的经济发展水平；

（四）促进对人员的教育和培训方案，以使其能够达到正确、诚实和妥善履行公务的要求，并为其提供适当的专门培训，以提高其对履行其职能过程中所隐含的腐败风险的认识。这种方案可以参照适当领域的行为守则或者准则。

二、各缔约国均应当考虑采取与本公约的目的相一致并与本国法律的基本原则相符的适当立法和行政措施，就公职的人选资格和当选的标准作出规定。

三、各缔约国还应当考虑采取与本公约的目的相一致并与本国法律的基本原则相符的适当立法和行政措施，以提高公职竞选候选人经费筹措及适当情况下的政党经费筹措的透明度。

四、各缔约国均应当根据本国法律的基本原则，努力采用、维持和加强促进透明度和防止利益冲突的制度。

第八条　公职人员行为守则

一、为了打击腐败，各缔约国均应当根据本国法律制度的基本原则，在本国公职人员中特别提倡廉正、诚实和尽责。

二、各缔约国尤其应当努力在本国的体制和法律制度范围内适用正确、诚实和妥善履行公务的行为守则或者标准。

三、为执行本条的各项规定，各缔约国均应当根据本国法律制度的基本原则，酌情考虑到区域、区域间或者多边组织的有关举措，例如大会1996年12月12日第51/59号决议附件所载《公职人员国际行为守则》。

四、各缔约国还应当根据本国法律的基本原则，考虑制定措施和建立制度，以便于公职人员在履行公务过程中发现腐败行为时向有关部门举报。

五、各缔约国均应当根据本国法律的基本原则，酌情努力制定措施和建立制度，要求公职人员特别就可能与其公职人员的职能发生利益冲突的职务外活动、任职、投资、资产以及贵重馈赠或者重大利益向有关机关申报。

六、各缔约国均应当考虑根据本国法律的基本原则，对违反依照本条确定的守则或者标准的公职人员采取纪律措施或者其他措施。

第九条　公共采购和公共财政管理

一、各缔约国均应当根据本国法律制度的基本原则采取必要步骤，建立对预防腐败特别有效的以透明度、竞争和按客观标准决定为基础的适当的采购制度。

这类制度可以在适用时考虑到适当的最低限值,所涉及的方面应当包括:

(一)公开分发关于采购程序及合同的资料,包括招标的资料与授标相关的资料,使潜在投标人有充分时间准备和提交标书;

(二)事先确定参加的条件,包括甄选和授标标准以及投标规则,并予以公布;

(三)采用客观和事先确定的标准作出公共采购决定,以便于随后核查各项规则或者程序是否得到正确适用;

(四)建立有效的国内复审制度,包括有效的申诉制度,以确保在依照本款制定的规则未得到遵守时可以诉诸法律和进行法律救济;

(五)酌情采取措施,规范采购的负责人员的相关事项,例如特定公共采购中的利益关系申明、筛选程序和培训要求。

二、各缔约国均应当根据本国法律制度的基本原则采取适当措施,促进公共财政管理的透明度和问责制。这些措施应当包括下列方面:

(一)国家预算的通过程序;

(二)按时报告收入和支出情况;

(三)由会计和审计标准及有关监督构成的制度;

(四)迅速而有效的风险管理和内部控制制度;

(五)在本款规定的要求未得到遵守时酌情加以纠正。

三、各缔约国均应当根据本国法律的基本原则,采取必要的民事和行政措施,以维持与公共开支和财政收入有关的账簿、记录、财务报表或者其他文件完整无缺,并防止在这类文件上作假。

第十条 公共报告

考虑到反腐败的必要性,各缔约国均应当根据本国法律的基本原则采取必要的措施,提高公共行政部门的透明度,包括酌情在其组织结构、运作和决策过程方面提高透明度。这些措施可以包括下列各项:

(一)施行各种程序或者条例,酌情使公众了解公共行政部门的组织结构、运作和决策过程,并在对保护隐私和个人资料给予应有考虑的情况下,使公众了解与其有关的决定和法规;

(二)酌情简化行政程序,以便于公众与主管决策机关联系;

(三)公布资料,其中可以包括公共行政部门腐败风险问题定期报告。

第十一条　与审判和检察机关有关的措施

一、考虑到审判机关独立和审判机关在反腐败方面的关键作用,各缔约国均应当根据本国法律制度的基本原则并在不影响审判独立的情况下,采取措施加强审判机关人员的廉正,并防止出现腐败机会。这类措施可以包括关于审判机关人员行为的规则。

二、缔约国中不属于审判机关但具有类似于审判机关独立性的检察机关,可以实行和适用与依照本条第一款所采取的具有相同效力的措施。

第十二条　私营部门

一、各缔约国均应当根据本国法律的基本原则采取措施,防止涉及私营部门的腐败,加强私营部门的会计和审计标准,并酌情对不遵守措施的行为规定有效、适度而且具有警戒性的民事、行政或者刑事处罚。

二、为达到这些目的而采取的措施可以包括下列内容:

(一)促进执法机构与有关私营实体之间的合作;

(二)促进制定各种旨在维护有关私营实体操守的标准和程序,其中既包括正确、诚实和妥善从事商业活动和所有相关职业活动并防止利益冲突的行为守则,也包括在企业之间以及企业与国家的合同关系中促进良好商业惯例的采用的行为守则;

(三)增进私营实体透明度,包括酌情采取措施鉴定参与公司的设立和管理的法人和自然人的身份;

(四)防止滥用对私营实体的管理程序,包括公共机关对商业活动给予补贴和颁发许可证的程序;

(五)在合理的期限内,对原公职人员的职业活动或者对公职人员辞职或者退休后在私营部门的任职进行适当的限制,以防止利益冲突,只要这种活动或者任职同这些公职人员任期内曾经担任或者监管的职能直接有关;

(六)确保私营企业根据其结构和规模实行有助于预防和发现腐败的充分内部审计控制,并确保这种私营企业的账目和必要的财务报表符合适当的审计和核证程序。

三、为了预防腐败,各缔约国均应当根据本国关于账簿和记录保存、财务报表

披露以及会计和审计标准的法律法规采取必要措施,禁止为实施根据本公约确立的任何犯罪而从事下列行为:

(一)设立账外账户;

(二)进行账外交易或者账实不符的交易;

(三)虚列支出;

(四)登录负债账目时谎报用途;

(五)使用虚假单据;

(六)故意在法律规定的期限前销毁账簿。

四、鉴于贿赂是依照本公约第十五条和第十六条确立的犯罪构成要素之一,各缔约国均应当拒绝对贿赂构成的费用实行税款扣减,并在适用情况下拒绝对促成腐败行为所支付的其他费用实行税款扣减。

第十三条 社会参与

一、各缔约国均应当根据本国法律的基本原则在其力所能及的范围内采取适当措施,推动公共部门以外的个人和团体,例如民间团体、非政府组织和社区组织等,积极参与预防和打击腐败,并提高公众对腐败的存在、根源、严重性及其所构成的威胁的认识。这种参与应当通过下列措施予以加强:

(一)提高决策过程的透明度,并促进公众在决策过程中发挥作用;

(二)确保公众有获得信息的有效渠道;

(三)开展有助于不容忍腐败的公众宣传活动,以及包括中小学和大学课程在内的公共教育方案;

(四)尊重、促进和保护有关腐败的信息的查找、接收、公布和传播的自由。这种自由可以受到某些限制,但是这种限制应当仅限于法律有规定而且也有必要的下列情形:

1. 尊重他人的权利或者名誉;

2. 维护国家安全或公共秩序,或者维护公共卫生或公共道德。

二、各缔约国均应当采取适当的措施,确保公众知悉本公约提到的相关的反腐败机构,并应当酌情提供途径,以便以包括匿名举报在内的方式向这些机构举报可能被视为构成根据本公约确立的犯罪的事件。

第十四条　预防洗钱的措施

一、各缔约国均应当：

（一）在其权限范围内，对银行和非银行金融机构，包括对办理资金或者价值转移正规或非正规业务的自然人或者法人，并在适当情况下对特别易于涉及洗钱的其他机构，建立全面的国内管理和监督制度，以便遏制并监测各种形式的洗钱，这种制度应当着重就验证客户身份和视情况验证实际受益人身份、保持记录和报告可疑交易作出规定；

（二）在不影响本公约第四十六条的情况下，确保行政、管理、执法和专门打击洗钱的其他机关（在本国法律许可时可以包括司法机关）能够根据本国法律规定的条件，在国家和国际一级开展合作和交换信息，并应当为此目的考虑建立金融情报机构，作为国家中心收集、分析和传递关于潜在洗钱活动的信息。

二、缔约国应当考虑实施可行的措施，监测和跟踪现金和有关流通票据跨境转移的情况，但必须有保障措施，以确保信息的正当使用而且不致以任何方式妨碍合法资本的移动。这类措施可以包括要求个人和企业报告大额现金和有关流通票据的跨境转移。

三、缔约国应当考虑实施适当而可行的措施，要求包括汇款业务机构在内的金融机构：

（一）在电子资金划拨单和相关电文中列入关于发端人的准确而有用的信息；

（二）在整个支付过程中保留这种信息；

（三）对发端人信息不完整的资金转移加强审查。

四、吁请缔约国在建立本条所规定的国内管理和监督制度时，在不影响本公约其他任何条款的情况下将区域、区域间和多边组织的有关反洗钱举措作为指南。

五、缔约国应当努力为打击洗钱而在司法机关、执法机关和金融监管机关之间开展和促进全球、区域、分区域及双边合作。

第三章　定罪和执法

第十五条　贿赂本国公职人员

各缔约国均应当采取必要的立法措施和其他措施，将下列故意实施的行为规定为犯罪：

（一）直接或间接向公职人员许诺给予、提议给予或者实际给予该公职人员本人或者其他人员或实体不正当好处，以使该公职人员在执行公务时作为或者不作为；

（二）公职人员为其本人或者其他人员或实体直接或间接索取或者收受不正当好处，以作为其在执行公务时作为或者不作为的条件。

第十六条　贿赂外国公职人员或者国际公共组织官员

一、各缔约国均应当采取必要的立法和其他措施，将下述故意实施的行为规定为犯罪：直接或间接向外国公职人员或者国际公共组织官员许诺给予、提议给予或者实际给予该公职人员本人或者其他人员或实体不正当好处，以使该公职人员或者该官员在执行公务时作为或者不作为，以便获得或者保留与进行国际商务有关的商业或者其他不正当好处。

二、各缔约国均应当考虑采取必要的立法和其他措施，将下述故意实施的行为规定为犯罪：外国公职人员或者国际公共组织官员直接或间接为其本人或者其他人员或实体索取或者收受不正当好处，以作为其在执行公务时作为或者不作为的条件。

第十七条　公职人员贪污、挪用或者以其他类似方式侵犯财产

各缔约国均应当采取必要的立法和其他措施，将下述故意实施的行为规定为犯罪：公职人员为其本人的利益或者其他人员或实体的利益，贪污、挪用或者以其他类似方式侵犯其因职务而受托的任何财产、公共资金、私人资金、公共证券、私人证券或者其他任何贵重物品。

第十八条　影响力交易

各缔约国均应当考虑采取必要的立法和其他措施，将下列故意实施的行为规定为犯罪：

（一）直接或间接向公职人员或者其他任何人员许诺给予、提议给予或者实际给予任何不正当好处，以使其滥用本人的实际影响力或者被认为具有的影响力，为该行为的造意人或者其他任何人从缔约国的行政部门或者公共机关获得不正当

好处;

(二)公职人员或者其他任何人员为其本人或者他人直接或间接索取或者收受任何不正当好处,以作为该公职人员或者该其他人员滥用本人的实际影响力或者被认为具有的影响力,从缔约国的行政部门或者公共机关获得任何不正当好处的条件。

第十九条 滥用职权

各缔约国均应当考虑采取必要的立法和其他措施,将下述故意实施的行为规定为犯罪:滥用职权或者地位,即公职人员在履行职务时违反法律,实施或者不实施一项行为,以为其本人或者其他人员或实体获得不正当好处。

第二十条 资产非法增加

在不违背本国宪法和本国法律制度基本原则的情况下,各缔约国均应当考虑采取必要的立法和其他措施,将下述故意实施的行为规定为犯罪:资产非法增加,即公职人员的资产显著增加,而本人无法以其合法收入作出合理解释。

第二十一条 私营部门内的贿赂

各缔约国均应当考虑采取必要的立法和其他措施,将经济、金融或者商业活动过程中下列故意实施的行为规定为犯罪:

(一)直接或间接向以任何身份领导私营部门实体或者为该实体工作的任何人许诺给予、提议给予或者实际给予该人本人或者他人不正当好处,以使该人违背职责作为或者不作为;

(二)以任何身份领导私营部门实体或者为该实体工作的任何人为其本人或者他人直接或间接索取或者收受不正当好处,以作为其违背职责作为或者不作为的条件。

第二十二条 私营部门内的侵吞财产

各缔约国均应当考虑采取必要的立法和其他措施,将经济、金融或者商业活动中下述故意实施的行为规定为犯罪:以任何身份领导私营部门实体或者在该实体中工作的人员侵吞其因职务而受托的任何财产、私人资金、私人证券或者其他任何贵重物品。

第二十三条 对犯罪所得的洗钱行为

一、各缔约国均应当根据本国法律的基本原则采取必要的立法和其他措施,将下列故意实施的行为规定为犯罪:

(一)1. 明知财产为犯罪所得,为隐瞒或者掩饰该财产的非法来源,或者为协助任何参与实施上游犯罪者逃避其行为的法律后果而转换或者转移该财产;

2. 明知财产为犯罪所得而隐瞒或者掩饰该财产的真实性质、来源、所在地、处分、转移、所有权或者有关的权利;

(二)在符合本国法律制度基本概念的情况下:

1. 在得到财产时,明知其为犯罪所得而仍获取、占有或者使用;

2. 对本条所确立的任何犯罪的参与、协同或者共谋实施、实施未遂以及协助、教唆、便利和参谋实施;

二、为实施或者适用本条第一款:

(一)各缔约国均应当寻求将本条第一款适用于范围最为广泛的上游犯罪;

(二)各缔约国均应当至少将其根据本公约确立的各类犯罪列为上游犯罪;

(三)就上文(二)项而言,上游犯罪应当包括在有关缔约国管辖范围之内和之外实施的犯罪。但是,如果犯罪发生在一缔约国管辖权范围之外,则只有当该行为根据其发生地所在国法律为犯罪,而且根据实施或者适用本条的缔约国的法律该行为若发生在该国也为犯罪时,才构成上游犯罪;

(四)各缔约国均应当向联合国秘书长提供其实施本条的法律以及这类法律随后的任何修改的副本或说明;

(五)在缔约国本国法律基本原则要求的情况下,可以规定本条第一款所列犯罪不适用于实施上游犯罪的人。

第二十四条 窝赃

在不影响本公约第二十三条的规定的情况下,各缔约国均应当考虑采取必要的立法和其他措施,将下述故意实施的行为规定为犯罪:行为所涉及的人员虽未参与根据本公约确立的任何犯罪,但在这些犯罪实施后,明知财产是根据本公约确立的任何犯罪的结果而窝藏或者继续保留这种财产。

第二十五条 妨害司法

各缔约国均应当采取必要的立法措施和其他措施,将下列故意实施的行为规定为犯罪:

(一)在涉及根据本公约确立的犯罪的诉讼中使用暴力、威胁或者恐吓,或者许诺给予、提议给予或者实际给予不正当好处,以诱使提供虚假证言或者干扰证言或证据的提供;

(二)使用暴力、威胁或恐吓,干扰审判或执法人员针对根据本公约所确立的犯罪执行公务。本项规定概不影响缔约国就保护其他类别公职人员进行立法的权利。

第二十六条 法人责任

一、各缔约国均应当采取符合其法律原则的必要措施,确定法人参与根据本公约确立的犯罪应当承担的责任。

二、在不违反缔约国法律原则的情况下,法人责任可以包括刑事责任、民事责任或者行政责任。

三、法人责任不应当影响实施这种犯罪的自然人的刑事责任。

四、各缔约国均应当特别确保使依照本条应当承担责任的法人受到有效、适度而且具有警戒性的刑事或者非刑事制裁,包括金钱制裁。

第二十七条 参与、未遂和中止

一、各缔约国均应当采取必要的立法和其他措施,根据本国法律将以共犯、从犯或者教唆犯等任何身份参与根据本公约确立的犯罪规定为犯罪。

二、各缔约国均可以采取必要的立法和其他措施,根据本国法律将实施根据本公约确立的犯罪的任何未遂和中止规定为犯罪。

三、各缔约国均可以采取必要的立法和其他措施,根据本国法律将为实施根据本公约确立的犯罪进行预备的行为规定为犯罪。

第二十八条 作为犯罪要素的明知、故意或者目的

根据本公约确立的犯罪所需具备的明知、故意或者目的等要素,可以根据客观

实际情况予以推定。

第二十九条 时效

各缔约国均应当根据本国法律酌情规定一个较长的时效,以便在此期限内对根据本公约确立的任何犯罪启动诉讼程序,并对被指控犯罪的人员已经逃避司法处置的情形确定更长的时效或者规定不受时效限制。

第三十条 起诉、审判和制裁

一、各缔约国均应当使根据本公约确立的犯罪受到与其严重性相当的制裁。

二、各缔约国均应当根据本国法律制度和宪法原则采取必要措施以建立或者保持这样一种适当的平衡:即既照顾到为公职人员履行其职能所给予的豁免或者司法特权,又照顾到在必要时对根据本公约确立的犯罪进行有效的侦查、起诉和审判的可能性。

三、在因根据本公约确立的犯罪起诉某人而行使本国法律规定的任何法律裁量权时,各缔约国均应当努力确保针对这些犯罪的执法措施取得最大成效,并适当考虑到震慑这种犯罪的必要性。

四、就根据本公约确立的犯罪而言,各缔约国均应当根据本国法律并在适当尊重被告人权利的情况下采取适当措施,力求确保就判决前或者上诉期间释放的裁决所规定的条件已经考虑到确保被告人在其后的刑事诉讼中出庭的需要。

五、各缔约国均应当在考虑已经被判定实施了有关犯罪的人的早释或者假释可能性时,顾及这种犯罪的严重性。

六、各缔约国均应当在符合本国法律制度基本原则的范围内,考虑建立有关程序,使有关部门得以对被指控实施了根据本公约确立的犯罪的公职人员酌情予以撤职、停职或者调职,但应当尊重无罪推定原则。

七、各缔约国均应当在符合本国法律制度基本原则的范围内,根据犯罪的严重性,考虑建立程序,据以通过法院令或者任何其他适当手段,取消被判定实施了根据本公约确立的犯罪的人在本国法律确定的一段期限内担任下列职务的资格:

(一)公职;

(二)完全国有或者部分国有的企业中的职务。

八、本条第一款不妨碍主管机关对公务员行使纪律处分权。

九、本公约的任何规定概不影响下述原则:对于根据本公约确立的犯罪以及适用的法定抗辩事由或者决定行为合法性的其他法律原则,只应当由缔约国本国法律加以阐明,而且对于这种犯罪应当根据缔约国本国法律予以起诉和惩罚。

十、缔约国应当努力促进被判定实施了根据本公约确立的犯罪的人重新融入社会。

第三十一条 冻结、扣押和没收

一、各缔约国均应当在本国法律制度的范围内尽最大可能采取必要的措施,以便能够没收:

(一)来自根据本公约确立的犯罪的犯罪所得或者价值与这种所得相当的财产;

(二)用于或者拟用于根据本公约确立的犯罪的财产、设备或者其他工具。

二、各缔约国均应当采取必要的措施,辨认、追查、冻结或者扣押本条第一款所述任何物品,以便最终予以没收。

三、各缔约国均应当根据本国法律采取必要的立法和其他措施,规范主管机关对本条第一款和第二款中所涉及的冻结、扣押或者没收的财产的管理。

四、如果这类犯罪所得已经部分或者全部转变或者转化为其他财产,则应当以这类财产代替原犯罪所得而对之适用本条所述措施。

五、如果这类犯罪所得已经与从合法来源获得的财产相混合,则应当在不影响冻结权或者扣押权的情况下没收这类财产,没收价值最高可以达到混合于其中的犯罪所得的估计价值。

六、对于来自这类犯罪所得、来自这类犯罪所得转变或者转化而成的财产或者来自已经与这类犯罪所得相混合的财产的收入或者其他利益,也应当适用本条所述措施,其方式和程度与处置犯罪所得相同。

七、为本条和本公约第五十五条的目的,各缔约国均应当使其法院或者其他主管机关有权下令提供或者扣押银行记录、财务记录或者商业记录。缔约国不得以银行保密为理由拒绝根据本款的规定采取行动。

八、缔约国可以考虑要求由罪犯证明这类所指称的犯罪所得或者其他应当予以没收的财产的合法来源,但是此种要求应当符合其本国法律的基本原则以及司法程序和其他程序的性质。

九、不得对本条的规定作损害善意第三人权利的解释。

十、本条的任何规定概不影响其所述各项措施应当根据缔约国法律规定并以其为准加以确定和实施的原则。

第三十二条 保护证人、鉴定人和被害人

一、各缔约国均应当根据本国法律制度并在其力所能及的范围内采取适当的措施,为就根据本公约确立的犯罪作证的证人和鉴定人并酌情为其亲属及其他与其关系密切者提供有效的保护,使其免遭可能的报复或者恐吓。

二、在不影响被告人权利包括正当程序权的情况下,本条第一款所述措施可以包括:

(一)制定为这种人提供人身保护的程序,例如,在必要和可行的情况下将其转移,并在适当情况下允许不披露或者限制披露有关其身份和下落的资料;

(二)规定允许以确保证人和鉴定人安全的方式作证的取证规则,例如允许借助于诸如视听技术之类的通信技术或者其他适当手段提供证言。

三、缔约国应当考虑与其他国家订立有关本条第一款所述人员的移管的协定或者安排。

四、本条各项规定还应当适用于作为证人的被害人。

五、各缔约国均应当在不违背本国法律的情况下,在对罪犯提起刑事诉讼的适当阶段,以不损害被告人权利的方式使被害人的意见和关切得到表达和考虑。

第三十三条 保护举报人

各缔约国均应当考虑在本国法律制度中纳入适当措施,以便对出于合理理由善意向主管机关举报涉及根据本公约确立的犯罪的任何事实的任何人员提供保护,使其不致受到任何不公正的待遇。

第三十四条 腐败行为的后果

各缔约国均应当在适当顾及第三人善意取得的权利的情况下,根据本国法律的基本原则采取措施,消除腐败行为的后果。在这方面,缔约国可以在法律程序中将腐败视为废止或者撤销合同、取消特许权或撤销其他类似文书或者采取其他任何救济行动的相关因素。

第三十五条　损害赔偿

各缔约国均应当根据本国法律的原则采取必要的措施，确保因腐败行为而受到损害的实体或者人员有权为获得赔偿而对该损害的责任者提起法律程序。

第三十六条　专职机关

各缔约国均应当根据本国法律制度的基本原则采取必要的措施，确保设有一个或多个机构或者安排了人员专职负责通过执法打击腐败。这类机构或者人员应当拥有根据缔约国法律制度基本原则而给予的必要独立性，以便能够在不受任何不正当影响的情况下有效履行职能。这类人员或者这类机构的工作人员应当受到适当培训，并应当有适当资源，以便执行任务。

第三十七条　与执法机关的合作

一、各缔约国均应当采取适当措施，鼓励参与或者曾经参与实施根据本公约确立的犯罪的人提供有助于主管机关侦查和取证的信息，并为主管机关提供可能有助于剥夺罪犯的犯罪所得并追回这种所得的实际具体帮助。

二、对于在根据本公约确立的任何犯罪的侦查或者起诉中提供实质性配合的被告人，各缔约国均应当考虑就适当情况下减轻处罚的可能性作出规定。

三、对于在根据本公约确立的犯罪的侦查或者起诉中提供实质性配合的人，各缔约国均应当考虑根据本国法律的基本原则就允许不予起诉的可能性作出规定。

四、本公约第三十二条的规定，应当变通适用于为这类人员提供的保护。

五、如果本条第一款所述的、处于某一缔约国的人员能够给予另一缔约国主管机关以实质性配合，有关缔约国可以考虑根据本国法律订立关于由对方缔约国提供本条第二款和第三款所述待遇的协定或者安排。

第三十八条　国家机关之间的合作

各缔约国均应当采取必要的措施，根据本国法律鼓励公共机关及其公职人员与负责侦查和起诉犯罪的机关之间的合作。这种合作可以包括：

（一）在有合理的理由相信发生了根据本公约第十五条、第二十一条和第二十

三条确立的任何犯罪时,主动向上述机关举报;

(二)根据请求向上述机关提供一切必要的信息。

第三十九条 国家机关与私营部门之间的合作

一、各缔约国均应当采取必要的措施,根据本国法律鼓励本国侦查和检察机关与私营部门实体特别是与金融机构之间就根据本公约确立的犯罪的实施所涉的事项进行合作。

二、各缔约国均应当考虑鼓励本国国民以及在其领域内有惯常居所的其他人员向国家侦查和检察机关举报根据本公约确立的犯罪的实施情况。

第四十条 银行保密

各缔约国均应当在对根据本公约确立的犯罪进行国内刑事侦查时,确保本国法律制度中有适当的机制,可以用以克服因银行保密法的适用而可能产生的障碍。

第四十一条 犯罪记录

各缔约国均可以采取必要的立法或者其他措施,按其认为适宜的条件并为其认为适宜的目的,考虑另一国以前对被指控罪犯作出的任何有罪判决,以便在涉及根据本公约确立的犯罪的刑事诉讼中利用这类信息。

第四十二条 管辖权

一、各缔约国均应当在下列情况下采取必要的措施,以确立对根据本公约确立的犯罪的管辖权:

(一)犯罪发生在该缔约国领域内;

(二)犯罪发生在犯罪时悬挂该缔约国国旗的船只上或者已经根据该缔约国法律注册的航空器内。

二、在不违背本公约第四条规定的情况下,缔约国还可以在下列情况下对任何此种犯罪确立其管辖权:

(一)犯罪系针对该缔约国国民;

(二)犯罪系由该缔约国国民或者在其领域内有惯常居所的无国籍人实施;

(三)犯罪系发生在本国领域以外的、根据本公约第二十三条第一款第(二)项第 2 目确立的犯罪,目的是在其领域内实施本公约第二十三条第一款第(一)项第 1 目或者第 2 目或者第(二)项第 1 目确立的犯罪;

(四)犯罪系针对该缔约国。

三、为了本公约第四十四条的目的,各缔约国均应当采取必要的措施,在被指控罪犯在其领域内而其仅因该人为本国国民而不予引渡时,确立本国对根据本公约确立的犯罪的管辖权。

四、各缔约国还可以采取必要的措施,在被指控罪犯在其领域内而其不引渡该人时确立本国对根据本公约确立的犯罪的管辖权。

五、如果根据本条第一款或者第二款行使管辖权的缔约国被告知或者通过其他途径获悉任何其他缔约国正在对同一行为进行侦查、起诉或者审判程序,这些缔约国的主管机关应当酌情相互磋商,以便协调行动。

六、在不影响一般国际法准则的情况下,本公约不排除缔约国行使其根据本国法律确立的任何刑事管辖权。

第四章　国际合作

第四十三条　国际合作

一、缔约国应当依照本公约第四十四条至第五十条的规定在刑事案件中相互合作。在适当而且符合本国法律制度的情况下,缔约国应当考虑与腐败有关的民事和行政案件调查和诉讼中相互协助。

二、在国际合作事项中,凡将双重犯罪视为一项条件的,如果协助请求中所指的犯罪行为在两个缔约国的法律中均为犯罪,则应当视为这项条件已经得到满足,而不论被请求缔约国和请求缔约国的法律是否将这种犯罪列入相同的犯罪类别或者是否使用相同的术语规定这种犯罪的名称。

第四十四条　引渡

一、当被请求引渡人在被请求缔约国领域内时,本条应当适用于根据本公约确立的犯罪,条件是引渡请求所依据的犯罪是按请求缔约国和被请求缔约国本国法律均应当受到处罚的犯罪。

二、尽管有本条第一款的规定,但缔约国本国法律允许的,可以就本公约所涵盖但依照本国法律不予处罚的任何犯罪准予引渡。

三、如果引渡请求包括几项独立的犯罪，其中至少有一项犯罪可以依照本条规定予以引渡，而其他一些犯罪由于其监禁期的理由而不可以引渡但却与根据本公约确立的犯罪有关，则被请求缔约国也可以对这些犯罪适用本条的规定。

四、本条适用的各项犯罪均应当视为缔约国之间现行任何引渡条约中的可以引渡的犯罪。缔约国承诺将这种犯罪作为可以引渡的犯罪列入它们之间将缔结的每一项引渡条约。在以本公约作为引渡依据时，如果缔约国本国法律允许，根据本公约确立的任何犯罪均不应当视为政治犯罪。

五、以订有条约为引渡条件的缔约国如果接到未与之订有引渡条约的另一缔约国的引渡请求，可以将本公约视为对本条所适用的任何犯罪予以引渡的法律依据。

六、以订有条约为引渡条件的缔约国应当：

（一）在交存本公约批准书、接受书、核准书或者加入书时通知联合国秘书长，说明其是否将把本公约作为与本公约其他缔约国进行引渡合作的法律依据；

（二）如果其不以本公约作为引渡合作的法律依据，则在适当情况下寻求与本公约其他缔约国缔结引渡条约，以执行本条规定。

七、不以订有条约为引渡条件的缔约国应当承认本条所适用的犯罪为它们之间可以相互引渡的犯罪。

八、引渡应当符合被请求缔约国本国法律或者适用的引渡条约所规定的条件，其中包括关于引渡的最低限度刑罚要求和被请求缔约国可以据以拒绝引渡的理由等条件。

九、对于本条所适用的任何犯罪，缔约国应当在符合本国法律的情况下，努力加快引渡程序并简化与之有关的证据要求。

十、被请求缔约国在不违背本国法律及其引渡条约规定的情况下，可以在认定情况必要而且紧迫时，根据请求缔约国的请求，拘留被请求缔约国领域内的被请求引渡人，或者采取其他适当措施，确保该人在进行引渡程序时在场。

十一、如果被指控罪犯被发现在某一缔约国而该国仅以该人为本国国民为理由不就本条所适用的犯罪将其引渡，则该国有义务在寻求引渡的缔约国提出请求时将该案提交本国主管机关以便起诉，而不得有任何不应有的延误。这些机关应当以与根据本国法律针对性质严重的其他任何犯罪所采用的相同方式作出决定和进行诉讼程序。有关缔约国应当相互合作,特别是在程序和证据方面,以确保这类起诉的效率。

十二、如果缔约国本国法律规定,允许引渡或者移交其国民须以该人将被送还本国,按引渡或者移交请求所涉审判、诉讼中作出的判决服刑为条件,而且该缔约国和寻求引渡该人的缔约国也同意这一选择以及可能认为适宜的其他条件,则这种有条件引渡或者移交即足以解除该缔约国根据本条第十一款所承担的义务。

十三、如果为执行判决而提出的引渡请求由于被请求引渡人为被请求缔约国的国民而遭到拒绝,被请求缔约国应当在其本国法律允许并且符合该法律的要求的情况下,根据请求缔约国的请求,考虑执行根据请求缔约国本国法律判处的刑罚或者尚未服满的刑期。

十四、在对任何人就本条所适用的任何犯罪进行诉讼时,应当确保其在诉讼的所有阶段受到公平待遇,包括享有其所在国本国法律所提供的一切权利和保障。

十五、如果被请求缔约国有充分理由认为提出引渡请求是为了以某人的性别、种族、宗教、国籍、族裔或者政治观点为理由对其进行起诉或者处罚,或者按请求执行将使该人的地位因上述任一原因而受到损害,则不得对本公约的任何条款作规定了被请求国引渡义务的解释。

十六、缔约国不得仅以犯罪也被视为涉及财税事项为由而拒绝引渡。

十七、被请求缔约国在拒绝引渡前应当在适当情况下与请求缔约国磋商,以使其有充分机会陈述自己的意见和提供与其陈述有关的资料。

十八、缔约国应当力求缔结双边和多边协定或者安排,以执行引渡或者加强引渡的有效性。

第四十五条 被判刑人的移管

缔约国可以考虑缔结双边或多边协定或者安排,将因实施根据本公约确立的犯罪而被判监禁或者其他形式剥夺自由的人移交其本国服满刑期。

第四十六条 司法协助

一、缔约国应当在对本公约所涵盖的犯罪进行的侦查、起诉和审判程序中相互提供最广泛的司法协助。

二、对于请求缔约国中依照本公约第二十六条可能追究法人责任的犯罪所进行的侦查、起诉和审判程序,应当根据被请求缔约国有关的法律、条约、协定和安排,尽可能充分地提供司法协助。

三、可以为下列任何目的而请求依照本条给予司法协助:

(一)向个人获取证据或者陈述;

(二)送达司法文书;

(三)执行搜查和扣押并实行冻结;

(四)检查物品和场所;

(五)提供资料、物证以及鉴定结论;

(六)提供有关文件和记录的原件或者经核证的副本,其中包括政府、银行、财务、公司或者商业记录;

(七)为取证目的而辨认或者追查犯罪所得、财产、工具或者其他物品;

(八)为有关人员自愿在请求缔约国出庭提供方便;

(九)不违反被请求缔约国本国法律的任何其他形式的协助;

(十)根据本公约第五章的规定辨认、冻结和追查犯罪所得;

(十一)根据本公约第五章的规定追回资产。

四、缔约国主管机关如果认为与刑事事项有关的资料可能有助于另一国主管机关进行或者顺利完成调查和刑事诉讼程序,或者可以促成其根据本公约提出请求,则在不影响本国法律的情况下,可以无须事先请求而向该另一国主管机关提供这类资料。

五、根据本条第四款的规定提供这类资料,不应当影响提供资料的主管机关本国所进行的调查和刑事诉讼程序。接收资料的主管机关应当遵守对资料保密的要求,即使是暂时保密的要求,或者对资料使用的限制。但是,这不应当妨碍接收缔约国在其诉讼中披露可以证明被控告人无罪的资料。在这种情况下,接收缔约国应当在披露前通知提供缔约国,而且如果提供缔约国要求,还应当与其磋商。如果在特殊情况下不可能事先通知,接收缔约国应当毫不迟延地将披露一事通告提供缔约国。

六、本条各项规定概不影响任何其他规范或者将要规范整个或部分司法协助问题的双边或多边条约所规定的义务。

七、如果有关缔约国无司法协助条约的约束,则本条第九款至第二十九款应当适用于根据本条提出的请求。如果有关缔约国有这类条约的约束,则适用条约的相应条款,除非这些缔约国同意代之以适用本条第九款至第二十九款。大力鼓励缔约国在这几款有助于合作时予以适用。

八、缔约国不得以银行保密为理由拒绝提供本条所规定的司法协助。

九、(一)被请求缔约国在并非双重犯罪情况下对于依照本条提出的协助请求作出反应时,应当考虑到第一条所规定的本公约宗旨。

(二)缔约国可以以并非双重犯罪为理由拒绝提供本条所规定的协助。然而,被请求缔约国应当在符合其法律制度基本概念的情况下提供不涉及强制性行动的协助。如果请求所涉事项极为轻微或者寻求合作或协助的事项可以依照本公约其他条款获得,被请求缔约国可以拒绝这类协助。

(三)各缔约国均可以考虑采取必要的措施,以使其能够在并非双重犯罪的情况下提供比本条所规定的更为广泛的协助。

十、在一缔约国领域内被羁押或者服刑的人,如果被要求到另一缔约国进行辨认、作证或者提供其他协助,以便为就与本公约所涵盖的犯罪有关的侦查、起诉或者审判程序取得证据,在满足下列条件的情况下,可以予以移送:

(一)该人在知情后自由表示同意;

(二)双方缔约国主管机关同意,但须符合这些缔约国认为适当的条件。

十一、就本条第十款而言:

(一)该人被移送前往的缔约国应当有权力和义务羁押被移送人,除非移送缔约国另有要求或者授权;

(二)该人被移送前往的缔约国应当毫不迟延地履行义务,按照双方缔约国主管机关事先达成的协议或者其他协议,将该人交还移送缔约国羁押;

(三)该人被移送前往的缔约国不得要求移送缔约国为该人的交还而启动引渡程序;

(四)该人在被移送前往的国家的羁押时间应当折抵在移送缔约国执行的刑期。

十二、除非依照本条第十款和第十一款的规定移送某人的缔约国同意,否则,不论该人国籍为何,均不得因其在离开移送国领域前的作为、不作为或者定罪而在被移送前往的国家领域使其受到起诉、羁押、处罚或者对其人身自由进行任何其他限制。

十三、各缔约国均应当指定一个中央机关,使其负责和有权接收司法协助请求并执行请求或将请求转交主管机关执行。如果缔约国有实行单独司法协助制度的特区或者领域,可以另指定一个对该特区或者领域具有同样职能的中央机关。中央机关应当确保所收到的请求迅速而妥善地执行或者转交。中央机关在将请求转交某一主管机关执行时,应当鼓励该主管机关迅速而妥善地执行请求。各缔约国均应当在交存本公约批准书、接受书、核准书或者加入书时,将为此目的指定的中央机关通知联合国秘书长。司法协助请求以及与之有关的任何联系文件均应当递交缔约国指定的中央机关。这项规定不得影响缔约国要求通过外交渠道以及在紧急和可能的情况下经有关缔约国同意通过国际刑事警察组织向其传递这种请求和联系文件的权利。

十四、请求应当以被请求缔约国能够接受的语文以书面形式提出,或者在可能情况下以能够生成书面记录的任何形式提出,但须能够使该缔约国鉴定其真伪。各缔约国均应当在其交存本公约批准书、接受书、核准书或者加入书时,将其所能够接受的语文通知联合国秘书长。在紧急情况下,如果经有关缔约国同意,请求可以以口头方式提出,但应当立即加以书面确认。

十五、司法协助请求书应当包括下列内容:

(一)提出请求的机关;

(二)请求所涉及的侦查、起诉或者审判程序的事由和性质,以及进行该项侦查、起诉或者审判程序的机关的名称和职能;

(三)有关事实的概述,但为送达司法文书提出的请求例外;

(四)对请求协助的事项和请求缔约国希望遵循的特定程序细节的说明;

(五)可能时,任何有关人员的身份、所在地和国籍;

(六)索取证据、资料或者要求采取行动的目的。

十六、被请求缔约国可以要求提供按照其本国法律执行该请求所必需或者有助于执行该请求的补充资料。

十七、请求应当根据被请求缔约国的本国法律执行。在不违反被请求缔约国本国法律的情况下,如有可能,应当按照请求书中列明的程序执行。

十八、当在某一缔约国领域内的某人需作为证人或者鉴定人接受另一缔约国司法机关询问,而且该人不可能或者不宜到请求国领域出庭时,被请求缔约国可以依该另一缔约国的请求,在可能而且符合本国法律基本原则的情况下,允许以电视会议方式进行询问,缔约国可以商定由请求缔约国司法机关进行询问,询问时应当有被请求缔约国司法机关人员在场。

十九、未经被请求缔约国事先同意,请求缔约国不得将被请求缔约国提供的资料或者证据转交或者用于请求书所述以外的侦查、起诉或者审判程序。本款规定不妨碍请求缔约国在其诉讼中披露可以证明被告人无罪的资料或者证据。就后一种情形而言,请求缔约国应当在披露之前通知被请求缔约国,并依请求与被请求缔约国磋商。如果在特殊情况下不可能事先通知,请求缔约国应当毫不迟延地将披露一事通告被请求缔约国。

二十、请求缔约国可以要求被请求缔约国对其提出的请求及其内容保密,但为执行请求所必需的除外。如果被请求缔约国不能遵守保密要求,应当立即通知请求缔约国。

二十一、在下列情况下可以拒绝提供司法协助:

(一)请求未按本条的规定提出;

(二)被请求缔约国认为执行请求可能损害其主权、安全、公共秩序或者其他基本利益;

(三)如果被请求缔约国的机关依其管辖权对任何类似犯罪进行侦查、起诉或者审判程序时,其本国法律已经规定禁止对这类犯罪采取被请求的行动;

(四)同意这项请求将违反被请求缔约国关于司法协助的法律制度。

二十二、缔约国不得仅以犯罪也被视为涉及财税事项为理由而拒绝司法协助请求。

二十三、拒绝司法协助时应当说明理由。

二十四、被请求缔约国应当尽快执行司法协助请求,并应当尽可能充分地考虑到请求缔约国提出的、最好在请求中说明了理由的任何最后期限。请求缔约国可以合理要求被请求缔约国提供关于为执行这一请求所采取措施的现况和进展情况的信息。被请求缔约国应当依请求缔约国的合理要求,就其处理请求的现况和进展情况作出答复。请求国应当在其不再需要被请求国提供所寻求的协助时迅速通知被请求缔约国。

二十五、被请求缔约国可以以司法协助妨碍正在进行的侦查、起诉或者审判程序为理由而暂缓进行。

二十六、被请求缔约国在根据本条第二十一款拒绝某项请求或者根据本条第二十五款暂缓执行请求事项之前,应当与请求缔约国协商,以考虑是否可以在其认为必要的条件下给予协助。请求缔约国如果接受附有条件限制的协助,则应当遵守有关的条件。

二十七、在不影响本条第十二款的适用的情况下,对于依请求缔约国请求而同意到请求缔约国领域就某项诉讼作证或者为某项侦查、起诉或者审判程序提供协助的证人、鉴定人或者其他人员,不应当因其离开被请求缔约国领域之前的作为、不作为或者定罪而在请求缔约国领域内对其起诉、羁押、处罚,或者使其人身自由受到任何其他限制。如该证人、鉴定人或者其他人员已经得到司法机关不再需要其到场的正式通知,在自通知之日起连续十五天内或者在缔约国所商定的任何期限内,有机会离开但仍自愿留在请求缔约国领域内,或者在离境后又自愿返回,这种安全保障即不再有效。

二十八、除非有关缔约国另有协议,执行请求的一般费用应当由被请求缔约国承担。如果执行请求需要或者将需要支付巨额或者异常费用,则应当由有关缔约国进行协商,以确定执行该请求的条件以及承担费用的办法。

二十九、被请求缔约国:

(一)应当向请求缔约国提供其所拥有的根据其本国法律可以向公众公开的政府记录、文件或者资料;

(二)可以自行斟酌决定全部或部分地或者按其认为适当的条件向请求缔约国提供其所拥有的根据其本国法律不向公众公开的任何政府记录、文件或者资料。

三十、缔约国应当视需要考虑缔结有助于实现本条目的、具体实施或者加强本条规定的双边或多边协定或者安排的可能性。

第四十七条　刑事诉讼的移交

缔约国如果认为相互移交诉讼有利于正当司法,特别是在涉及数国管辖权时,为了使起诉集中,应当考虑相互移交诉讼的可能性,以便对根据本公约确立的犯罪进行刑事诉讼。

第四十八条　执法合作

一、缔约国应当在符合本国法律制度和行政管理制度的情况下相互密切合作,以加强打击本公约所涵盖的犯罪的执法行动的有效性。缔约国尤其应当采取有效措施,以便:

(一)加强并在必要时建立各国主管机关、机构和部门之间的联系渠道,以促进安全、迅速地交换有关本公约所涵盖的犯罪的各个方面的情报,在有关缔约国认为适当时还可以包括与其他犯罪活动的联系的有关情报;

(二)同其他缔约国合作,就下列与本公约所涵盖的犯罪有关的事项进行调查:

1. 这类犯罪嫌疑人的身份、行踪和活动,或者其他有关人员的所在地点;

2. 来自这类犯罪的犯罪所得或者财产的去向;

3. 用于或者企图用于实施这类犯罪的财产、设备或者其他工具的去向;

(三)在适当情况下提供必要数目或者数量的物品以供分析或者侦查之用;

(四)与其他缔约国酌情交换关于为实施本公约所涵盖的犯罪而采用的具体手段和方法的资料,包括利用虚假身份、经变造、伪造或者假冒的证件和其他旨在掩饰活动的手段的资料;

(五)促进各缔约国主管机关、机构和部门之间的有效协调,并加强人员和其他专家的交流,包括根据有关缔约国之间的双边协定和安排派出联络官员;

(六)交换情报并协调为尽早查明本公约所涵盖的犯罪而酌情采取的行政和其他措施。

二、为实施本公约,缔约国应当考虑订立关于其执法机构间直接合作的双边或多边协定或者安排,并在已经有这类协定或者安排的情况下考虑对其进行修正。如果有关缔约国之间尚未订立这类协定或者安排,这些缔约国可以考虑以本公约为基础,进行针对本公约所涵盖的任何犯罪的相互执法合作。缔约国应当在适当情况下充分利用各种协定或者安排,包括利用国际或者区域组织,以加强缔约国执法机构之间的合作。

三、缔约国应当努力在力所能及的范围内开展合作,以便对借助现代技术实施的本公约所涵盖的犯罪作出反应。

第四十九条 联合侦查

缔约国应当考虑缔结双边或多边协定或者安排,以便有关主管机关可以据以就涉及一国或多国侦查、起诉或者审判程序事由的事宜建立联合侦查机构。如无这类协定或者安排,可以在个案基础上商定进行这类联合侦查。有关缔约国应当确保拟在其领域内开展这种侦查的缔约国的主权受到充分尊重。

第五十条 特殊侦查手段

一、为有效地打击腐败,各缔约国均应当在其本国法律制度基本原则许可的范围内并根据本国法律规定的条件在其力所能及的情况下采取必要措施,允许其主管机关在其领域内酌情使用控制下交付和在其认为适当时使用诸如电子或者其他监视形式和特工行动等其他特殊侦查手段,并允许法庭采信由这些手段产生的证据。

二、为侦查本公约所涵盖的犯罪,鼓励缔约国在必要情况下为在国际一级合作时使用这类特殊侦查手段而缔结适当的双边或多边协定或者安排。这类协定或者安排的缔结和实施应当充分遵循各国主权平等原则,执行时应当严格遵守这类协定或者安排的条款。

三、在无本条第二款所述协定或者安排的情况下,关于在国际一级使用这种特殊侦查手段的决定,应当在个案基础上作出,必要时还可以考虑到有关缔约国就行使管辖权所达成的财务安排或者谅解。

四、经有关缔约国同意,关于在国际一级使用控制下交付的决定,可以包括诸如拦截货物或者资金以及允许其原封不动地继续运送或将其全部或者部分取出或者替换之类的办法。

第五章 资产的追回

第五十一条 一般规定

按照本章返还资产是本公约的一项基本原则,缔约国应当在这方面相互提供最广泛的合作和协助。

第五十二条 预防和监测犯罪所得的转移

一、在不影响本公约第十四条的情况下,各缔约国均应当根据本国法律采取必要的措施,以要求其管辖范围内的金融机构核实客户身份,采取合理步骤确定存入大额账户的资金的实际受益人身份,并对正在或者曾经担任重要公职的个人及其家庭成员和与其关系密切的人或者这些人的代理人所要求开立或者保持的账户进行强化审查。对这种强化审查应当作合理的设计,以监测可疑交易从而向主管机关报告,而不应当将其理解为妨碍或者禁止金融机构与任何合法客户的业务往来。

二、为便利本条第一款所规定措施的实施,各缔约国均应当根据其本国法律和参照区域、区域间和多边组织的有关反洗钱举措:

(一) 就本国管辖范围内的金融机构应当对哪类自然人或者法人的账户实行强化审查,对哪类账户和交易应当予以特别注意,以及就这类账户的开立、管理和记录应当采取哪些适当的措施,发出咨询意见;

(二) 对于应当由本国管辖范围内的金融机构对其账户实行强化审查的特定自然人或者法人的身份,除这些金融机构自己可以确定的以外,还应当酌情将另一缔约国所请求的或者本国自行决定的通知这些金融机构。

三、在本条第二款第(一)项情况下,各缔约国均应当实行措施,以确保其金融机构在适当期限内保持涉及本条第一款所提到人员的账户和交易的充分记录,记录中应当至少包括与客户身份有关的资料,并尽可能包括与实际受益人身份有关的资料。

四、为预防和监测根据本公约确立的犯罪的所得的转移,各缔约国均应当采取适当而有效的措施,以在监管机构的帮助下禁止设立有名无实和并不附属于受监管金融集团的银行。此外,缔约国可以考虑要求其金融机构拒绝与这类机构建立或者保持代理银行关系,并避免与外国金融机构中那些允许有名无实和并不附属于受监管金融集团的银行使用其账户的金融机构建立关系。

五、各缔约国均应当考虑根据本国法律对有关公职人员确立有效的财产申报制度,并应当对不遵守制度的情形规定适当的制裁。各缔约国还应当考虑采取必要的措施,允许本国的主管机关在必要时与其他国家主管机关交换这种资料,以便对根据本公约确立的犯罪的所得进行调查、主张权利并予以追回。

六、各缔约国均应当根据本国法律考虑采取必要的措施,要求在外国银行账户中拥有利益、对该账户拥有签名权或者其他权力的有关公职人员向有关机关报告这种关系,并保持与这种账户有关的适当记录。这种措施还应当对违反情形规定适当的制裁。

第五十三条　直接追回财产的措施

各缔约国均应当根据本国法律:

（一）采取必要的措施，允许另一缔约国在本国法院提起民事诉讼，以确立对通过实施根据本公约确立的犯罪而获得的财产的产权或者所有权；

（二）采取必要的措施，允许本国法院命令实施了根据本公约确立的犯罪的人向受到这种犯罪损害的另一缔约国支付补偿或者损害赔偿；

（三）采取必要的措施，允许本国法院或者主管机关在必须就没收作出决定时，承认另一缔约国对通过实施根据本公约确立的犯罪而获得的财产所主张的合法所有权。

第五十四条　通过没收事宜的国际合作追回资产的机制

一、为依照本公约第五十五条就通过或者涉及实施根据本公约确立的犯罪所获得的财产提供司法协助，各缔约国均应当根据其本国法律：

（一）采取必要的措施，使其主管机关能够执行另一缔约国法院发出的没收令；

（二）采取必要的措施，使拥有管辖权的主管机关能够通过对洗钱犯罪或者对可能发生在其管辖范围内的其他犯罪作出判决，或者通过本国法律授权的其他程序，下令没收这类外国来源的财产；

（三）考虑采取必要的措施，以便在因为犯罪人死亡、潜逃或者缺席而无法对其起诉的情形或者其他有关情形下，能够不经过刑事定罪而没收这类财产。

二、为就依照本公约第五十五条第二款提出的请求提供司法协助，各缔约国均应当根据其本国法律：

（一）采取必要的措施，在收到请求缔约国的法院或者主管机关发出的冻结令或者扣押令时，使本国主管机关能够根据该冻结令或者扣押令对该财产实行冻结或者扣押，但条件是该冻结令或者扣押令须提供合理的根据，使被请求缔约国相信有充足理由采取这种行动，而且有关财产将依照本条第一款第（一）项按没收令处理；

（二）采取必要的措施，在收到请求时使本国主管机关能够对该财产实行冻结或者扣押，条件是该请求须提供合理的根据，使被请求缔约国相信有充足理由采取这种行动，而且有关财产将依照本条第一款第（一）项按没收令处理；

（三）考虑采取补充措施，使本国主管机关能够保全有关财产以便没收，例如基于与获取这种财产有关的、外国实行的逮捕或者提出的刑事指控。

第五十五条　没收事宜的国际合作

一、缔约国在收到对根据本公约确立的犯罪拥有管辖权的另一缔约国关于没收本公约第三十一条第一款所述的、位于被请求缔约国领域内的犯罪所得、财产、设备或者其他工具的请求后,应当在本国法律制度的范围内尽最大可能:

(一) 将这种请求提交其主管机关,以便取得没收令并在取得没收令时予以执行;

(二) 将请求缔约国领域内的法院依照本公约第三十一条第一款和第五十四条第一款第(一)项发出的没收令提交本国主管机关,以便按请求的范围予以执行,只要该没收令涉及第三十一条第一款所述的、位于被请求缔约国领域内的犯罪所得、财产、设备或者其他工具。

二、对根据本公约确立的一项犯罪拥有管辖权的缔约国提出请求后,被请求缔约国应当采取措施,辨认、追查和冻结或者扣押本公约第三十一条第一款所述的犯罪所得、财产、设备或者其他工具,以便由请求缔约国下令或者根据本条第一款所述请求由被请求缔约国下令予以没收。

三、本公约第四十六条的规定以经过适当变通适用于本条。除第四十六条第十五款规定提供的资料以外,根据本条所提出的请求还应当包括下列内容:

(一) 与本条第一款第(一)项有关的请求,应当有关于应当予以没收财产的说明,尽可能包括财产的所在地和相关情况下的财产估计价值,以及关于请求缔约国所依据的事实的充分陈述,以便被请求缔约国能够根据本国法律取得没收令;

(二) 与本条第一款第(二)项有关的请求,应当有请求缔约国发出的据以提出请求的法律上可以采信的没收令副本、关于事实和对没收令所请求执行的范围的说明、关于请求缔约国为向善意第三人提供充分通知并确保正当程序而采取的措施的具体陈述,以及关于该没收令为已经生效的没收令的陈述;

(三) 与本条第二款有关的请求,应当有请求缔约国所依据的事实陈述和对请求采取的行动的说明;如有据以提出请求的法律上可以采信的没收令副本,应当一并附上。

四、被请求缔约国依照本条第一款和第二款作出的决定或者采取的行动,应当符合并遵循其本国法律及程序规则的规定或者可能约束其与请求缔约国关系的任何双边或多边协定或者安排的规定。

五、各缔约国均应当向联合国秘书长提供有关实施本条的任何法律法规以及这类法律法规随后的任何修订或者修订说明。

六、缔约国以存在有关条约作为采取本条第一款和第二款所述措施的条件时,应当将本公约视为必要而充分的条约依据。

七、如果被请求缔约国未收到充分和及时的证据,或者如果财产的价值极其轻微,也可以拒绝给予本条规定的合作,或者解除临时措施。

八、在解除依照本条规定采取的任何临时措施之前,如果有可能,被请求缔约国应当给请求缔约国以说明继续保持该措施的理由的机会。

九、不得对本条规定作损害善意第三人权利的解释。

第五十六条　特别合作

在不影响本国法律的情况下,各缔约国均应当努力采取措施,以便在认为披露根据本公约确立的犯罪的所得的资料可以有助于接收资料的缔约国启动或者实行侦查、起诉或者审判程序时,或者在认为可能会使该缔约国根据本章提出请求时,能够在不影响本国侦查、起诉或者审判程序的情况下,无须事先请求而向该另一缔约国转发这类资料。

第五十七条　资产的返还和处分

一、缔约国依照本公约第三十一条或者第五十五条没收的财产,应当由该缔约国根据本公约的规定和本国法律予以处分,包括依照本条第三款返还其原合法所有人。

二、各缔约国均应当根据本国法律的基本原则,采取必要的立法和其他措施,使本国主管机关在另一缔约国请求采取行动时,能够在考虑到善意第三人权利的情况下,根据本公约返还所没收的财产。

三、依照本公约第四十六条和第五十五条及本条第一款和第二款:

(一)对于本公约第十七条和第二十三条所述的贪污公共资金或者对所贪污公共资金的洗钱行为,被请求缔约国应当在依照第五十五条实行没收后,基于请求缔约国的生效判决,将没收的财产返还请求缔约国,被请求缔约国也可以放弃对生效判决的要求;

(二)对于本公约所涵盖的其他任何犯罪的所得,被请求缔约国应当在依照本公约第五十五条实行没收后,基于请求缔约国的生效判决,在请求缔约国向被请求缔约国合理证明其原对没收的财产拥有所有权时,或者当被请求缔约国承认请求缔约国受到的损害是返还所没收财产的依据时,将没收的财产返还请求缔约国,被请求缔约国也可以放弃对生效判决的要求;

(三)在其他所有情况下,优先考虑将没收的财产返还请求缔约国、返还其原合法所有人或者赔偿犯罪被害人;

四、在适当的情况下,除非缔约国另有决定,被请求缔约国可以在依照本条规定返还或者处分没收的财产之前,扣除为此进行侦查、起诉或者审判程序而发生的合理费用。

五、在适当的情况下,缔约国还可以特别考虑就所没收财产的最后处分逐案订立协定或者可以共同接受的安排。

第五十八条　金融情报机构

缔约国应当相互合作,以预防和打击根据本公约确立的犯罪而产生的所得的转移,并推广追回这类所得的方式方法。为此,缔约国应当考虑设立金融情报机构,由其负责接收、分析和向主管机关转递可疑金融交易的报告。

第五十九条　双边和多边协定和安排

缔约国应当考虑缔结双边或多边协定或者安排,以便增强根据公约本章规定开展的国际合作的有效性。

第六章　技术援助和信息交流

第六十条　培训和技术援助

一、各缔约国均应当在必要的情况下为本国负责预防和打击腐败的人员启动、制定或者改进具体培训方案。这些培训方案可以涉及以下方面:

(一)预防、监测、侦查、惩治和控制腐败的有效措施,包括使用取证和侦查手段;

(二)反腐败战略性政策制定和规划方面的能力建设;

(三)对主管机关进行按本公约的要求提出司法协助请求方面的培训;

（四）评估和加强体制、公职部门管理、包括公共采购在内的公共财政管理，以及私营部门；

（五）防止和打击根据本公约确立的犯罪的所得转移和追回这类所得；

（六）监测和冻结根据本公约确立的犯罪的所得的转移；

（七）监控根据本公约确立的犯罪的所得的流动情况以及这类所得的转移、窝藏或者掩饰方法；

（八）便利返还根据本公约确立的犯罪所得的适当而有效的法律和行政机制及方法；

（九）用以保护与司法机关合作的被害人和证人的方法；

（十）本国和国际条例以及语言方面的培训。

二、缔约国应当根据各自的能力考虑为彼此的反腐败计划和方案提供最广泛的技术援助，特别是向发展中国家提供援助，包括本条第一款中提及领域内的物质支持和培训，以及为便利缔约国之间在引渡和司法协助领域的国际合作而提供培训和援助以及相互交流有关的经验和专门知识。

三、缔约国应当在必要时加强努力，在国际组织和区域组织内并在有关的双边和多边协定或者安排的框架内最大限度地开展业务和培训活动。

四、缔约国应当考虑相互协助，根据请求对本国腐败行为的类型、根源、影响和代价进行评价、分析和研究，以便在主管机关和社会的参与下制定反腐败战略和行动计划。

五、为便利追回根据本公约确立的犯罪的所得，缔约国可以开展合作，互相提供可以协助实现这一目标的专家的名单。

六、缔约国应当考虑利用分区域、区域和国际性的会议和研讨会促进合作和技术援助，并推动关于共同关切的问题的讨论，包括关于发展中国家和经济转型期国家的特殊问题和需要的讨论。

七、缔约国应当考虑建立自愿机制，以便通过技术援助方案和项目对发展中国家和经济转型期国家适用本公约的努力提供财政捐助。

八、各缔约国均应当考虑向联合国毒品和犯罪问题办事处提供自愿捐助，以便通过该办事处促进发展中国家为实施本公约而开展的方案和项目。

第六十一条 有关腐败的资料的收集、交流和分析

一、各缔约国均应当考虑在同专家协商的情况下,分析其领域内腐败方面的趋势以及腐败犯罪实施的环境。

二、缔约国应当考虑为尽可能拟订共同的定义、标准和方法而相互并通过国际和区域组织发展和共享统计数字、有关腐败的分析性专门知识和资料,以及有关预防和打击腐败的最佳做法的资料。

三、各缔约国均应当考虑对其反腐败政策和措施进行监测,并评估其效力和效率。

第六十二条 其他措施:通过经济发展和技术援助实施公约

一、缔约国应当通过国际合作采取有助于最大限度优化本公约实施的措施,同时应当考虑到腐败对社会,尤其是对可持续发展的消极影响。

二、缔约国应当相互协调并同国际和区域组织协调,尽可能作出具体努力:

(一)加强同发展中国家在各级的合作,以提高发展中国家预防和打击腐败的能力;

(二)加强财政和物质援助,以支持发展中国家为有效预防和打击腐败而作出的努力,并帮助它们顺利实施本公约;

(三)向发展中国家和经济转型期国家提供技术援助,以协助它们满足在实施本公约方面的需要。为此,缔约国应当努力向联合国筹资机制中为此目的专门指定的账户提供充分的经常性自愿捐款。缔约国也可以根据其本国法律和本公约的规定,特别考虑向该账户捐出根据本公约规定没收的犯罪所得或者财产中一定比例的金钱或者相应价值;

(四)酌情鼓励和争取其他国家和金融机构参与根据本条规定所作的努力,特别是通过向发展中国家提供更多的培训方案和现代化设备,以协助它们实现本公约的各项目标。

三、这些措施应当尽量不影响现有对外援助承诺或者其他双边、区域或者国际一级的金融合作安排。

四、缔约国可以缔结关于物资和后勤援助的双边或多边协定或者安排,同时考虑到为使本公约所规定的国际合作方式行之有效和预防、侦查与控制腐败所必需的各种金融安排。

第七章 实施机制

第六十三条 公约缔约国会议

一、特此设立公约缔约国会议,以增进缔约国的能力和加强缔约国之间的合作,从而实现本公约所列目标并促进和审查本公约的实施。

二、联合国秘书长应当在不晚于本公约生效之后一年的时间内召开缔约国会议。其后,缔约国会议例会按缔约国会议通过的议事规则召开。

三、缔约国会议应当通过议事规则和关于本条所列活动的运作的规则,包括关于对观察员的接纳及其参与的规则以及关于支付这些活动费用的规则。

四、缔约国会议应当议定实现本条第一款所述各项目标的活动、程序和工作方法,其中包括:

(一)促进缔约国依照本公约第六十条和第六十二条以及第二章至第五章规定所开展的活动,办法包括鼓励调动自愿捐助;

(二)通过公布本条所述相关信息等办法,促进缔约国之间关于腐败方式和趋势以及关于预防和打击腐败和返还犯罪所得等成功做法方面的信息交流;

(三)同有关国际和区域组织和机制及非政府组织开展合作;

(四)适当地利用从事打击和预防腐败工作的其他国际和区域机制提供的相关信息,以避免工作的不必要的重复;

(五)定期审查缔约国对本公约的实施情况;

(六)为改进本公约及其实施情况而提出建议;

(七)注意到缔约国在实施本公约方面的技术援助要求,并就其可能认为有必要在这方面采取的行动提出建议。

五、为了本条第四款的目的,缔约国会议应当通过缔约国提供的信息和缔约国会议可能建立的补充审查机制,对缔约国为实施公约所采取的措施以及实施过程中所遇到的困难取得必要的了解。

六、各缔约国均应当按照缔约国会议的要求,向缔约国会议提供有关其本国为实施本公约而采取的方案、计划和做法以及立法和行政措施的信息。缔约国会议应当审查接收信息和就信息采取行动的最有效方法,这种信息包括从缔约国和从有关国际组织收到的信息。缔约国会议也可以审议根据缔约国会议决定的程序而正式认可的非政府组织所提供的投入。

七、依照本条第四款至第六款,缔约国会议应当在其认为必要时建立任何适当的机制或者机构,以协助本公约的有效实施。

第六十四条 秘书处

一、联合国秘书长应当为公约缔约国会议提供必要的秘书处服务。

二、秘书处应当:

(一)协助缔约国会议开展本公约第六十三条中所列各项活动,并为缔约国会议的各届会议作出安排和提供必要的服务;

(二)根据请求,协助缔约国向缔约国会议提供本公约第六十三条第五款和第六款所规定的信息;

(三)确保与有关国际和区域组织秘书处的必要协调。

第八章 最后条款

第六十五条 公约的实施

一、各缔约国均应当根据本国法律的基本原则采取必要的措施,包括立法和行政措施,以切实履行其根据本公约所承担的义务。

二、为预防和打击腐败,各缔约国均可以采取比本公约的规定更为严格或严厉的措施。

第六十六条 争端的解决

一、缔约国应当努力通过谈判解决与本公约的解释或者适用有关的争端。

二、两个或者两个以上缔约国对于本公约的解释或者适用发生任何争端,在合理时间内不能通过谈判解决的,应当按其中一方请求交付仲裁。如果自请求交付仲裁之日起六个月内这些缔约国不能就仲裁安排达成协议,则其中任何一方均可以依照《国际法院规约》请求将争端提交国际法院。

三、各缔约国在签署、批准、接受、核准或者加入本公约时,均可以声明不受本条第二款的约束。对于作出此种保留的任何缔约国,其他缔约国也不受本条第二款的约束。

四、凡根据本条第三款作出保留的缔约国,均可以随时通知联合国秘书长撤销该项保留。

第六十七条 签署、批准、接受、核准和加入

一、本公约自 2003 年 12 月 9 日至 11 日在墨西哥梅里达开放供各国签署,随后直至 2005 年 12 月 9 日在纽约联合国总部开放供各国签署。

二、本公约还应当开放供区域经济一体化组织签署,条件是该组织至少有一个成员国已经按照本条第一款规定签署本公约。

三、本公约须经批准、接受或者核准。批准书、接受书或者核准书应当交存联合国秘书长。如果某一区域经济一体化组织至少有一个成员国已经交存批准书、接受书或者核准书,该组织可以照样办理。该组织应当在该项批准书、接受书或者核准书中宣布其在本公约管辖事项方面的权限范围。该组织还应当将其权限范围的任何有关变动情况通知保存人。

四、任何国家或者任何至少已经有一个成员国加入本公约的区域经济一体化组织均可以加入本公约。加入书应当交存联合国秘书长。区域经济一体化组织加入本公约时应当宣布其在本公约管辖事项方面的权限范围。该组织还应当将其权限范围的任何有关变动情况通知保存人。

第六十八条 生效

一、本公约应当自第三十份批准书、接受书、核准书或者加入书交存之日后第九十天起生效。为本款的目的,区域经济一体化组织交存的任何文书均不得在该组织成员国所交存文书以外另行计算。

二、对于在第三十份批准书、接受书、核准书或者加入书交存后批准、接受、核准或者加入公约的国家或者区域经济一体化组织,本公约应当自该国或者该组织交存有关文书之日后第三十天起或者自本公约根据本条第一款规定生效之日起生效,以较晚者为准。

第六十九条 修正

一、缔约国可以在本公约生效已经满五年后提出修正案并将其送交联合国秘

书长。秘书长应当立即将所提修正案转发缔约国和缔约国会议,以进行审议并作出决定。缔约国会议应当尽力就每项修正案达成协商一致。如果已经为达成协商一致作出一切努力而仍未达成一致意见,作为最后手段,该修正案须有出席缔约国会议并参加表决的缔约国的三分之二多数票方可通过。

二、区域经济一体化组织对属于其权限的事项根据本条行使表决权时,其票数相当于已经成为本公约缔约国的其成员国数目。如果这些组织的成员国行使表决权,则这些组织便不得行使表决权,反之亦然。

三、根据本条第一款通过的修正案,须经缔约国批准、接受或者核准。

四、根据本条第一款通过的修正案,应当自缔约国向联合国秘书长交存一份批准、接受或者核准该修正案的文书之日起九十天之后对该缔约国生效。

五、修正案一经生效,即对已经表示同意受其约束的缔约国具有约束力。其他缔约国则仍受本公约原条款和其以前批准、接受或者核准的任何修正案的约束。

第七十条 退约

一、缔约国可以书面通知联合国秘书长退出本公约。此项退约应当自秘书长收到上述通知之日起一年后生效。

二、区域经济一体化组织在其所有成员国均已经退出本公约时即不再为本公约缔约方。

第七十一条 保存人和语文

一、联合国秘书长应当为本公约指定保存人。

二、本公约原件应当交存联合国秘书长,公约的阿拉伯文、中文、英文、法文、俄文和西班牙文文本同为作准文本。兹由经各自政府正式授权的下列署名全权代表签署本公约,以昭信守。

参考文献

一、中文文献

(一) 专著类

1. 陈光中,汪海燕. 刑事诉讼中的效率价值//樊崇义. 诉讼法学研究. 北京:中国检察出版社,2003.

2. 陈雷. 惩治与预防国际腐败犯罪的理论与实务. 北京:中国检察出版社,2005.

3. 陈雷. 反腐败国际公约视野下我国反腐败刑事立法及其完善. 北京:中国人民公安大学出版社,2008.

4. 董素华. 国际化与国内政治. 北京:北京大学出版社,2003.

5. 端木正. 国际法. 北京:北京大学出版社,1998.

6. 高铭暄,马克昌. 刑法学. 北京:北京大学出版社,2000.

7. 高铭暄,赵秉志. 当代国际刑法的理论与实践. 长春:吉林人民出版社,2001.

8. 龚瑜. 国际法学论点要览. 北京:法律出版社,2002.

9. 郭志媛. 刑事简易程序的理论基础//樊崇义. 诉讼法学研究. 北京:中国检察出版社,2003.

10. 黄风,凌岩,王秀梅. 国际刑法学. 北京:中国人民大学出版社,2008.

11. 黄风,赵琳娜. 国际刑事司法合作:研究与文献. 北京:中国政法大学出版社,2009.

12. 黄风,赵琳娜. 境外追逃追赃与国际司法合作. 北京:中国政法大学出版社,2008.

13. 黄风. 国际刑事司法合作的规则与实践. 北京:北京大学出版社,2008.

14. 黄风.引渡制度(增订本).北京:法律出版社,1997.
15. 黄风.资产追回问题比较研究.北京:北京师范大学出版社,2010.
16. 江伟钰.现代国际法原理解析.北京:中国人民公安大学出版社,2002.
17. 李浩培.条约法概论.北京:法律出版社,1987.
18. 李秀娟.中国反腐败立法构建研究——以《联合国反腐败公约》为视角.北京:中国方正出版社,2007.
19. 刘生荣,张相军,许道敏.贪污贿赂罪.北京:中国人民公安大学出版社,2003.
20. 马进保.国际犯罪与国际刑事司法协助.北京:法律出版社,1999.
21. 慕亚平.和平、发展与变革中的国际法问题.北京:法律出版社,2003.
22. 倪世雄.当代西方国际关系理论.上海:复旦大学出版社,2001.
23. 邵津.国际法.北京:北京大学出版社,2001.
24. 邵沙平.国际刑法学.武汉:武汉大学出版社,2005.
25. 孙宽平,滕世华.全球化与全球治理.长沙:湖南人民出版社,2003.
26. 外交部条约法律司.《联合国反腐败公约》及相关法律文件.北京:法律出版社,2004.
27. 王秋玲,王秀芬.国际法学.北京:法律出版社,2005.
28. 王圣扬,王冠军.刑事缺席审判制度研究//陈光中.诉讼法理论与实践.北京:中国方正出版社,2005.
29. 向党.国际警务合作概论.北京:中国人民公安大学出版社,2005.
30. 肖佳灵.国家主权论.北京:时事出版社,2003.
31. 杨宇冠,吴高庆.《联合国反腐败公约》解读.北京:中国人民公安大学出版社,2004.
32. 杨泽伟.主权论.北京:北京大学出版社,2006.
33. 余民才.国际法专论.北京:中信出版社,2003.
34. 余敏友,邵沙平.国际法问题专论.武汉:武汉大学出版社,2002.
35. 俞可平.全球化与政治发展.北京:社会科学文献出版社,2003.
36. 袁小萍.追逃理论与实务.北京:中国人民公安大学出版社,2007.
37. 曾令良,饶戈平.国际法.北京:法律出版社,2005.
38. 张景.国际刑法综述.北京:人民法院出版社,2004.
39. 张旭.国际刑法论要.长春:吉林大学出版社,2000.

40. 张旭.人权与国际刑法.北京:法律出版社,2004.

41. 张志辉.国际刑法通论(增补本).北京:中国政法大学出版社,1999.

42. 章武生.民事简易程序中的公正与效率//樊崇义.诉讼法学研究.北京:中国检察出版社,2002.

43. 赵秉志,王志祥,郭理蓉.《联合国反腐败公约》暨相关重要文献资料.北京:中国人民公安大学出版社,2004.

44. 赵秉志,周露露.国际刑法总论问题专题整理.北京:中国人民公安大学出版社,2007.

45. 赵秉志.反腐败法制建设的国际视野.北京:法律出版社,2008.

46. 赵秉志.欧盟刑事司法协助研究暨相关文献.北京:中国人民公安大学出版社,2003.

47. 赵秉志.新编国际刑法学.北京:中国人民大学出版社,2004.

48. 赵永琛.国际刑法与司法协助.北京:法律出版社,1994.

49. 赵永琛.跨国犯罪对策.长春:吉林人民出版社,1992.

50. 甄贞.《联合国反腐败公约》与国内法协调机制研究.北京:法律出版社,2007.

51. 周洪钧.国际法.北京:中国政法大学出版社,1997.

52. 朱晓青.国际法.北京:社会科学文献出版社,2005.

(二) 译著类

1. [英]奥本海.奥本海国际法.詹宁斯,瓦茨,修订.王铁崖,等,译.北京:中国大百科全书出版社,1995.

2. [美]E·博登海默.法理学——法哲学及其方法.邓正来,姬敬武,译.北京:华夏出版社,1987.

3. [德]克劳思·罗科信.刑事诉讼法.吴丽琪,译.北京:法律出版社,2003.

4. [美]M.谢里夫·巴西奥尼.国际刑法导论.赵秉志,王文华,等,译.北京:法律出版社,2006.

5. [美]约翰·罗尔斯.正义论.何怀宏,何包钢,廖申白,译.北京:中国社会科学出版社,1988.

（三）期刊论文类

1. 陈雷.国际反腐败法律机制中的资产追回制度.法学,2004(8).
2. 陈雷.论国际腐败犯罪的预防措施及我国预防腐败犯罪的对策——兼论《联合国反腐败公约》对健全和完善我国预防法律机制的影响.犯罪研究,2005(3).
3. 陈雷.论我国违法所得没收程序司法认定若干法律适用问题研究.法治研究,2015(4).
4. 陈雷.论我国违法所得特别没收程序.法治研究,2012(5).
5. 陈雷.论我国追赃国际合作的法律依据和主要方式.法治研究,2013(12).
6. 陈学权.《联合国反腐败公约》与中国刑事法之完善.法学,2004(4).
7. 杜强.论国际刑法中的贿赂外国官员罪.国家检察官学院学报,2003(6).
8. 胡铭.国际执法合作:反腐败斗争的新路径——以《联合国反腐败公约》为主要视角.学术探索,2005(1).
9. 黄德明.中国和平发展中外交职能调整的前沿法律问题.法学评论,2006(2).
10. 黄风.反腐败国际追逃合作:困难、问题与对策.人民论坛,2015(25).
11. 黄风.建立境外追逃追赃长效机制的几个法律问题.法学,2015(3).
12. 黄风.论"没收个人全部财产"刑罚的废止——以追缴犯罪资产的国际合作为视角.法商研究,2014(1).
13. 黄风.论引渡的非常规替代措施——由"袁宏伟案"说起.法商研究,2008(2).
14. 黄风.特别刑事没收证明规则比较研究.比较法研究,2014(3).
15. 焦守林.再论加大对行贿罪的惩罚及立法完善.中国科技信息,2005(13).
16. 金泽刚.腐败、洗钱与反洗钱.犯罪研究,2003(4).
17. 李少平.行贿犯罪执法困局及其对策.中国法学,2015(1).
18. 梁晓春.资产追回机制与返还国际法律机制及其在我国的适用——以《联合国反腐败公约》为视角.企业经济,2006(10).
19. 刘柏纯.构建刑事诉讼缺席审判制度的思考.政法学刊,2003(6).
20. 刘耀彬.《联合国反腐败公约》与我国反洗钱立法的完善.行政与法,2006(10).

21. 马郑刚. 反腐败必须严惩行贿者. 求是, 2005(12).

22. 毛丽华. 证人作证: 保护比补偿更重要. 中国刑事法杂志, 2005(1).

23. 欧卫安, 汪筱文. 我国刑事缺席审判制度构建思考. 人民检察, 2004(9).

24. 司平平.《联合国反腐败公约》中的管辖权制度. 法学, 2006(1).

25. 苏彩霞. 论我国惩治腐败犯罪刑事立法的完善——以《联合国反腐败公约》为参照. 法商研究, 2005(5).

26. 索维东, 刘世天. 全球化视野下的反腐败国际合作. 当代法学, 2006(5).

27. 万霞. 反腐败的国际立法浅析. 外交学院学报, 2004(1).

28. 万毅. 刑事缺席判决制度引论. 当代法学, 2004(1).

29. 王巧玲. 关于部分贪官携款外逃问题的法律思考. 理论学刊, 2003(2).

30. 王瑞.《联合国反腐败公约》与我国反腐败法律机制的完善. 中共山西省党校学报, 2006(4).

31. 王圣扬. 从《联合国反腐败公约》看建立我国刑事缺席追诉制度. 山东警察学院学报, 2005(6).

32. 王勇. 赖昌星"难民"案的法理评析——兼论加强我国国际刑事司法合作的几点思考. 法学, 2002(10).

33. 王作富, 但未丽.《联合国反腐败公约》与我国贿赂犯罪之立法完善. 法学杂志, 2005(4).

34. 吴高庆. 监测资产转移: 建立追回腐败犯罪资产的基础性机制. 中国监察, 2005(6).

35. 吴高庆. 论直接追回腐败资产的国际合作机制——以《联合国反腐败公约》资产追回机制为研究视角. 河北法学, 2005(11).

36. 杨冠宇, 吴小军.《联合国反腐败公约》资产追回机制与我国刑事诉讼法的完善. 当代法学, 2005(1).

37. 姚建宗. 法学研究及其思维方式的思想变革. 中国社会科学, 2012(1).

38. 于风政. 论"腐败"的定义. 新视野, 2003(5).

39. 翟悦. 境外追逃追赃国际警务合作机制完善建议. 人民论坛, 2014(14).

40. 张磊. 从高山案看我国境外追逃的法律问题——兼与赖昌星案比较. 吉林大学社会科学学报, 2014(1).

41. 张磊. 腐败犯罪境外追逃追赃的反思与对策. 当代法学, 2015(3).

42. 张尧. 从"猎狐 2014"专项行动看我国境外追逃工作的困境与措施. 湖北警官学院学报,2015(2).

43. 赵秉志,商浩文. 运用移民遣返措施追捕外逃涉腐犯罪嫌疑人之路径与难点. 江西社会科学,2014(2).

44. 赵秉志,张磊. 赖昌星案件法律问题研究. 政法论坛,2014(4).

45. 赵秉志. 中国反腐败刑事法治的若干重大现实问题研究. 法学评论,2014(3).

46. 赵秉志. 中国反腐败刑事法治领域中的国际合作. 国家检察官学院学报,2010(5).

47. 赵秉志. 中国死刑立法改革新思考——以《刑法修正案(九)(草案)》为主要视角. 吉林大学社会科学学报,2015(1).

二、外文文献

(一) 著作类

1. Andrew Kydd. Trust and Mistrust in International Relations. Princeton: Princeton University Press, 2005.

2. Antonio Cassese. International Criminal Law. Oxford University Press, 2003.

3. B K Greener. The New International Policing. Palgrave Macmillan, 2009.

4. Barry E Carter. International Law 2005-2006 Selected Documents. Aspen Publishers, 2005.

5. Bertrand Russell. Human Society in Ethics and Politics. Taylor and Francis, 2009.

6. Brownlie. Principle of International Law. Clarendon Press, 1979.

7. D Bigo. Liaison Officers in Europe: New Officers in the European Security Field. in Sheptycki, J. E. W. (ed.), Issues in Transnational Policing. Routledge, 2000.

8. D H Bayley. Changing the Guard: Developing Democratic Police Abroad. Oxford University Press, 2005.

9. D H Bayley. Democratizing Police Abroad: What To Do and How To Do It. National Institute of Justice, 2001.

10. Edward Miguel. Conomic Gangsters, Corruption, Violence, and the Poverty of Nation, Princeton University Press, 2010.

11. Elizabeth Van Schaak. International Criminal Law: The Essentials. Aspen Publishers, 2006.

12. Farhad Malekian. International Criminal Responsibility of States: A Study on the Evolution of State Responsibility with Particular Emphasis on the Concept of Crime and Criminal Responsibility. University of Stockholm, 1985.

13. Frederic Lemieux (ed.). International Police Cooperation: Emerging Issues, Theory and Practice (1st Edition). Willan Publishing, 2010.

14. Gerhard von Glahn. Law among Nations: Introduction to Public International Law, Macmillan USA, 1986.

15. Henry Campbell Black. Black's Law Dictionary (Fifth Edition). West Publishing Co., 1979.

16. Jack H Friedenthal, Michael Singer. The Law of Evidence. The Foundation Press, 1985.

17. Jean-Pierre Brun, Larissa Gray, et al. Asset Recovery Handbook—A Guide for Practitioners. World Bank Publications, 2011.

18. Joan J Faus, M. Chief Bassiouni. International Criminal Law: Case and Materials. Carolina Academic Press, 1996.

19. Joseph J Norton. Banks: Fraud and Crime. Lloy's of London Press Ltd., 1994.

20. K Karsten, A. Berkeley. Arbitration: Corruption, Money Laundering and Fraud. ICC Publication, 2003.

21. Kaplan Weisbera. Criminal, Cases and Materials. Little Brown and Company, 1986.

22. M Chief Bassiouni. A Draft International Criminal Code and Draft Statute for An International Criminal Tribunal, Springer Netherlands, 2013.

23. M Chief Bassiouni. Crimes against Humanity in International Criminal

Law, Springer, 1992.

24. M Chief Bassiouni. International Criminal Law. Transnational Publishers Inc, 1986.

25. M Deflem. International Police Cooperation in Northen American: a Review of Practices, Strategies, and Goals in the United States, Mexico, and Canada, in D. J. Koenig and D. K. Das (eds), International Police Cooperation: A World Perspective. Lexington, 2001.

26. M Delmas Marty, J R Spencer. European Criminal Procedures, Cambridge University Press, 2002.

27. M Den Boer. Intelligence Exchange and the Control of Organised Crime: from Europeanisation via Centralization to Dehydration? in M. Anderson and J. Apap (eds), Police and Justice Co-operation and the New European Borders. Kluwer Law International, 2002.

28. M Den Boer. Law-Enforcement Cooperation and Transnational Organized Crime in Europe. in M. Berdal and M. Serrano (eds). Transnational Organized Crime and International Security, Rienner, 2002.

29. Michael Byers. Role of Law in International Politics. Oxford: Oxford University Press, 2001.

30. Paolo Bernasconmi. Money Laundering and Banking Secrecy. Kluwer Law International, 1998.

31. Peter Murphy. A Practice Approach to Evidence. Blackstone Press Limited, 1993.

32. Pugh Henkin, et al. International Law: Case and Materials. West Publishing Co., 1980.

33. R Peerenboom. China's Long March toward Rule of Law. Cambridge University Press, 2000.

34. Stefano Ruggeri (ed.). Transnational Inquiries and the Protection of Fundamental Rights in Criminal Proceedings—A Study in Memory of Vittorio Grevi and Giovanni Tranchina. Springer, 2013.

35. Stephen D Krasner, Power, the State, and Sovereignty: Essays on

International Relations. Routledge, 2009.

36. William C Gilmore, Dirty Money. Washington University Press, 2008.

37. William R Slomanson. Fundamental Perspectives on International Law. Wadsworth Publishing Co Inc, 2008.

(二) 英文论文

1. Anton Moiseienko. "No Safe Haven": Denying Entry to the Corrupt as a New Anti-corruption Policy. Journal of Money Laundering Control, 2015(18).

2. David J Dickson. Towards more Effective Asset Recovery in Member States—the UK Example. ERA Forum, 2009(10).

3. Emile van der Does de Willebois, Jean-Pierre Brun. Using Civil Remedies in Corruption and Asset Recovery Cases. Case Western Reserve Journal of International Law, 2013(45).

4. F Gregory. There Is a Global Crime Problem, International Journal of Risk. Security and Crime Prevention, 1998(3).

5. I Bantekas. Corruption as an International Crime and Crime against Humanity. Journal of International Criminal Justice, 2006(4).

6. Isabel Robinson. Truth Commissions and Anti-Corruption: Towards a Complementary Framework? International Journal of Transitional Justice, 2015(9).

7. J W Williams, M E Beare. The Business of Bribery: Globalization, economic Liberalization and the "Problem" of Corruption. Crime, Law & Social Change, 1999(32).

8. Liu Lianlian. The Global Anti-bribery Collaboration in Evolution. Journal of Financial Crime, 2015(22).

9. Mathieu Deflem. Bureaucratization and Social Control: Historical Foundations of International Police Cooperation. Law and Society Review, 2000(34).

10. Mathieu Defem. Europol and the Policing of International Terrorism: Counter-Terrorism in a Global Perspective. Justice Quarterly, 2006(23).

11. M Den Boer. Towards and Accountability Regime for an Emerging

European policing governance. Policing and Society, 2002(12).

12. Michael Barnett, Liv Coleman. Designing Police: Interpol and the Study of Change in International Organisations. International Studies Quarterly, 2005(49).

13. Michael Kilchling. Tracing, Seizing and Confiscating Proceeds from Corruption (and other Illegal Conduct) Within or Outside the Criminal Justice System. European Journal of Crime, Criminal Law and Criminal Justice, 2001(9).

14. Michael Levi. States, Frauds, and the Threat of Transnational Organized Crime. Journal of International Affairs, 2012(66).

15. Nadia Gerspacher. The History of International Police Cooperation: a 150-Year Evolution in Trends and Approaches. Global Crime, 2008(9).

16. Nadia Gerspacher. The Roles of International Police Cooperation Organizations—Beyond mandates, Toward Unintended Roles. European Journal of Crime, Criminal Law and Criminal Justice, 2005(13).

17. W Magnuson. International Corporate Bribery and Unilateral Enforcement. Columbia Journal of Transnational Law, 2013(51).

三、学位论文

1. 成良文. 刑事司法协助. 重庆:西南政法大学,2002年博士学位论文.

2. 何帆. 形式没收研究——国际法与比较法的视角. 北京:中国人民大学,2006年博士学位论文.

3. 刘鹏. 区际刑事司法协助中的警务合作研究. 长春:吉林大学,2015年博士学位论文.

4. 裴兆斌. 追缴腐败犯罪所得国际司法协助研究. 大连:大连海事大学,2011年博士学位论文.

5. 魏晓倩. 腐败犯罪所得跨境追回国际法律问题研究. 大连:大连海事大学,2012年博士学位论文.

四、报刊文献

1. 姜洁. 织国际"天网",击碎外逃贪官美梦. 人民日报,2014年12月2日第18版。

2. 陈雷. 反腐国际合作:彻底切断腐败分子后路. 法制日报,2014年12月23日第10版。

3. 陈雷. 注重利用司法合作开展国际追逃追赃. 法制日报,2014年12月30日第10版。

4. 黄风. 携手追逃让"天网"更显威力. 人民日报,2015年5月11日第5版。

5. 宋伟. 构筑海外追逃追赃的天罗地网. 光明日报,2015年6月7日第8版。

五、电子文献

1.《Follow-up Report to the Mutual Evaluation Report of China》. FATF Home:http://www.fatf-gafi.org/publications/mutualevaluations/documents/follow-upreporttothemutualevaluationreportofchina.html. 最后访问日期:2015年12月1日。

2.《Structue and Governance of INTERPOL》. Interpol Home:http://www.interpol.int/About-INTERPOL/Structure-and-governance. 最后访问日期:2015年12月1日。

3.《中国对外缔结的刑事司法协助条约清单》,反腐败国际追逃追赃——中央纪委监察部网站:http://www.ccdi.gov.cn/special/ztzz/zcfg_ztzz/201411/t20141127_32078.html. 最后访问日期:2015年12月1日。

后 记

本书是在我的博士论文成稿基础上修订而成的,从选题到完稿历时近四年,期间又逢我国开展"猎狐"和"天网"等反腐败追逃追赃专项行动,使本书题目成为焦点。人们常说,博士论文是一个人一生中的学术巅峰,那是因为所有的博士都需要有几年如一日的刻苦钻研精神,但本书完稿时,我深感自身知识匮乏和能力有限,本书还有许多尚待完善之处。

借本书出版之际,首先,我由衷感激我的博士研究生导师赵微教授对我的悉心教导。赵老师以其严谨求实的治学态度、高度的敬业精神、渊博的知识、开阔的视野和敏锐的思维给我深深的启迪,指导我把攻读博士期间学习的法学的理论知识和实践探索精彩融合。从论文的选题和结构设计,细到文字推敲等每个环节,赵老师都帮我严格把关,指导我顺利地完成了毕业论文。每次凌晨收到赵老师的电子邮件,都让我由衷敬佩老师勤奋与敬业,并默默以其为榜样。在此谨向恩师致以崇高的敬意和深深的感谢!

其次,感谢大连海事大学单红军副校长、司玉琢教授、王世涛教授、郭萍教授精彩的博士专业课讲授;感谢答辩评委吉林大学张旭教授和王志远教授、辽宁师范大学于沛霖教授、东北财经大学法学院赵大利院长、大连海事大学王秀芬教授,在博士论文答辩期间严格把关并给予我诸多宝贵意见;感谢我的师兄大连海洋大学法学院裴兆斌院长、吕方圆博士,以及大连海事大学庞婧博士、姚瑶博士等四年来所有给予我帮助的人。更要感谢我的工作单位中国刑事警察学院的领导、基础部的全体老师同事们,是你们的全力支持和真诚体谅,让我得以兼顾工作的同时完成学业。

最后,我还要感谢我的父母,感谢你们一直照顾我的生活并帮我照看孩子,在我懈怠时鼓励我进步,你们对我三十多年的养育之恩我无以为报;感谢我的丈夫和我三岁的儿子,对你们的亏欠我虽无法弥补,但希望你们能理解我坚持实现自己梦想的初衷。2016年3月,我被国家留学基金委公派赴美访学一年,收到祝贺信时的喜悦只是下一征程的开始,这也是我继续国际法学研究的一个新的开端。

翟　悦

2016年3月31日于沈阳